Adolph Kaegi

Kurzgefasste griechische Schulgrammatik

Adolph Kaegi

Kurzgefasste griechische Schulgrammatik

ISBN/EAN: 9783743331907

Hergestellt in Europa, USA, Kanada, Australien, Japan

Cover: Foto ©Andreas Hilbeck / pixelio.de

Adolph Kaegi

Kurzgefasste griechische Schulgrammatik

Kurzgefaßte
Griechische Schulgrammatik.

Nach den Bestimmungen der neuen Lehrpläne für die höheren Schulen

bearbeitet

von

Dr. Adolf Kaegi,

Professor an der Universität Zürich.

Dritte unveränderte Auflage.

Berlin,
Weidmannsche Buchhandlung.
1894.

Vorwort zur ersten Auflage.

Neben meiner „Griechischen Schulgrammatik“, die soeben in dritter, mit der zweiten wesentlich gleichlautender Auflage erschienen ist, auch eine „Kurzgefaßte Griechische Schulgrammatik“ zu bearbeiten, veranlaßten mich die neuen Preußischen Lehrpläne vom Januar 1892. Anerkanntermaßen ist mein Buch in der Verminderung des Lernstoffes zuerst auf Grund sorgfältiger Statistik und „vorsichtig, aber gleichzeitig entschieden vor- und den andern vorangegangen“. Schon im Vorwort zur ersten Auflage (S. XI fg.) wies ich, mitten aus den fast endlosen Vorarbeiten heraus und im Anschluß an bewährte Pädagogen, darauf hin, wie „es insbesondere gerade für die Konzentration des Elementarunterrichts sehr ersprießlich sein würde, wenn von maßgebender Seite ein Kanon der Schulautoren, bez. der Schullektüre festgestellt würde“. Es könnte in diesem Falle, bei enger gezogenem Kreis der Schriftsteller, die Kürzung des Lernstoffs noch ziemlich weiter gehen, als ich sie damals absichtlich vornahm. In der zweiten Auflage that ich dann einen weiteren Schritt, indem ich Arrian, Lucian, Plutarch (Aristophanes, Aeschylos, Euripides und die Lyriker) aus dem Kanon der Schulautoren strich und demgemäß alles das, was z. B. nur wegen der genannten Autoren im Lernstoff Aufnahme gefunden hatte, daraus tilgte. „Jetzt schon — schrieb ich damals (1889) Vorw. S. XVI — in der Beschränkung viel weiter zu gehen, bevor man sich über die Abgrenzung der Gymnasiallektüre näher ausgesprochen, fand ich nicht rätlich, denke aber mit der Zeit — unter eingehender Begründung des Einzelnen — die Sache weiter zu fördern“. Wie E. Albrecht in der Z. f. G.-W. 1890. Bd. 44, 578 fg. nachgewiesen hat, stimmt der Litteraturkreis, auf dem der von mir dort gebotene Lernstoff beruht, ziemlich genau mit dem auf deutschen Gymnasien üblichen Lesestoff überein [1]). Des-

[1]) S. 585: „Vergleiche ich zum Schluß den von mir aus dem consensus der maßgebenden Faktoren gefolgerten Kanon mit dem Kaegischen, so unterscheidet er sich von diesem durch die Ausscheidung einiger Dialoge Platos (Alkibiad. I, Charm., Euthyd., Meno, Menex.), einiger Reden des Demosthenes (20. 23. 54. 57), Lysias (1. 10. 14. 15) und Isokrates (1. 5. 9) und der Trachinierinnen des Sophokles“.

halb und mit Rücksicht auf die vielen Schulen, in denen mein Buch Eingang gefunden, konnte die dritte Auflage (gemäß meiner Erklärung Z. f. G.-W. 1890. Bd. 44, 365 f.) im wesentlichen unverändert bleiben.

Nun brachten die neuen „Lehrpläne für die höhern Schulen Preußens" im Jan. 1892 neben der autoritativen Forderung, den grammatischen Lernstoff auf das für eine gründliche Lektüre Notwendige zu beschränken, ein Verzeichnis der „Schriftsteller und Schriften, welche in den betreffenden Schuljahren gelesen werden müssen", also den längst gewünschten bindenden Kanon, neben welchem „die Provinzial-Schulkollegien ermächtigt sind, auch andere Schriftsteller oder Schriften zuzulassen, vorausgesetzt, daß dieselben nach Form und Inhalt zur Schullektüre auf dieser Stufe sich eignen und ein Einlesen in die verbindlichen Klassenschriftsteller durch diese erweiterte Lektüre nicht behindert wird" (S. 73). Damit schien mir der Zeitpunkt gekommen, mein früher gegebenes Versprechen zu lösen: auf der neuen Grundlage die Verminderung und Beschränkung des grammatischen Lernstoffes, die jetzt infolge der verminderten Stundenzahl um so nötiger ist, weiter zu führen und denselben in derjenigen Abgrenzung und Form zu bieten, welche die neuen Lehrpläne für Preußen fordern.

Als verbindlich für alle Schulen bezeichnen die Lehrpläne die Lektüre von ausgewählten Abschnitten

aus Xenophons Anab., Hellen. und Memorab.;
aus Plato u. Thukydides („mit Ausschluß schwieriger Reden");
des Demosthenes olynthische und philippische Reden;
ferner Herodot (d. i. wohl vorzugsweise die Bücher V—IX);
Homer und Sophokles (wohl mit Ausschluß der Trach.).

Aus der dankenswerten Darlegung Albrechts a. a. O. glaubte ich sodann mit ziemlicher Sicherheit entnehmen zu dürfen, daß von Plato nur Apologie, Krito, Phädo (Anfang und Ende), Euthyphro, Laches und Protagoras, und von den fakultativen Schriftwerken höchstens noch Lysias (in der Rauchensteinschen Auswahl), des Demosthenes Reden 5. und 8. und Platos Gorgias für den Kanon der eigentlichen Schullektüre in Betracht fallen, d. h. Berücksichtigung im eigentlichen Lernstoff beanspruchen und finden dürfen [2]).

Für diesen enger umschriebenen Kreis von Schriftwerken, der mir

[2]) Wenn dann auch einmal Plutarch, oder Lykurgs Leokratea mit λαβέ, περιρρεῦσαι, oder andere Schriftwerke mit andern Besonderheiten an die Reihe kommen, so darf das den allgemein verbindlichen Lernstoff nicht beschweren. Die Kyropädie wird nunmehr wohl auch sehr zurücktreten; gerade ihre Ausscheidung erwies sich für die Entlastung sehr fruchtbar.

allerdings von Anfang an im Vordergrund stand (Vorwort zur 1. Aufl. S. VIII), stellte ich unter nochmaliger Prüfung und Vervollständigung meiner Sammlungen das statistische Material fest, dessen Beschaffung ja auch die Direktoren-Konferenzen wiederholt als erstes und grundlegendes Erfordernis bezeichnet haben. Sodann wurden neuerdings, und jetzt mit noch größerer Strenge und Sicherheit als früher, nach dem von Anfang an von mir verfochtenen Grundsatz: „der grammatische Unterricht hat der Lektüre zu dienen und soll durch diese seine Begrenzung erhalten“, alle nur vereinzelt vorkommenden Besonderheiten und Unregelmäßigkeiten aus dem Lernstoff getilgt und in die beiden Nachschlagparagraphen 60 und 112, oder ganz aus dem Buch verwiesen. Wenn ich in der ersten Auflage gegenüber den damals „Beschränkung auf das Notwendigste“ verheißenden Lehrmitteln die Komparationsformen *ἀκρατέστερος* (*-έστατος*), *ἁρπαγίστερος*. *ἀσμενέστερος*, *ἡσυχαίτερος*, *ἰσαίτερος*, *λαλίστερος*, *μεσαίτερος*, *ὀψιαίτερος*, *παραπλησιαίτερος*, *πλησιαίτερος*, *πρωϊαίτερος*, *ὑβριστότερος* u. a. stigmatisierte, so mußten diesmal auch *παλαίτερος* (*-τατος*), *σχολαίτερος*, *χαριέστερος* und *πενέστερος* folgen, da innerhalb des oben umschriebenen Rahmens

παλαίτερος nur An. 4, 5, 35; Her. I, 60.
παλαίτατος nur Mem. 3, 5, 9 (var.); Thuc. 1, 4, 1. 13, 1;
σχολαίτερος nur An. 1, 5, 9; Thuc. 1, 84. 2, 75, 6. 4, 47, 3. 7, 15, 2. 81, 2; Her. 9, 6.
σχολαίτατος nur Hell. 6, 3, 6;
χαριέστερος nur Mem. 3, 13, 5; Pl. Prot. 320, c; Hom. Od. 9, 5.
χαριέστατος nur Pl. Lach. 180, d; Prot. 309, b = Hom. Od. 10, 279. Il. 24, 348; 6, 90. 271;
πενέστερος nur Hell. 2, 4, 40.
πενέστατος nur Lys. 32, 22

nachweisbar sind. Und wenn ich bei der attischen Reduplikation nach Tilgung von *ἀγείρω*, *ἀλείφω*, *ἀλέω*, *ἀρόω*, *ἐγείρω*, (*ἐγήγερκα*, *-μαι*), *ἐμέω*, *ἐρείδω* u. a. damals nur *ἀκήκοα*, *ἐγρήγορα*, *ἐλήλεγμαι*, *ὀρώρυγμαι* beibehielt, so durfte nunmehr in § 88, 5 nur *ἀκήκοα* stehen bleiben, da der Schüler

ἐγρήγορα höchstens An. 4, 6, 22. 5, 7, 10; Dem. 6, 18; Pl. Prot. 310, b; Phaed. 71, c;
ἐλήλεγμαι höchstens Dem. 2, 8; Pl. Gorg. 471, d. 473, e;
ὀρώρυγμαι höchstens An. 4, 5, 29. 7, 8, 14; Dem. 9, 28; Her. I—IV

antreffen kann. Ebenso mußten in § 29 die Völkernamen und *ὦ δέσποτα*, in § 40 *τὸν Ἀπόλλω*, in § 44, 2 *τὸ κέρας* (vgl. § 39, 3), in

§ 47, 2 ὁ πῆχυς u. s. f.[3]), kurz eine ganze Reihe von Unregelmäßigkeiten im Nomen und Verbum, und eine ganz beträchtliche Anzahl von Verben in der Kasuslehre[4]) aus dem Lernstoff ausgeschieden werden. Findet man dann wirklich einmal solche Dinge bei der Lektüre, so haben die Nachschlagparagraphen, das Lexikon und vor allem der Lehrer zu helfen, dem ja die neuen Lehrpläne überhaupt einen großen Teil der früher dem Schüler überlassenen Präparationsarbeit zuweisen. Er soll die Sache aber kurz abthun und dem Schüler nicht zumuten, daß er jeder an sich vielleicht recht lehrreichen Singularität dasselbe Interesse entgegenbringe, welches sie für den Philologen hat. In den Verbaltabellen habe ich auch hier (wie in der 3. Aufl.) durch kleinern Druck diejenigen Verba kenntlich gemacht, die in der ersten Prosalektüre seltener vorkommen und daher bei der ersten Durchnahme weggelassen werden können, aber dann sachgemäß bei der erweiternden Repetition in Untersekunda mitzunehmen sind. Anderseits habe ich die regelmäßig gebildeten Formen, auch wo sie klassisch nicht belegt sind, hinzugefügt, um für die Zukunft das Mißverständnis zu verhüten, als würde ich „verlangen, daß der Schüler auch lerne, was nicht vorkommt“, damit er gut attisch schreibe. Nur das Perf. Akt. macht sich als Ausnahme geltend; daß dieses Tempus von vielen Verben nicht gebildet wurde, lernt der Schüler von Anfang an (§ 81, 2), und dasselbe fordert ja auch hinsichtlich der Bedeutung durchweg besondere Beachtung (§ 92. 99, 2. 105 u. a.).

Zu den genannten Änderungen und Kürzungen, welche sich aus einer zielbewußten Verwertung des statistischen Materials unmittelbar ergaben, kam eine Menge weiterer hinzu: überall wurde noch mehr als früher knappste Regelfassung und klar zusammenfassende Übersichtlichkeit angestrebt, die das Lernen erleichtern und auch das Ortsgedächtnis unterstützen. Die Ergebnisse der neuesten Sprachforschung liegen der Darstellung überall zu Grunde, und diese kommt streng wissenschaftlicher Er-

[3]) ὦ δέσποτα nur bei Her. und Soph.; τὸν Ἀπόλλω nur An. 3, 1, 6; Hell. 4, 7, 2; Phaed. 60, d; Dem. 9, 65; Thuc. 2, 102. 4, 97; Soph. O. C. 1091; κέρως, κέρᾳ außer Thuc. nur An. 1, 7, 1; Hell. 1, 7, 29. 6, 2, 30; 7, 5, 22; ὁ πῆχυς, -εως nur An. 4, 7, 16; Thuc. 7, 36 (Her. hat πήχεος, πήχεες, πηχέων); κερδᾶναι nur Mem. 2, 1, 25; Dem. 9, 29 (doch Blaß 1885: κερδῆναι); Soph. O. C. 72. Ai. 107, u. s. f. Andere Nachweise später.

[4]) Natürlich benutzte ich dankbarst die Arbeiten von Joost (Sprachgebrauch Xen. in der Anabasis. Berlin 1892), Mahn (über den Accus. in Anab. u. Hellen. Progr. [145] von Lissa. 1888) und Buchwald (über den Gen. in den Hellen. Progr. von Görlitz. 1892); doch war ich für den größten Teil auf eigene Sammlungen angewiesen.

klärung durchweg entgegen; das Lernbuch bietet davon aber nur, was der Schüler durchaus wissen muß, und überläßt weiteres der Ergänzung und dem Takt des Lehrers; vgl. Z. f. G.-W. 1886. Bd. 40, 350 fg. Da ferner nunmehr jede Rücksicht auf systematische Vollständigkeit und auf deutsch-griechische Schreibübungen wegfällt und überall nur die Herübersetzung ins Auge zu fassen ist, konnte vieles aus dem Lernstoff wegbleiben, in der Laut- und Formenlehre, wie in der Syntax z. B. beim Inf. Am wenigsten Veränderungen zeigt die Moduslehre. Diese durfte und darf m. E. keine wesentliche Einschränkung mehr erfahren, wenn wirkliches Verständnis, sicheres Können erreicht werden soll; anderseits dürfte das hier Gebotene dafür vollständig genügen [5]). Freunde strengster Konsequenz wünschten vielleicht den mehr lexikalischen Stoff der §§ 160 u. 204 aus dem Lernbuch ausgeschlossen; ich habe mich nach reiflicher Überlegung für die Beibehaltung entschieden und denke, daß schon der kleinere Druck etwa zu fürchtenden Mißbrauch verhüten sollte. Die §§ 205—210 „zum epischen Dialekt", im Grundgedanken mit Henkes „Stichworten" zusammentreffend [6]), dürften in kürzester Form der geforderten „gelegentlichen Zusammenfassung beim Lesen" als Grundlage dienen; ein Abschnitt über Herodot schien mir bei der nun vorgeschriebenen Behandlungsweise entbehrlich. Ebenso glaubte ich bei dieser kürzern Fassung von der Beigabe der Repetitionstabellen absehen zu dürfen; wer dieselben jedoch wünscht, dem sind sie im Sonderabdruck zur Verfügung gestellt.

Nach meinen frühern Darlegungen darf ich wohl hoffen, daß man meinen Ausscheidungen und Aufstellungen das Vertrauen entgegenbringe, sie seien alle sorgfältig erwogen und begründet. Sobald es mir irgend möglich sein wird, denke ich die rechtfertigenden Nachweise und die Erörterung verschiedener Einwürfe und strittiger Punkte zu veröffentlichen, — nicht etwa dem „Besserwissenwollen" zuliebe. Vielmehr soll dann näher ausgeführt werden, wie der hier gebotene Lernstoff für das Verständnis des vorgeschriebenen Autorenkreises und sogar für eine noch wesentlich erweiterte Lektüre vollständig ausreicht, wenn der grammatische Unterricht zwar mit aller Strenge auf die absolut notwendige Sicherheit in der attischen Formenlehre und den Hauptregeln der Syntax bringt, aber eben doch nur als Mittel zum Zweck

---

5) Wer mehr Beispielsätze wünscht, findet solche für die ganze Syntax zusammengestellt in L. Kochs „Xenophonsätzen" (Berlin 1890), die sich dem Gange meiner Grammatik anschließen.

6) Vgl. die Lehrpläne des Gymnasiums in Barmen, herausgegeben von Dr. Oskar Henke, Gymnasialdirektor. I. Teil. Homer, bearbeitet von Direktor Dr. Henke (Programm von Barmen. 1892), S. 35 f.

betrachtet und darum auf das unumgänglich Notwendige beschränkt wird. Freilich müssen zu allererst die Lehrer sich in die neuen Verhältnisse finden und einleben; sie müssen vor allem sich von alten, ob auch lieb gewordenen Gewohnheiten befreien, sich auf den neuen Boden mit seinen veränderten Forderungen stellen, die neuen Lehrmittel nicht nur benutzen, sondern sich mit ihnen vertraut machen, sie recht eigentlich ausnutzen und die dadurch gewonnene Zeit auf Erweiterung der Lektüre mit allseitiger sachlicher Erklärung verwenden. Dann wird der griechische Unterricht trotz der verminderten Stundenzahl seinen Zweck so gut oder besser als früher erreichen.

Auch dieser meiner Arbeit kam der sachkundige Rat und die werkthätige Hilfe dreier geschätzter Kollegen zu statten, der Herren Prof. Dr. O. Kohl in Kreuznach, Prof. Dr. Rose in Lüneburg und vor allem des Herrn Prof. Dr. Surber in Zürich. Die beiden ersten hatten die Güte, mir auf Grund der 2. Aufl. der Schulgrammatik zum ganzen Buch ihre Bemerkungen, Winke und Änderungsvorschläge mitzuteilen. Herrn Kollegen Surber legte ich zahlreiche Fragen und Erwägungen vor, und immer war mir sein bereitwilliger Rat und sein wohlerwogenes Urteil wertvoll, oft entscheidend [7]). Auch bei der Korrektur war mir seine äußerst sorgfältige Beihülfe wiederum vom größten Wert. Für jegliche Förderung sei den genannten Herren, und ebenso dem Herrn Verleger für die Bereitwilligkeit, mit der er meinen Intentionen entgegenkam, auch öffentlich der herzlichste Dank ausgesprochen.

[7]) Sein Eigentum ist auch die neue Fassung von § 193 (vgl. § 190, 1 u. 195, 1. 2), die allerdings eigentlich die entsprechende Behandlung im Lateinischen voraussetzt, hier aber unbedenklich aufgenommen werden durfte, da die Freunde der alten Erklärungsweise die frühern Bezeichnungen (Subjekt, Objekt) leicht herstellen können.

Zürich, im Oktober 1892.

Dr. Ad. Kaegi.

Vorwort zur zweiten Auflage.

Gegenüber der ersten weist diese zweite Auflage hinsichtlich des Stoffes nur folgende Veränderungen auf:

1) § 25, 5 wurde die Anmerkung mit den zwei Verweisungen eingeschoben.

2) § 111, 6 wurde *εἰδόμην*, und ebendaselbst und § 71, 12. d die durch Sprachwissenschaft und Tradition übereinstimmend geforderte Form *ἰδέ* gestrichen, resp. in den Nachschlagparagraphen 112 verwiesen, weil diese Accentuation dem Schüler nur An. 4, 1, 20 und Euth. 11, e vorkommen kann, während die Ausgaben bei Homer Od. 8, 443. 22, 233. Il. 17, 179 und Soph. O. C. 1462 immer noch *ἴδε* lesen.

3) § 140, 3 (oder 144, 1) mußte *φείδομαι* hinzugefügt werden; es steht mit Gen. z. B. Hell. 2, 3, 33. 34. 7, 1, 24. 26. Mem. 1, 2, 22. 3, 5, 22. Pl. Apol. 31, a. Lach. 201, a. Phaed. 78, a. 117, a. Dem. 9, 66. Thuc. 1, 82, 4. 90, 3. 3, 74, 2. 4, 11, 4. 7, 29, 4. Lys. 19, 24. 30, 27. Soph. Ai. 844. El. 710. Phil. 749. — Her. 8, 69, 1. 9, 39. 41. Hom. Od. 9, 277. 15, 185. 22, 54. Il. 5, 202. 20, 464. 21, 101. 24, 158. 187. 236.

4) § 144, 2 mußte über *δέομαί τινός τι* genaueres gelehrt werden. Diese Verbindung kommt bei neutralem Pronomen der Sache überall vor; dagegen ist die für den Fall, daß die Sache durch ein Substantiv ausgedrückt wird, als 'notwendig' bezeichnete Konstruktion *δέομαί τινός τινος* (s. Krüger zu Thuc. 1, 32, 4. Her. 5, 81. Hertlein-Nitsche zur Cyr. 5, 5, 35) aus der Schullektüre meines Wissens nur nachgewiesen bei Thuc. 1, 32, 5. Her. 5, 40. 81. Soph. O. C. 1170 (u. Cyr. 8, 3, 19), fällt also für den Kanon so gut wie außer Betracht. Das von einzelnen Schulbüchern gebotene und von Jacobitz-Seiler als 'attisch' bezeichnete *δεῖσθαι παρά τινος* wage ich nicht zu lehren, da ich es nur aus Lucian und andern Spätern kenne und Krüger zur An. 5, 9, 26 ausdrücklich bemerkt, daß „*δεῖσθαι παρά τινος* erst Spätere sagen". Die gewählte neue Fassung ist also wohl erwogen und praktisch einfach.

5) § 187, 4 wurde die Regel über *πρίν* leicht verändert.

Außerdem wurden nur in den Nachschlagparagraphen 60 und 113 einige Zusätze gemacht, die den Unterricht in keiner Weise stören können, und der Ausdruck da und dort verbessert; sonst aber sah ich mich zu keinen Änderungen oder Erweiterungen veranlaßt. Daß „τέϑηκα sich bis jetzt in keiner Ausgabe findet“ (N. Philol. Rundschau. 1893. S. 352), ist (seit 1888) nicht mehr richtig [1]), und ebensowenig kann ich zugeben, daß z. B. § 130 ἐπιλείπω τινά, oder § 133 die Verba des ‚Belehrens und Verheimlichens, des An- und Ausziehens‘ „fehlen“, d. h. für den Schüler notwendig und nachzutragen seien. Διδάσκω und παιδεύω τινά τι kommen im Umfang des jetzigen Kanons m. W. nur Hell. 4, 4, 1. 8, 12. 6, 3, 7. Euth. 6, d. e. Dem. 2, 11. Soph. O. R. 554. Her. 6, 138 (Mem. 4, 4, 5. S. O. C. 919); κρύπτω und ἀποκρύπτω τινά τι (mit Med.) nur Apol. 24, a. Her. 7, 28. Lys. 32, 7. Soph. El. 957. Phil. 915 (An. 1,9, 19. Mem. 2, 6, 29); ἐπιλείπω τινά nur An. 1, 5, 6. Thuc. 5, 103. Her. 7, 21. Lys. 22, 12; ἀποδύω, ἐκδύω, ἐνδύω, ἀμφιέννυμί τινά τι in Prosa gar nicht [2]) (bei Homer jene vereinzelt, ἕννυμι häufig) vor; ich habe sie darum aus dem Lernstoff gestrichen und werde sie auch im Übungsbuch nicht üben lassen. Wer mich deshalb tadeln und deren ‚Rehabilitation‘ verlangen will, gebe Nachweise; willkürlicher Eklekticismus hat heute keinen Anspruch auf Beachtung mehr.

Zu meinem Bedauern haben Amtspflichten und ein Augenleiden, welches seit vorigem Herbst meine Arbeitszeit leider sehr wesentlich beschränkt, mich bis jetzt gehindert, für alle meine Ausscheidungen und Aufstellungen die rechtfertigenden Nachweise zu publizieren. Um so freudiger begrüße ich es, daß solche nun für einen großen Teil der Formenlehre von anderer Seite fast vollständig beigebracht sind, nämlich von Dr. Emil Albrecht in der „Wissenschaftlichen Beilage zum Jahresbe-

---

[1]) Obschon mein Schüler Meisterhans schon 1885 nachgewiesen, daß τέϑεικα erst im 1. Jhdt. n. Chr. aufkommt, schreiben allerdings noch fast alle Ausgaben stetsfort diese hellenistische Form. Nur Blaß hat sich seit 1888 zum Richtigen gewendet; nachdem er Dem. 3, 12. 8, 34. 20, 8. 55. 99. 21, 173. 22, 16 noch τέϑεικε geschrieben, korrigiert er die Form der Handschriften von 24, 44 an an mehr als zwanzig Stellen seiner Textausgabe, und bemerkt in der Schulausgabe (8. Aufl. 1893) zu 3, 12: „τεϑήκασι ist nach den Inschriften die att. Form des Perf.: τέϑηκα ἔϑηκα wie δέδωκα ἔδωκα (τέϑεικα hellenistisch).“ Also endlich ein Anfang!

[2]) Das Paradebeispiel der Grammatiken für diese Gruppe ist (seit Fischer zum Weller) Cyr. 1, 3, 17.

richt des Friedrichs-Gymnasiums zu Berlin". Ostern 1894: „Zur Vereinfachung der griechischen Schulgrammatik" (1894. Progr. Nr. 54), die mir durch die Güte des Verfassers in diesen Tagen zugegangen ist. Indem diese Arbeit aus dem von mir (oben S. IV) zu Grunde gelegten Kanon, welcher allgemein zu berücksichtigen sei, mit vorzüglicher Sorgfalt und Gründlichkeit „zu einer großen Anzahl grammatischer Erscheinungen, bei denen man zweifelhaft sein kann, ob und in welchem Umfang sie in den Lernstoff der Schulgrammatik gehören, im wesentlichen im Anschluß an die Grammatik von Franke-Bamberg, die einschlägigen Stellen liefert", bietet sie faktisch zu meiner Formenlehre fast durchweg eine eingehende Rechtfertigung, auf die hinweisen zu können mir zur großen Genugthuung gereicht.[3]) Albrecht hebt hervor, wie in keinem von allen andern Lehrbüchern aus älterer, neuerer und neuester Zeit, so sehr sie alle — das eine mehr, das andere weniger — bestrebt seien, den Lernstoff zu kürzen, die Vereinfachung wirklich „auf Grund eines planmäßig gesammelten Materials erfolgt, sondern teils in Anlehnung an Kaegi, teils rein nach Gutdünken in jener eklektischen Manier, die Kaegi mit Recht schon vor Jahren getadelt hat", und er anerkennt: „So ist es denn wiederum Kaegi, der in seiner ‚Kurzgefaßten griechischen Schulgrammatik' (1893), mit dem nötigen Rüstzeug ausgestattet, den Bestimmungen der neuen Lehrpläne am meisten gerecht wird." Möglichst bald nachzuweisen, daß dies Urteil auch für die von Albrecht nicht behandelten Teile der Formenlehre und für die Syntax seine Gültigkeit hat, wird mir angenehme Pflicht sein.

Zum Schluß sei nur noch darauf hingewiesen, daß die Grammatik über die von mir aus dem Lernstoff ausgeschlossenen Einzelheiten doch Aufschluß giebt in den Nachschlagparagraphen 60 und 112, und daß der Index dem Bedürfnis des Schülers in weitgehendem Maße entgegen

[3]) Wo Albrechts Forderungen und meine Aufstellungen auseinander gehen, ist dies fast ausnahmslos entweder darin begründet, daß ich Homer und Herodot V—IX zwar immer nur subsidiär, aber doch umfassender berücksichtige als er, oder darin, daß ich „der Vollständigkeit der Reihen wegen" auch im Kanon zufällig nicht vorkommende regelmäßige Formen in die Paradigmen einsetze, ein Verfahren, das gewiß eine Erleichterung bedeutet (s. oben S. VI) und auch von Albrecht gelegentlich gut geheißen wird, z. B. S. 17 für ὀλῶ (welches übrigens außer Soph. El. 831. OR. 448. Phil. 817. 1388. Gorg. 518, c auch noch Ant. 751 und sechsmal bei Her. steht: 6, 91 bis. 7, 209. 8, 60, α. 9, 18 bis).

kommt.[4]) Zudem werde ich dafür sorgen, daß dies auch in der nächsten Auflage von Benselers Schulwörterbuch noch mehr als bisher geschieht und die noch etwa fehlenden Verweisungen auch dort hinzugefügt werden.

Den Freunden Surber und Walder, Professoren am hiesigen Gymnasium, habe ich abermals für treue Unterstützung bei der Korrektur zu danken; ihre Beihülfe war mir gerade diesmal wegen meines Augenleidens und weil der Neudruck sehr rasch ausgeführt werden mußte, besonders erwünscht und wertvoll.

---

[4]) Nicht nur ἀλείφω, ἀλέω, δάκνω, ἐγείρω, ἐσθίω, sondern auch ἀλήλιμμαι, ἀλήλε(σ)μαι, δέδηγμαι, δήξομαι, δηχθῆναι, ἐγρήγορα, ἐλήλεγμαι, ἠφίειν, κεκλῇο, κεκτῴμεθα, μεμνῷο, ὀρώρυγμαι u. a. sind aufgenommen.

Zürich, den 21. März 1894.

Dr. Ad. Kaegi.

Vorwort zur dritten Auflage.

Die zu Ostern d. J. erfolgte Einführung der Grammatik an fast hundert Schulen hat auch die zweite Auflage in wenig Wochen zu Ende gehen lassen; die vorliegende dritte ist ein unveränderter Abdruck der vorigen Auflage.

Zürich, den 6. April 1894.

Dr. Ad. Kaegi.

Erster Teil: Lautlehre.

§ 1. Schrift und Aussprache.

1. Das griechische **Alphabet** besteht aus folgenden 24 Buchstaben:[1]

Zeichen		Laute	Namen	
der großen Kapital- oder Uncial-Schrift	der kleinen Kursiv-Schrift			
Α	*α*	a	Alpha	Ἄλφα
Β	*β*	b	Bēta	Βῆτα
Γ	*γ*	g	Gamma	Γάμμα
Δ	*δ*	d	Delta	Δέλτα
Ε	*ε*	ĕ	Epsīlon	Ἒ ψῑλόν
Ζ	*ζ*	z	Zēta	Ζῆτα
Η	*η*	ē	Ēta	Ἦτα
Θ	*ϑ*	th	Thēta	Θῆτα
Ι	*ι*	i	Iōta	Ἰῶτα
Κ	*κ*	k	Kappa	Κάππα
Λ	*λ*	l	Lambda	Λάμβδα
Μ	*μ*	m	My	Μῦ
Ν	*ν*	n	Ny	Νῦ
Ξ	*ξ*	x	Xi	Ξῖ
Ο	*ο*	ŏ	Omīkron	Ὂ μῑκρόν
Π	*π*	p	Pi	Πῖ
Ρ	*ϱ*	r	Rho	Ῥῶ
Σ	*σ, ς*	s	Sigma	Σῖγμα
Τ	*τ*	t	Tau	Ταῦ
Υ	*υ*	y	Ypsīlon	Ὓ ψῑλόν
Φ	*φ*	ph	Phi	Φῖ
Χ	*χ*	ch	Chi	Χῖ
Ψ	*ψ*	ps	Psi	Ψῖ
Ω	*ω*	ō	Omĕga	Ὦ μέγα

2. *σ* braucht man am Anfang und im Innern, *ς* am Ende der Wörter; z. B. *σάκος, σεισμός*. Auch *εἰς-βάλλω* neben *εἰσ-βάλλω* u. ä.

Anm. In älterer Zeit brauchte man für den Laut w das Zeichen *ϝ* (Digamma, Doppelgamma); z. B. *ϝοῖκος* = vicus, *ὄϝις* = ovis.

3. Für die **Aussprache** ist zu merken:

γ vor γ, κ, χ, ξ lautet wie n vor g, k, ch, x; z. B.
ἄγγελος angelos Engel, Ἀγχίσης Anchises,
ἄγκυρα ancora Anker, Σφίγξ Sphinx.
ζ ist weich wie ds zu sprechen, nicht wie z = ts.
θ ist von τ deutlich zu unterscheiden;
z. B. θείνω ich schlage, von τείνω ich spanne.
ι ist als Vokal, nicht wie Jod zu sprechen: Ἰωνία I-onia.
σχ sind getrennt zu sprechen (s-ch), nicht wie sch.
τι lautet **immer** wie ti, **nie** wie zi; also αἰτία = aitia.

§ 2. Einteilung der Laute.

2 1. **Die einfachen Vokale sind ihrer Quantität nach entweder kurz** (ε, ο), **oder lang** (η, ω), **oder schwankend** (ᾰ̄, ῐ̄, ῠ̄).

2. **Eigentliche Doppellaute oder Diphthonge sind:**
αι, ει, οι, υι, z. B. in Μαῖα, Δαρεῖος, Κροῖσος, Ἅρπυιαι,
und αυ, ευ, ου, ηυ, z. B. in Γλαῦκος, Ζεύς, Μοῦσα, ηὔξανον.

3. **Uneigentliche Diphthonge nennt man die Verbindung eines der langen Vokale ᾱ, η, ω mit folgendem, (jetzt) stummem ι,**
also ᾳ, ῃ, ῳ mit iota subscriptum; z. B. ᾄδω, ᾖδον, ᾠδή —
oder Αι, Ηι, Ωι mit iota adscriptum; z. B. Ἅιδης, Ὠιδεῖον.

4. **Die einfachen Konsonanten werden teils nach den sie hervorbringenden** Organen (Sprachwerkzeugen), teils nach den Eigenschaften ihres Lautes folgendermaßen eingeteilt:

Laut-Eigenschaft	Lautstufe	Gutturale, Kehllaute (K-Laute)	Labiale, Lippenlaute (P-Laute)	Dentale, Zahnlaute (T-Laute)
Mutae, stumme (od. Explosivae, momentane)	Tenues, harte	κ	π	τ
	Mediae, weiche	γ	β	δ
	Aspiratae, gehauchte	χ	φ	θ
Semivocales, tönende (od. Continuae, dauernde)	Liquidae, flüssige	λ		ρ
	Nasales, nasalierte	γ = ng	μ	ν
	Spirantes, hauchende	j	ϝ	σ

Anm. Die Bezeichnung Liquidae wird oft für die eigentlichen Liquidä und die Nasale μ und ν, also für die Laute λ, μ, ν, ρ gebraucht.

5. **Doppelkonsonanten sind** ξ = κσ, ψ = πσ, ζ = ds.

§ 3. Spiritus und Accente.

1. Jeder anlautende Vokal oder Diphthong ist mit einem Hauchzeichen oder spiritus versehen, deren es zwei giebt, nämlich 3

a) den **spiritus asper** (῾), welcher dem deutsch-lateinischen h entspricht: *ἥρως* heros, *Αἵμων* Haemon;

b) den **spiritus lenis** (᾿), welcher nicht ausgesprochen wird: *Ἔρως* Eros, *Αἴγῖνα* Aegina.

2. Jedes anlautende *ρ* erhält den spiritus asper; z. B. *ῥήτωρ* rhetor, *Ῥόδος* Rhodos.

Doppeltes *ρ* im Inlaut wird entweder ohne jeden, oder mit doppeltem Spiritus geschrieben; z. B. entweder *Πύρρος* oder *Πύῤῥος* Pyrrhus.

3. Die Betonung der Wörter bezeichnen drei Accente, nämlich:

a) der Circumflex (῀) den gedehnten Ton: *Ἆγις, Ἀθῆναι, ὀρθῶς.*

b) der Acut (΄) den scharfen Ton: *ἄγω, ἀγέλη, ὀρθός.*

c) der Gravis (`) den gedämpften Ton: *ὀρθὸς ἦν ὁ λόγος.*

4. Stellung der Spiritus und Accente. Sie stehen

bei Vokalen in kleiner Schrift über dem Vokal: *ὁ ἀνήρ,*

in großer Schrift oben vor dem Vokal: *ἡ Ἑλλάς,*

bei Diphthongen über dem zweiten Vokal: *Αἶγαί, εἰ, εὐποίητος.*

Treffen Spiritus und Accent auf dem gleichen Vokal zusammen, so steht der Spiritus vor dem Acut oder Gravis, aber unter dem Circumflex: *Αἴας ὤμοσεν, ὃς ἄριστος ἦν.*

Bei uneigentlichen Diphthongen (§ 2, 3) stehen Spiritus und Accent in großer Schrift vor dem ersten Vokal: *Ἅιδης, Ὠιδεῖον — ᾄδω, ᾠδή.*

§ 4. Andere Lese- und Interpunktionszeichen.

1. Die Trennungspunkte (¨), puncta diaeresis, zeigen an, daß 4 zwei Vokale, welche gewöhnlich einen Diphthongen bilden, getrennt zu sprechen sind; z. B. *Ἀτρεΐδης, κραΰνω.*

Diese Trennungspunkte können indes wegbleiben, wo Accent und Spiritus die Diärese deutlich machen: *ἀυτή, ὄις.*

2. Von den Interpunktionen schreibt man

Punkt und Komma wie im Lateinischen und Deutschen,

Kolon und Semikolon als Punkt oberhalb der Linie (·),

das Fragezeichen wie ein deutsches Semikolon (;).

§ 5. Abteilung und Quantität der Silben.

5 1. Jeder einzelne Konsonant und jede Konsonantengruppe, mit der ein griechisches Wort beginnen kann, wird zum folgenden Vokal gezogen; z. B. ἔ-χο-μεν, ἐ-σθής, ὅ-πλον, δε-σμός, νυ-κτός, ἔ-στροφα, — aber δελ-φίς, ἅρ-μα, ἀν-δρός — Πύρ-ρος, ἀγ-γέλ-λω — Βάκ-χος.

2. Komposita werden nach ihren Bestandteilen getrennt: συν-έχω, προσ-άπτω, ἀπ-έρχομαι, ὥσ-περ.

3. Eine Silbe ist von Natur kurz, wenn sie einen kurzen Vokal enthält, auf welchen nur Ein einfacher Konsonant folgt: ἄ-γο-μεν, ἔ-χο-μεν, γέ-νε-σις.

4. Eine Silbe ist von Natur lang, wenn sie einen langen Vokal oder einen Diphthongen enthält: ἥ-ρως, Εὐ-ρώ-πη, ᾠ-δή.

5. Eine Silbe mit kurzem Vokal ist durch Position lang, wenn auf denselben zwei oder mehr Konsonanten oder ein Doppelkonsonant folgen: ἄχθος, ὀρθός, ἐχθρός, ἄξων, ἕξομαι, ὄψομαι.

6. In der Aussprache ist sorgfältig zu unterscheiden, ob eine Silbe schon von Natur oder nur durch Position lang ist;

z. B. πρᾱ́σσω von τᾰ́σσω, πρᾶξις von τᾰ́ξις,
πρᾶγμα von τᾰ́γμα, μᾶλλον von κᾰ́λλος.

§ 6. Die Betonung.

6 Fast alle griechischen Wörter (vgl. § 8) sind mit einem der § 3, 3 genannten Accente versehen. Dabei gelten folgende

allgemeine Regeln:

1. Der Acut kann auf kurzen und langen, der Circumflex dagegen nur auf naturlangen Silben stehen.
2. Der Acut kann nur auf einer der drei letzten Silben stehen, auf der drittletzten (antepaenultima) jedoch nur dann, wenn die letzte (ultima) kurz ist; z. B. πόλεμος, πολέμιος, σώματᾰ.
3. Jeder Acut auf der Endsilbe eines Wortes, welches durch keine Interpunktion vom nächstfolgenden Worte getrennt ist, wird in den Gravis abgeschwächt; also

   Οἱ μὲν αὐτῶν ἦσαν ἀγαθοί, οἱ δὲ κακοί.
4. Der Circumflex kann nur auf einer der zwei letzten Silben stehen, auf der zweitletzten (paenultima) jedoch nur dann, wenn die letzte kurz ist; z. B. δῶρον, δῶρᾰ, φεῦγε.

5. Jede betonte paenultima muß den Circumflex haben, wenn sie selbst von Natur lang und die ultima kurz ist; also

θήρ, aber θῆρες, πολίτης, aber πολῖτᾰ,
σώφρων, aber σῶφρον, φεύγω, aber φεῦγε.

6. In Kompositis pflegt der Accent möglichst weit gegen den Anfang des Wortes zurückzugehen; z. B.

ὁ φίλος der Freund, ἄφιλος freundlos,
ἡ τιμή die Ehre, ἄτιμος ehrlos,
ὁ νοῦς der Sinn, εὔνους wohlgesinnt.

Anm. Ausnahme zu 3 ist τίς, τί, s. § 67, 1; Ausnahmen zu 5 s. § 9, Anm. 3.

§ 7. Benennung der Wörter nach der Betonung.

Seiner Betonung nach heißt ein Wort 7
mit Acut auf der ultima: Oxytŏnon; z. B. τιμή, ὁδός,
mit Acut auf der paenultima: Paroxytŏnon; z. B. λόγος,
mit Acut auf der antepaenult.: Proparoxytŏnon; z. B. ἄνθρωπος,
mit Circumflex auf der ultima: Perispōmĕnon; z. B. τιμῶν,
mit Circumflex auf der paenult.: Properispōmĕnon; z. B. δῶρον,
ohne jeden Accent auf der ultima: Barytŏnon; z. B. λόγος, δῶρον.

§ 8. Tonlosigkeit oder Proklisis.

1. Atŏna (d. h. tonlose) oder Proclitica (d. h. sich vorwärts 8
neigende) heißen zehn einsilbige Wörter, welche sich so eng an das folgende Wort anschließen, daß sie keinen eigenen Accent erhalten. Es sind

a) vier Formen des Artikels: ὁ, ἡ, οἱ, αἱ.
b) die drei Präpositionen: εἰς, ἐν und ἐκ (ἐξ).
c) die zwei Konjunktionen: εἰ (wenn) und ὡς (wie, daß).
d) die Negation: οὐ (οὐκ, οὐχ).

2. Von den Atona werden betont:

a) sämtliche, wenn ein Enklitikon folgt (§ 9fg.): ὅδε, εἴτε, οὔτε.
b) die Negation οὐ vor einer Interpunktion: φῂς ἢ οὔ; — Χειρίσοφος τὸν ἡγεμόνα ἔπαισε μέν, ἔδησε δ' οὔ.

§ 9. Tonanlehnung oder Enklisis.

1. Enclitica (d. h. sich anlehnende) heißen mehrere ein- und zwei- 9
silbige Wörter, die sich so eng an das vorhergehende Wort anschließen, daß sie gewöhnlich ihren eigenen Ton entweder ganz verlieren, oder ihn als Acut auf das vorhergehende Wort werfen. Es sind

a) vom Personalpronomen die Formen *μοῦ, μοί, μέ — σοῦ, σοί, σέ — οὗ, οἷ, ἕ*, § 61;

b) das unbestimmte Pronomen *τὶς, τὶ*, § 67, 2;

c) die unbestimmten Adverbia *πού, ποί, ποθέν, πώς, πή, ποτέ*, § 69;

d) der Indik. Präs. von *φημί* und *εἰμί* außer *φής* und *εἶ*, § 103, 1. 2;

e) die Partikeln *γέ, τέ, τοί, νύν, πέρ, πώ*;

f) das untrennbare Suffix *-δε* in *ὅδε, τοσόσδε, οἰκόνδε* u. ä.

2. Die Art der Tonanlehnung zeigen folgende Regeln und Beispiele.

a) Der Accent des Enklitikons geht verloren

1. nach einem Perispomenon: { *σοφῶν τις, σοφῶν ἐστιν.*

2. nach einem Oxytonon oder Atonon; diese erhalten aber den Acut (nicht den Gravis): { *σοφός τις, σοφοί εἰσιν, οὔτε — οὔποτε.*

3. nach einem Proparoxytonon oder Properispomenon; diese erhalten zu ihrem eigenen Accent hinzu auf die Endsilbe den Acut: { *ἄνθρωπός τις, ἄνθρωποί εἰσιν, δῶρά ἐστιν.*

b) Nach einem Paroxytonon verliert das einsilbige Enklitikon seinen Accent, das zweisilbige behält ihn: { *λόγος τις, λόγοι τινές, λόγων τινῶν.*

Anm. 1. Beachte, daß bei der Enklisis nie mehr als zwei Silben ohne Accent bleiben; also *σοφοί τινες* und *σοφῶν τινων*,
aber *λόγοι τινές* und *λόγων τινῶν*.

Anm. 2. Folgen sich mehrere Enklitika, so wirft jedes folgende seinen Accent als Acut auf das vorhergehende: *εἴ πώς τίς τινά ποι πέμποι.*

Anm. 3. Durch Zusammenschreibung einzelner Enklitika mit dem vorhergehenden Worte entstehen Wörter, die gegen § 6, 5 betont sind; z. B. *οὔτε, μήτε, ὥστε, οὔτις.*

10 § 10. Enklitika werden betont:

a) vor andern Enklitika: § 9, Anm. 2.

b) wenn sie zweisilbig sind, nach Paroxytona: § 9, 2. b.

c) wenn sie mit Nachdruck gesetzt sind: *σὺν σοί, πρὸς σέ* (§ 61, 1).

d) wenn die Silbe, auf welche ihr Accent fallen müßte, elidiert ist (§ 17); z. B. *καλὸς δ' ἐστίν* (für *καλὸς δέ ἐστιν*).

e) am Anfang eines Satzes; z. B. *εἰσὶν ἑκάστοις λόγοι — φαμὲν τοίνυν.*

Über *οἱ, σφίσιν* § 61, 4; über *ἔστιν* § 103, 2. 1.

Die wichtigsten Lautgesetze.

§ 11. **Vokalwechsel (Vokalschwächung und Ablaut).** Die Vokale zeigen 11
vielfach innerhalb derselben Stämme einen gesetzmäßigen Wechsel unter einander; dieser Wechsel betrifft teils die Quantität, teils die Qualität.

1. Quantitativer Wechsel („Vokalschwächung" oder „Kürzung"). Als Länge und Kürze (oder Dehnung und Schwächung) entsprechen sich

ᾱ und ᾰ: ἐάσω, ἐάω. — ει und ῐ: λείπω, λῐπεῖν.
η und ᾰ: τιμήσω, τιμᾰ́ω. — ῑ und ῐ: τρῑ́βω, τρῐβή.
η und ε: ποιήσω, ποιέω. — ευ und ῠ: φεύγω, φῠγή.
ω und ο: δουλώσω, δουλόω. — ῡ und ῠ: λῡ́σω, λῠτός.

2. Qualitativer Wechsel („Ablaut"). In ähnlicher Weise entsprechen sich vielfach die Laute ε und ο, ει und οι, ευ und ου, η und ω.

Z. B. ε und ο: vgl. λέγω, λόγος, νέμω, νομή, τεκεῖν, τέτοκα.
ει und οι: λείπω, λοιπός, κεῖμαι, κοίτη, πείθω, πέποιθα.
ευ und οι: σπεύδω, σπουδή, κέλευθος, ἀκόλουθος.
η und ω: ἀρήγω, ἀρωγός, πτήσσω, πτωχός, ῥήγνυμι, ἔρρωγα.

3. Verbindung des quantitativen und qualitativen Vokalwechsels. Daraus ergeben sich folgende Vokalreihen:

stark schwach abgelautet
η ᾰ ω: φήμη, φᾰτός, φωνή — βῆναι, βᾰ́σις, βωμός.
η ε ω: θήμων, θετός, θωμός — ἥσω, ἑτός, ἀνέωμαι.
ει ῐ οι: λείπειν, λῐπεῖν, λοιπός — πείθειν, πεπιθεῖν, πέποιθα.
ευ ῠ ου: σεύω, ἔσσῠμαι, ἔσσουα — ἐλεύσομαι, ἤλῠθον, εἰλήλουθα,
und in der Nähe von Liquidis:
ε ᾰ ο: τρέπω, τρᾰπεῖν, τρόπος — στέλλω, σταλῆναι, στόλος.
τέμνω, ταμίας, τομή — μένος, μανῆναι, μέμονα.

§ 12. **Nominativdehnung** heißt die Erscheinung, daß den Längen η 12
und ω im Nom. Sing. in den übrigen Kasus die Kürzen ε und ο gegenüberstehen; vgl. z. B.

ποιμήν mit ποιμέν-ος u. s. f.; δαίμων mit δαίμον-ος u. s. f.
χιών mit χιόν-ος u. s. f.; ῥήτωρ mit ῥήτορ-ος u. s. f.

§ 13. **Ersatzdehnung** heißt man diejenige Dehnung eines Vokals, welche 13
gleichsam zum Ersatz für ausgefallene Konsonanten eintritt. An die Stelle eines kurzen Vokals mit zwei oder drei folgenden Konsonanten tritt Ein langer Vokal mit Einem Konsonanten, so daß die Positionslänge durch eine Naturlänge ersetzt wird. Durch Ersatzdehnung wird

ᾰ gewöhnlich zu ᾱ: aus παντ-ς, λυσαντ-σι, ἐμιαν-σα, — μελαν-ς
wird πᾶς, λύσᾱσι, ἐμίᾱνα. μέλᾱς.
seltener zu η: aus ἐφαν-σα
wird ἔφηνα.

ε immer zu ει:	aus χαριεντ-ς,	λυθεντ-σι,	ἐστελ-σα,	— ἑν-ς
	wird χαρίεις,	λυθεῖσι,	ἔστειλα,	εἷς.
ο immer zu ου:	aus διδοντ-ς,	γεροντ-σι,	παιδευοντ-σι	
	wird διδούς,	γέρουσι,	παιδεύουσι.	
ῐ immer zu ῑ:	aus ἐκριν-σα			
	wird ἔκρῑνα.			
ῠ immer zu ῡ:	aus φυντ-ς,	δεικνυντ-σι,	ἠμυν-σα	
	wird φῡ́ς,	δεικνῦσι,	ἤμῡνα.	

14 § 14. **Synkope** heißt man die Ausstoßung eines kurzen Vokals zwischen Konsonanten innerhalb Eines Wortes; z. B.
γίγνομαι (Stamm γεν) für γιγενομαι, vgl. lat. gigno, genui.

15 § 15. **Metathesis** heißt man die Umstellung eines vor einfacher Liquida (λ, μ, ν, ρ) stehenden kurzen Vokals hinter die Liquida; dabei wird der Vokal gewöhnlich gedehnt.

Vgl. θάρσος, κᾰλ-έω, τέμ-νω, θάν-ατος, πορ-εῖν
mit θρᾰσος, κλη-τός, τμῆ-σις, θνη-τός, πέ-πρω-ται.

16 § 16. 1. **Kontraktion** ist die Zusammenziehung zweier innerhalb eines Wortes zusammentreffender Vokale in Einen langen Laut; z. B. wird τιμά-ων zu τιμῶν, πλό-ου zu πλοῦ, γένε-ος zu γένους, φιλέ-ει zu φιλεῖ.

Die einzelnen Fälle der Kontraktionen giebt die Flexionslehre.

2. Die durch Kontraktion entstandene Silbe erhält nur dann einen Accent, wenn einer der beiden zu kontrahierenden Vokale betont war, und zwar den Circumflex, wenn der erste, den Acut, wenn der zweite Vokal betont war.

Z. B. wird τίμαε zu τίμᾱ, und ἐτίμαον zu ἐτίμων,
τιμάων zu τιμῶν, aber βεβαώς zu βεβώς,
τιμάετε zu τιμᾶτε, aber τιμαέτω zu τιμάτω.

17 § 17. 1. **Elision** ist die Ausstoßung eines kurzen Endvokals vor vokalischem Anlaut; ihr Zeichen ist der Apostroph ('); z. B. ἐπ' αὐτῷ für ἐπὶ αὐτῷ — ἀλλ' ἐγώ für ἀλλὰ ἐγώ — ἀπέχω aus ἀπό und ἔχω.

Anm. Nie elidiert werden: der Vokal υ, — ᾰ und ο in einsilbigen Wörtern, — ῐ in περί, ἄχρι, μέχρι, in τί, τὶ und ὅτι.

2. Über den Accent ist zu merken:

a) bei oxytonierten Präpositionen und Konjunktionen geht er verloren; z. B. ἐπ' ἐμοί für ἐπὶ ἐμοί, — ἀλλ' ἐγώ für ἀλλὰ ἐγώ.

b) bei allen andern Oxytona tritt er als Acut auf die vorhergehende Silbe; z. B. Εἰ δεῖν' ἔδρασας, δεινὰ καὶ παθεῖν σὲ χρή, — τὰ ἀγάθ' ἦν für τὰ ἀγαθὰ ἦν — φήμ' ἐγώ für φημὶ ἐγώ.

c) bei allen Barytona bleibt er unverändert: οὔτε σοὶ οὔτ' ἐμοὶ ταῦτ' ἔλεγεν.

§. 18. 1. **Krasis** (d. h. Mischung) ist die Kontraktion eines auslautenden Vokals oder Diphthongen mit dem anlautenden Vokal des folgenden Wortes; ihr Zeichen ist die Koronis ('). 18

Der Mischlaut erhält ein *ι* subscriptum, wenn der letzte der zu verschmelzenden Laute *ι* war; z. B. *ἐγᾦμαι* aus *ἐγὼ οἶμαι*, aber *κἄν* aus *καὶ ἄν*.

2. Krasis ist besonders häufig beim Artikel, beim Relativ, bei *καί* und *πρό*.

Aus	*ὁ ἀνήρ,*	*τὰ ἄλλα,*	*ὃ ἐγώ,*	*καὶ ἐν,*	*καὶ ἄν,*	*προέλεγον*
wird	*ἁνήρ,*	*τἄλλα,*	*ἁγώ,*	*κἀν,*	*κἄν,*	*προὔλεγον.*

3. Der Accent des ersten Wortes geht in der Regel verloren, derjenige des zweiten bestimmt die Tonsilbe des Mischwortes; vgl. die obigen Beispiele.

§ 19. **Zusammentreffen der Konsonanten.** Nicht alle Konsonanten können beim Zusammentreffen unverändert neben einander stehen bleiben, sondern sie erleiden nach bestimmten Gesetzen mannigfache Veränderungen. Dabei bleibt der zweite meist unverändert, während sich der erste dem zweiten anbequemen muß. Dies geschieht namentlich durch Assimilation (Ähnlichmachen), Dissimilation (Unähnlichmachen) und Elision (Ausstoßung). 19

Besondere Beachtung erfordern die Lautveränderungen

a) im Nom. Sing. und Dat. Plur. der 3. Dekl.: § 38 f.

b) in der dritten Präsensklasse auf *-jω*: § 75, 3.

c) in der Tempusbildung der Verba muta: § 81. 82.

d) im Auslaut der Präpositionen in Kompositis; vgl. § 20 u. a.

§ 20. Vor dem **spiritus asper** verwandelt sich eine Tenuis in die Aspirata desselben Organs. 20

Aus	*οὐκ οὗτος,*	*ἀπ' οὗ,*	*ἀντ' ὧν,*	*ἐπ'* und *ὁδός*
wird	*οὐχ οὗτος,*	*ἀφ' οὗ,*	*ἀνθ' ὧν,*	*ἔφοδος.*

§ 21. **Von den Aspiraten.** 1. Wenn zwei aufeinander folgende Silben mit einer Aspirata beginnen, so wird meist die eine derselben in die entsprechende Tenuis verwandelt, und zwar 21

die erste bei der Reduplikation: *πεφύτευκα* — *τίθημι*: § 73, 1,
u. im Aor. Pass. von *θύω* und *τίθημι*: *ἐτύθην, ἐτέθην;*
die zweite im Imper. Aor. Pass.: *παιδεύθη-τι* für *παιδεύθη-θι*, § 78, 8.

In anderen Fällen bleiben beide Aspiraten unverändert; z. B. in *ὠρθώθην, ηὐθύνθην, ἐθέλχθην, ἐφάνθην, πεφάνθαι, ἐκαθάρθην, κεκαθάρθαι, φάθι, ἐχύθην* u. ä.

2. In mehreren einsilbigen Stämmen tritt die Aspiration, sobald sie im Auslaut verdrängt wird, im Anlaut hervor; so in den Stämmen *ταφ-, ταχ-, τρεφ-, τρεχ-, τρυφ-* und *τριχ-*.

Vgl.	*τάφος,*	*ταχύς,*	*τρέφω,*	*τρέχω,*	*τρυφή,*	*τρίχες*
mit	*θάπτω,*	*θάττων,*	*θρέψω,*	*ἔθρεξα,*	*θρύπτω,*	*θριξίν.*

Im An- und Auslaut haben die Aspirata *τεθράφθαι* (von *τρέφω*, aber *τετράφθαι* von *τρέπω*), *τεθάφαται* und *ἐθάφθην* (von *θάπτω*).

22 § 22. **Anlautendes** *ρ* wird verdoppelt, wenn ein kurzer Vokal davor tritt, sowohl bei Augment und Reduplikation: *ἔρριπτον*, *ἔρριψα* — *ἔρριφα*, *ἔρρωμαι*,
als in der Komposition: *ἐπιρρίπτω*, *διαρρήγνυμι*, *ἄρρωστος*, *ἀπόρρητος*.

23 § 23. **Auslautsgesetz:** Kein griechisches Wort kann auf einen andern Konsonanten endigen als auf einen der Laute *ν*, *ρ* und *σ* (*ξ*, *ψ*); andere Konsonanten, welche in den Auslaut eines Wortes zu stehen kämen, fallen weg. So steht

παῖ für *παιδ*, *μέλι* für *μελιτ*.

Anm. Die beiden Partikeln *ἐκ* und *οὐκ* sind nur scheinbare Ausnahmen, weil diese Proklitika (§ 8) sich so eng an das folgende Wort anschließen, daß das *κ* gleichsam inlautend steht; vgl. *οὐκέτι*, sowie § 24, 2. 3.

§ 24. Bewegliche Endkonsonanten.

24 1. Ein bewegliches *ν* (das sogenannte *ν ἐφελκυστικόν*) haben

a) dritte Personen auf *-ε(ν)* und *-σι(ν)*: *ἐπαίδευε(ν)*, *ἐπαίδευσε(ν)*, *παιδεύουσι(ν)*, *δίδωσι(ν)*, *διδόασι(ν)*, *εἰσί(ν)*.

b) Dative und Lokative auf *-σι(ν)*: *πᾶσι(ν)*, *Ἀθήνησι(ν)*.

c) einige ähnlich auslautende Wörter: *εἴκοσι(ν)* — *ἐστί(ν)*.

Dieses *ν* kann stehen oder fehlen vor folgendem Konsonanten;
es muß stehen vor folgendem Vokal
und vor größeren Interpunktionen.

2. Ein bewegliches *ς* haben die Wörter *οὕτω* so, und *ἐκ* aus. Sie lauten nämlich vor Vokalen immer *οὕτως* und *ἐξ*.

Z. B. *οὕτω γράφω*, aber *οὕτως ἔγραφον* — *ἐκ τοῦ οἴκου*, aber *ἐξ οἴκου*.

3. Einen beweglichen Guttural weist die Negation *οὐ* auf. Sie lautet vor Vok. mit dem spir. lenis *οὐκ*: *οὐκ ἀγαθόν*, *οὐκ αὐτός*,
vor Vok. mit dem spir. asper *οὐχ*: *οὐχ ἁπλῶς*, *οὐχ ἑαυτόν*,
vor allen Konsonanten aber *οὐ*: *οὐ καλῶς*, *οὐ ῥᾳδίως*.

Anm. Vor einer Interpunktion steht das betonte *οὔ* (§ 8, 2. b), auch wenn darauf ein Vokal folgt; z. B.

Ἐξικνοῦντο γὰρ οὔ, οὐδ' ἔβλαπτον οὐδέν.
Εἴτε μηνύουσιν εἴτε καὶ οὔ· ἀμφότερα γὰρ εἰκάζεται.

Zweiter Teil: Flexionslehre.

I. Deklination der Substantiva und Adjektiva.

§ 25. Vorbemerkungen.

1. Abweichend vom Lat. hat das Griech. eine eigene Form für die Zweizahl, den **Dual**; siehe § 95. Dagegen fehlt eine solche für den Ablativ. 25

2. Für das **Geschlecht** gelten folgende allgemeine Regeln:

a) Maskulina sind die Bezeichnungen männlicher Wesen, sowie von Flüssen, Winden und Monaten;

b) Feminina sind die Bezeichnungen weiblicher Wesen, sowie von Bäumen, Ländern, Inseln und Städten;

c) Neutra sind abweichend vom Lateinischen die meisten Deminutiva, auch wenn sie männliche oder weibliche Personen bezeichnen; z. B. *τὸ παιδίον* (Knäblein, Töchterlein).

3. Die **Neutra** haben in jedem Numerus nur Eine Form für Nom., Acc., Vok.; im Plural gehen diese Kasus immer auf *-ᾰ* aus.

4. Der **Vokativ** lautet im Plur. immer, im Sing. oft gleich dem Nom.

5. Der **Accent** bleibt so lange auf der Tonsilbe des Nom. Sing., als es die allgemeinen Accentgesetze gestatten; dabei gelten auslautendes *-αι* und *-οι* als kurz.

Anm. Über die wenigen Ausnahmen s. § 36, 6. 7 u. 67, 2.

6. Endsilben, welche lang und betont sind, haben in Genetiven und Dativen immer den Circumflex, sonst gewöhnlich den Acut.

Nur kontrahierte, und einzelne einsilbige Wörter sind im Nom., Acc., Vok. Perispomena.

§ 26. Der Artikel.

Das Griechische hat wie das Deutsche einen bestimmten Artikel: 26

ὁ ἡ τό der die das

Sing.	N.	*ὁ*	*ἡ*	*τό*	der	die	das
	G.	*τοῦ*	*τῆς*	*τοῦ*	des	der	des
	D.	*τῷ*	*τῇ*	*τῷ*	dem	der	dem
	A.	*τόν*	*τήν*	*τό*	den	die	das
Plur.	N.	*οἱ*	*αἱ*	*τά*	die		
	G.	*τῶν*	*τῶν*	*τῶν*	der		
	D.	*τοῖς*	*ταῖς*	*τοῖς*	den		
	A.	*τούς*	*τάς*	*τά*	die		

Erste oder A-Deklination.

27 § 27. Sie umfaßt die Wörter mit Stammauslaut -α, welcher im Singular in gewissen Fällen in η übergeht, und entspricht im allgem. der lat. ersten Deklination. Sie enthält Maskulina und Feminina.

§ 28. Feminina auf -ᾱ, -η und -ᾰ.

28

Stämme	οἰκῑᾱ- Haus	χωρᾱ- Land	στρατιᾱ- Heer	δοξᾰ- Meinung	Μουσᾰ- Muse
Sing. N.V.	ἡ οἰκίᾱ	ἡ χώρᾱ	ἡ στρατιά	ἡ δόξᾰ	ἡ Μοῦσᾰ
G.	τῆς οἰκίας	χώρας	στρατιᾶς	δόξης	Μούσης
D.	τῇ οἰκίᾳ	χώρᾳ	στρατιᾷ	δόξῃ	Μούσῃ
A.	τὴν οἰκίαν	χώραν	στρατιάν	δόξαν	Μοῦσαν
Plur. N.V.	αἱ οἰκίαι	χῶραι	στρατιαί	δόξαι	Μοῦσαι
G.	τῶν οἰκιῶν	χωρῶν	στρατιῶν	δοξῶν	Μουσῶν
D.	ταῖς οἰκίαις	χώραις	στρατιαῖς	δόξαις	Μούσαις
A.	τὰς οἰκίας	χώρας	στρατιάς	δόξας	Μούσας
Stämme	**μᾰχᾱ- Kampf**	**νῑκᾱ- Sieg**	**τιμᾱ- Ehre**	**θαλαττᾰ- Meer**	**γεφῡρᾰ- Brücke**
Sing. N.V.	ἡ μάχη	ἡ νίκη	ἡ τιμή	ἡ θάλαττᾰ	ἡ γέφυρᾰ
G.	τῆς μάχης	νίκης	τιμῆς	θαλάττης	γεφύρας
D.	τῇ μάχῃ	νίκῃ	τιμῇ	θαλάττῃ	γεφύρᾳ
A.	τὴν μάχην	νίκην	τιμήν	θάλατταν	γέφυρᾰν
Plur. N.V.	αἱ μάχαι	νῖκαι	τιμαί	θάλατται	γέφυραι
G.	τῶν μαχῶν	νικῶν	τιμῶν	θαλαττῶν	γεφυρῶν
D.	ταῖς μάχαις	νίκαις	τιμαῖς	θαλάτταις	γεφύραις
A.	τὰς μάχας	νίκας	τιμάς	θαλάττας	γεφύρας

1. **Wechsel von α und η im Singular.**

a) Steht im Nom. α nach ε, ι, ρ, so bleibt es im ganzen Sing.

b) Steht im Nom. η, so bleibt es im ganzen Sing.

c) Steht im Nom. α nach einem andern Konsonanten als ρ, so wird es im Gen. und Dat. zu η.

2. **Quantität.** Die Endsilbe -ᾱς ist immer lang.

3. **Accent.** Im Gen. Plur. wird der Stammauslaut α mit der Endung -ων zusammengezogen; deshalb sind alle Wörter der A-Deklination im Gen. Plur. Perispomena.

§ 29. Maskulina auf -ᾱς und -ης. 29

Stämme	νεανιᾱ- Jüngling	πολιτᾱ- Bürger	δικαστᾱ- Richter	Ἀτρειδᾱ- Atride
Sing. N.	ὁ νεανίας	ὁ πολίτης	ὁ δικαστής	ὁ Ἀτρείδης
G.	τοῦ νεανίου	πολίτου	δικαστοῦ	Ἀτρείδου
D.	τῷ νεανίᾳ	πολίτῃ	δικαστῇ	Ἀτρείδῃ
A.	τὸν νεανίαν	πολίτην	δικαστήν	Ἀτρείδην
V.	ὦ νεανίᾱ	πολῖτᾰ	δικαστᾰ	Ἀτρείδη
Plur. N. V.	οἱ νεανίαι	πολῖται	δικασταί	Ἀτρεῖδαι
G.	τῶν νεανιῶν	πολιτῶν	δικαστῶν	Ἀτρειδῶν
D.	τοῖς νεανίαις	πολίταις	δικασταῖς	Ἀτρείδαις
A.	τοὺς νεανίας	πολίτας	δικαστάς	Ἀτρείδας

1. Die Maskulina unterscheiden sich von den Feminina nur im Nom. und Gen. Sing.

Der Stammauslaut α bleibt nach ε, ι, ρ, und wird sonst zu η.

2. Der Vok. Sing. endigt entsprechend dem Nom. auf -ᾱ oder -η: ὦ νεανίᾱ, ὦ Ἀτρείδη.

Doch haben ausnahmsweise kurz ᾰ alle Wörter auf -της: ὦ πολῖτα, ὦ Σπαρτιᾶτα, ὦ Ὀρέστᾰ.

3. Einige dorische und sehr viele ausländische Eigennamen auf -ᾱς endigen im Gen. Sing. auf -ᾱ (dorischer Genetiv):

Φοιβίδᾱ, Εὐρώτᾱ — Ἀβροκόμᾱ, Μάσκᾱ, Ὀρόντᾱ.

§ 30. Kontrakta der ersten Deklination. 30

Stämme	Ἀθηναα Ἀθηνᾱ- Athene	γεα γη- Erde	Ἑρμεα Ἑρμη- Hermes, Plur. Hermesbilder	
Sing. N.	ἡ Ἀθηνᾶ	ἡ γῆ	ὁ Ἑρμῆς	οἱ Ἑρμαῖ
G.	Ἀθηνᾶς	γῆς	Ἑρμοῦ	Ἑρμῶν
D.	Ἀθηνᾷ	γῇ	Ἑρμῇ	Ἑρμαῖς
A.	Ἀθηνᾶν	γῆν	Ἑρμῆν	Ἑρμᾶς
V.	Ἀθηνᾶ	γῆ	Ἑρμῆ	Ἑρμαῖ

-ᾰᾱ wird in -ᾶ, -έᾱ nach ρ in -ᾶ, sonst in -ῆ kontrahiert; von andern nachfolgenden Vokalen und Diphthongen werden α und ε verschlungen: Ἑρμαῖ, Ἑρμῶν.

Alle Kasus sind Perispomena.

Zweite oder O-Deklination.

31 § 31. Sie umfaßt die Wörter mit Stammauslaut -ο, nebst einigen auf -ω, entspricht also im allgemeinen der lateinischen zweiten Deklination und enthält Maskulina und Neutra, sowie eine Anzahl Feminina.

Stämme	λογο- Wort, Rede	δημο- Volk	ἀνθρωπο- Mensch	ὁδο- Weg	δωρο- Geschenk
Sing. N.	ὁ λόγος	ὁ δῆμος	ὁ ἄνθρωπος	ἡ ὁδός	τὸ δῶρον
G.	τοῦ λόγου	δήμου	ἀνθρώπου	τῆς ὁδοῦ	τοῦ δώρου
D.	τῷ λόγῳ	δήμῳ	ἀνθρώπῳ	τῇ ὁδῷ	τῷ δώρῳ
A.	τὸν λόγον	δῆμον	ἄνθρωπον	τὴν ὁδόν	τὸ δῶρον
V.	ὦ λόγε	δῆμε	ἄνθρωπε	ὦ ὁδέ	ὦ δῶρον
Plur. N. V.	οἱ λόγοι	δῆμοι	ἄνθρωποι	αἱ ὁδοί	τὰ δῶρα
G.	τῶν λόγων	δήμων	ἀνθρώπων	τῶν ὁδῶν	τῶν δώρων
D.	τοῖς λόγοις	δήμοις	ἀνθρώποις	ταῖς ὁδοῖς	τοῖς δώροις
A.	τοὺς λόγους	δήμους	ἀνθρώπους	τὰς ὁδούς	τὰ δῶρα

Feminina sind nach § 25, 2. b z. B.:

ἡ παρθένος Jungfrau, ἡ νῆσος Insel, ἡ Αἴγυπτος Ägypten,
ἡ ἄμπελος Rebe, ἡ Δῆλος Delos, ἡ Κόρινθος Korinth,
ἡ ἤπειρος Festland, ἡ Ἤπειρος Epirus, ἡ Πελοπόννησος Peloponnes.

§ 32. Adjektiva der ersten und zweiten Deklination.

32 1. Das Fem. hat im Sing. -ᾱ nach ε, ι, ρ, sonst -η. Z. B.

νέος, νέα, νέον neu, φίλος, φίλη, φίλον lieb,
δίκαιος, δικαία, δίκαιον gerecht, λίθινος, λιθίνη, λίθινον steinern,
πατρῷος, πατρῴα, πατρῷον väterlich, ὀλίγος, ὀλίγη, ὀλίγον wenig,
αἰσχρός, αἰσχρά, αἰσχρόν schmählich, ἀγαθός, ἀγαθή, ἀγαθόν gut.

Stämme	ἀγᾰθο-	ἀγᾰθᾱ- gut	ἀγᾰθο-	δῐκαιο-	δῐκαιᾱ- gerecht	δῐκαιο-
Sing. N.	ἀγαθός	ἀγαθή	ἀγαθόν	δίκαιος	δικαία	δίκαιον
G.	ἀγαθοῦ	ἀγαθῆς	ἀγαθοῦ	δικαίου	δικαίας	δικαίου
D.	ἀγαθῷ	ἀγαθῇ	ἀγαθῷ	δικαίῳ	δικαίᾳ	δικαίῳ
A.	ἀγαθόν	ἀγαθήν	ἀγαθόν	δίκαιον	δικαίαν	δίκαιον
V.	ἀγαθέ	ἀγαθή	ἀγαθόν	δίκαιε	δικαία	δίκαιον
Plur. N. V.	ἀγαθοί	ἀγαθαί	ἀγαθά	δίκαιοι	δίκαιαι	δίκαια
G.	ἀγαθῶν	ἀγαθῶν	ἀγαθῶν	δικαίων	δικαίων	δικαίων
D.	ἀγαθοῖς	ἀγαθαῖς	ἀγαθοῖς	δικαίοις	δικαίαις	δικαίοις
A.	ἀγαθούς	ἀγαθάς	ἀγαθά	δικαίους	δικαίας	δίκαια

2. Im Nom. und Gen. Plur. richtet sich der Accent des Fem. der Adjektiva barytona auf -ος, -η (-α), -ον nach dem des Mask.; z. B.

δίκαιος, Nom. Plur. δίκαιοι, Gen. Plur. δικαίων,
δικαία, Nom. Plur. δίκαιαι, Gen. Plur. δικαίων
(gegen § 25, 5 nicht δικαῖαι), (gegen § 28, 3 nicht δικαιῶν).

3. Viele und namentlich fast alle zusammengesetzten Adjektiva auf -ος sind zweier Endungen. Z. B.

βάρβαρος, -ον fremdländisch, πρᾶος, -ον sanft, zahm,
ἥμερος, -ον zahm, ἄβατος, -ον unwegsam,
ἥσυχος, -ον ruhig, ἔντιμος, -ον geehrt,
φρόνιμος, -ον verständig, παράνομος, -ον gesetzwidrig.

Merke: ἐν-αντίος, -α, -ον entgegengesetzt.

4. Andere Adjektiva sind bald zweier, bald dreier Endungen:

βέβαιος, 2. u. 3. fest, χρήσιμος, 2. u. 3. nützlich,
ἔρημος, 2. u. 3. einsam, ὠφέλιμος, 2. u. 3. nützlich;
auch zusammengesetzte wie ἀνάξιος unwürdig, ἀναίτιος unschuldig.

§ 33. Kontrakta der zweiten Deklination. 33

Stämme	νοο- = νου- Sinn		ὀστεο- = ὀστου- Knochen		εὔνοο- = εὔνου- wohlgesinnt M. F.	Ntr.
Sing. N.	ὁ νόος	νοῦς	τὸ ὀστέον	ὀστοῦν	εὔνους	εὔνουν
G.	νόου	νοῦ	ὀστέου	ὀστοῦ	εὔνου	
D.	νόῳ	νῷ	ὀστέῳ	ὀστῷ	εὔνῳ	
A.	νόον	νοῦν	ὀστέον	ὀστοῦν	εὔνουν	εὔνουν
Plur. N.	οἱ νόοι	νοῖ	τὰ ὀστέα	ὀστᾶ	εὖνοι	εὔνοα
G.	νόων	νῶν	ὀστέων	ὀστῶν	εὔνων	
D.	νόοις	νοῖς	ὀστέοις	ὀστοῖς	εὔνοις	
A.	νόους	νοῦς	ὀστέα	ὀστᾶ	εὔνους	εὔνοα

1. -εο u. -οο werden in -ου, -εᾰ in -ᾱ kontrahiert; von nachfolgenden langen Vokalen oder Diphthongen werden ε und ο verschlungen

2. Die Kontraktion unterbleibt im N. A. Ntr. Plur. der Adjektiva: εὔνοα, ἄνοα, κακόνοα.

3. Accent: die Simplicia sind in allen Kasus Perispomena, die Komposita behalten den Accent immer auf der Tonsilbe des Nom. Sing.: ἔκπλοι, περίπλων, εὖνοι (Accent!), εὔνων, εὔνοις, εὔνους, εὔνοα.

§ 34. Adjektiva kontrakta der 1. und 2. Deklination.

34 1. Es werden überhaupt nur kontrahiert:
a) die Stoff- und Farbbezeichnungen auf -εος;
b) die Zahladjektiva auf -πλόος (=fach, § 70, 4).

2. Die Kontraktion entspricht ganz derjenigen der Substantiva; im Fem. Sing. steht -α nach ρ, sonst -η.

3. Accent: alle Kasus sind Perispomena.

Über die Komposita mit νοῦς und πλοῦς siehe § 33.

	ἀργύρεος	ἀργυρέα silbern	ἀργύρεον	χρύσεος	χρυσέα golden	χρύσεον
Sing. N.	ἀργυροῦς	ἀργυρᾶ	ἀργυροῦν	χρυσοῦς	χρυσῆ	χρυσοῦν
G.	ἀργυροῦ	ἀργυρᾶς	ἀργυροῦ	χρυσοῦ	χρυσῆς	χρυσοῦ
D.	ἀργυρῷ	ἀργυρᾷ	ἀργυρῷ	χρυσῷ	χρυσῇ	χρυσῷ
A.	ἀργυροῦν	ἀργυρᾶν	ἀργυροῦν	χρυσοῦν	χρυσῆν	χρυσοῦν
Plur. N.	ἀργυροῖ	ἀργυραῖ	ἀργυρᾶ	χρυσοῖ	χρυσαῖ	χρυσᾶ
G.	ἀργυρῶν	ἀργυρῶν	ἀργυρῶν	χρυσῶν	χρυσῶν	χρυσῶν
D.	ἀργυροῖς	ἀργυραῖς	ἀργυροῖς	χρυσοῖς	χρυσαῖς	χρυσοῖς
A.	ἀργυροῦς	ἀργυρᾶς	ἀργυρᾶ	χρυσοῦς	χρυσᾶς	χρυσᾶ

§ 35. Attische zweite Deklination.

35 Substantivische und adjektivische Stämme auf -ω.

Stämme	νεω- Tempel	ἱλεω- gnädig	
Sing. N. V.	ὁ νεώς	ἵλεως	ἵλεων
G.	νεώ	ἵλεω	
D.	νεῴ	ἵλεῳ	
A.	νεών	ἵλεων	ἵλεων
Plur. N. V.	νεῴ	ἵλεῳ	ἵλεα
G.	νεών	ἵλεων	
D.	νεῴς	ἵλεῳς	
A.	νεώς	ἵλεως	ἵλεα

1. Das ω bleibt durch alle Kasus und nimmt die Endungen soweit als möglich in sich auf; ι wird immer untergeschrieben.

2. Ähnlich flektiert ἡ ἕως Morgenröte, nämlich
ἡ ἕως, ἕω, ἕῳ, ἕω (ohne -ν).

3. Die Adjektiva endigen im N. V. A. Plur. Neutr. auf -ᾰ.

4. Der Accent des Nom. Sing. wird durch alle Kasus beibehalten; für die Betonung der Barytona gilt ω als Kürze, daher Μενέλεως, ἔκπλεως ἐστιν, ἵλεῳ εἰσιν.

Dritte oder Konsonantische Deklination.

§ 36. Vorbemerkungen.

1. Die dritte Deklination umfaßt sämtliche Stämme auf Konsonanten, auf -ι, -υ und Diphthonge, nebst einigen auf -ω und -ο. Sie entspricht also im allgemeinen der lat. 3. und 4. Dekl. 38

2. Die gewöhnlichen Kasusendungen siehe bei ἅλς, § 37.

Merke: -α und -ας, -ι und -σι sind kurz.

Weil nicht alle Konsonanten neben einander, und im Auslaut überhaupt nur die Konsonanten ν, ρ und ς stehen können (§ 23), so treten im Nom. Sing. und im Dat. Plur. vor den Endungen -ς und -σι(ν), sowie im Auslaut gewisse Veränderungen ein.

3. Der Nom. Sing. der Mask. und Fem. wird entweder sigmatisch mit -ς gebildet, oder asigmatisch mit Nominativdehnung (§ 12).

Die Neutra zeigen im N. A. V. Sing. den reinen Stamm, soweit das nach dem Auslautsgesetz möglich ist.

4. Im Acc. Sing. und Plur. der Mask. und Fem. sind als Endungen gewöhnlich bei konsonantischen Stämmen -ᾰ und -ᾰς,
bei vokalischen Stämmen -ν und -(ν)ς.

Der Acc. Plur. M. F. der -σ, -ι und der adjektivischen -υ-Stämme lautet wie der Nom.: οἱ und τοὺς εὐγενεῖς, αἱ und τὰς πόλεις, οἱ und τοὺς ἡδεῖς.

5. Als Vok. Sing. der Mask. und Fem. dient
entweder der Nominativ: ὦ φύλαξ, ὦ Ἄραψ, ὦ ποιμήν —
oder der reine Stamm, soweit das nach dem Auslautsgesetz möglich ist: ὦ ῥῆτορ, ὦ παῖ (s. παιδ), ὦ γέρον (s. γεροντ).

6. Accentregel: Die einsilbigen Wörter betonen im Gen. und Dat. aller Numeri die Endung:

θηρός, θηρί — θηρῶν, θηρσί(ν).

7. Abweichend von dieser Regel betonen den Stamm:

a) in allen Kasus die Participia: ὄντος, ὄντι, θέντων, θεῖσι(ν).
b) im Gen. und Dat. Plur. das Wort πᾶς (omnis),
also παντός, παντί, aber πάντων, πᾶσι(ν) (s. § 41, 3).
c) im Gen. Plur. die Wörter
ὁ παῖς παιδός Knabe, τὸ οὖς ὠτός Ohr,
also παιδός, παιδί, παισί(ν), aber παίδων,
ὠτός, ὠτί und ὠσί(ν), aber ὤτων.

§ 37. Stämme auf Liquidä (-λ, -ρ).

37

Stämme	ἁλ-, sal Salz	θηρ- Tier	κρᾱτηρ- Mischkrug	ῥητορ- Redner
Sing. N.	ὁ ἅλ-ς	ὁ θήρ	ὁ κρατήρ	ὁ ῥήτωρ
G.	ἁλ-ός	θηρ-ός	κρατῆρ-ος	ῥήτορ-ος
D.	ἁλ-ί	θηρ-ί	κρατῆρ-ι	ῥήτορ-ι
A.	ἅλ-α	θῆρ-α	κρατῆρ-α	ῥήτορ-α
V.				ῥῆτορ
Plur. N. V.	ἅλ-ες	θῆρ-ες	κρατῆρ-ες	ῥήτορ-ες
G.	ἁλ-ῶν	θηρ-ῶν	κρατήρ-ων	ῥητόρ-ων
D.	ἁλ-σί(ν)	θηρ-σί(ν)	κρατῆρ-σι(ν)	ῥήτορ-σι(ν)
A.	ἅλ-ας	θῆρ-ας	κρατῆρ-ας	ῥήτορ-ας

§ 38. Stämme auf Gutturale (-κ, -γ, -χ) und Labiale (-π, -β, -φ).

38

Stämme	φυλακ- Wächter	αἰγ- Ziege	γῡπ- Geier
Sing. N. V.	ὁ φύλαξ	ἡ αἴξ	ὁ γῦψ
G.	φύλακ-ος	αἰγ-ός	γῡπ-ός
D.	φύλακ-ι	αἰγ-ί	γῡπ-ί
A.	φύλακ-α	αἶγ-α	γῦπ-α
Plur. N. V.	φύλακ-ες	αἶγ-ες	γῦπ-ες
G.	φυλάκ-ων	αἰγ-ῶν	γῡπ-ῶν
D.	φύλαξι(ν)	αἰξί(ν)	γῡψί(ν)
A.	φύλακ-ας	αἶγ-ας	γῦπ-ας

Mit σ werden alle Gutturale zu ξ, alle Labiale zu ψ;
St. φυλακ-, N. S. φύλαξ, vgl. lat. St. duc-, N. dux;
St. Ἀραβ-, D. Pl. Ἄραψι(ν), vgl. lat. scripsi von scribo.

§ 39. Stämme auf Dentale (-τ, -δ, -θ).

39

Stämme	γυμνητ- Leichtbewaffneter	ἐλπιδ- Hoffnung	σωμᾰτ- Körper
Sing. N. V.	ὁ γυμνής	ἡ ἐλπίς	τὸ σῶμα
G.	γυμνῆτ-ος	ἐλπίδ-ος	σώμᾰτ-ος
D.	γυμνῆτ-ι	ἐλπίδ-ι	σώμᾰτ-ι
A.	γυμνῆτ-α	ἐλπίδ-α	σῶμα
Plur. N. V.	γυμνῆτ-ες	ἐλπίδ-ες	σώμᾰτ-α
G.	γυμνήτ-ων	ἐλπίδ-ων	σωμάτ-ων
D.	γυμνῆ-σι(ν)	ἐλπί-σι(ν)	σώμᾰ-σι(ν)
A.	γυμνῆτ-ας	ἐλπίδ-ας	σώμᾰτ-α

1. **Vor σ fallen einfache Dentale spurlos aus:** ἐσθής, ἐσθῆσιν (für ἐσθητς, ἐσθητσιν); vgl. lat. dos, dotis. Im Auslaut muß der Dental wegfallen: σῶμα (s. σωματ).

2. Die **Barytona** mit dentalem Stamm auf -ις und -υς bilden den Acc. Sing. (wie die ι- und υ-Stämme, § 46 f.) auf -ιν und -υν.
Z. B. ἡ ἐλπίς Hoffnung, ἐλπίδος, ἐλπίδι, ἐλπίδα,
aber ἡ χάρις Anmut, χάριτος, χάριτι, χάριν,
ἡ ἔρις Streit, ἔριδος, ἔριδι, ἔριν.

3. Unregelmäßigen **Nominativ** bei sonst regelmäßiger Flexion haben
ὁ πούς, ποδός Fuß, pēs, τὸ γόνυ, γόνατος Knie,
τὸ οὖς, ὠτός Ohr (§ 36, 7. c), τὸ δόρυ, δόρατος Speer,
τὸ φῶς, φωτός (nur Sing.) Licht, τὸ ὕδωρ, ὕδατος Wasser,
und τὸ κέρας, κέρατος Horn; Flügel eines Heeres.

4. Die **Adjektiva** sind teils **zweier** Endungen, wie ἄχαρις, -ι unangenehm (G. ἀχάριτος, D. ἀχάριτι, A. ἄχαριν, -ι); teils **einer** Endung, wie πένης, -ητος arm; φυγάς, -άδος flüchtig, verbannt.

§ 40. Stämme auf -ν.

40

St.	Ἑλλην- Grieche	ποιμεν- Hirt	δαιμον- Dämon	εὐδαιμον- M. F. glücklich	Ntr.
S. N.	ὁ Ἕλλην	ὁ ποιμήν	ὁ δαίμων	εὐδαίμων	εὔδαιμον
G.	Ἕλλην-ος	ποιμέν-ος	δαίμον-ος	εὐδαίμονος	
D.	Ἕλλην-ι	ποιμέν-ι	δαίμον-ι	εὐδαίμονι	
A.	Ἕλλην-α	ποιμέν-α	δαίμον-α	εὐδαίμονα	εὔδαιμον
V.	Ἕλλην	ποιμήν	δαῖμον	εὔδαιμον	εὔδαιμον
Pl. N. V.	Ἕλλην-ες	ποιμέν-ες	δαίμον-ες	εὐδαίμονες	εὐδαίμονα
G.	Ἑλλήν-ων	ποιμέν-ων	δαιμόν-ων	εὐδαιμόνων	
D.	Ἕλλη-σι(ν)	ποιμέσι(ν)	δαίμοσι(ν)	εὐδαίμοσι(ν)	
A.	Ἕλλην-ας	ποιμέν-ας	δαίμον-ας	εὐδαίμονας	εὐδαίμονα

1. **Vor σ fällt ν spurlos aus:** ποιμέσι, δαίμοσι, μέλᾶσι.

2. Der **Accent** der Adj. tritt möglichst weit zurück: εὔδαιμον.

3. Die **Komparative** auf -ίων, -ῑον haben neben den Formen auf -ίονα, -ίονες auch kürzere auf -ίω und -ίους.

Stamm κακιον- schlechter					
	M. F.	Ntr.			
S. N.	κακίων	κάκιον	Pl. N.	κακίονες / κακίους	κακίονα / κακίω
G.	κακίονος		G.	κακιόνων	
D.	κακίονι		D.	κακίοσι(ν)	
A.	κακίονα / κακίω	κάκιον	A.	κακίονας / κακίους	κακίονα / κακίω

§ 41. Stämme auf -ντ.

41

Stämme	γιγαντ- Riese	ὀδοντ- Zahn	γεροντ- Greis
Sing. N.	ὁ γίγᾱς	ὁ ὀδούς	ὁ γέρων
G.	γίγαντ-ος	ὀδόντ-ος	γέροντ-ος
D.	γίγαντ-ι	ὀδόντ-ι	γέροντ-ι
A.	γίγαντ-α	ὀδόντ-α	γέροντ-α
V.			γέρον
Plur. N. V.	γίγαντ-ες	ὀδόντ-ες	γέροντ-ες
G.	γιγάντ-ων	ὀδόντ-ων	γερόντ-ων
D.	γίγᾱ-σι(ν)	ὀδοῦ-σι(ν)	γέρου-σι(ν)
A.	γίγαντ-ας	ὀδόντ-ας	γέροντ-ας

1. **Vor σ fällt ντ mit Ersatzdehnung** (§ 13) **aus**, sowohl **im sigmat. Nom.**: γίγᾱς f. γιγᾰντς, ὀδούς f. ὀδοντς, **als im Dat. Plur.**: γίγᾱσι(ν) f. γιγαντσι(ν), γέρουσι(ν) f. γεροντσι(ν).

2. Die Substantivstämme auf -ντ sind alle **Maskulina**.

3. Paradigmata der Adjektiva und Participia.

St.	ἀκοντ- unwillig			λυθεντ- gelöst		
S. N. V.	ἄκων	ἄκουσα	ἆκον	λυθείς	λυθεῖσα	λυθέν
G.	ἄκοντ-ος	ἀκούσης	ἄκοντ-ος	λυθέντ-ος	λυθείσης	λυθέντ-ος
D.	ἄκοντ-ι	ἀκούσῃ	ἄκοντ-ι	λυθέντ-ι	λυθείσῃ	λυθέντ-ι
A.	ἄκοντ-α	ἄκουσαν	ἆκον	λυθέντ-α	λυθεῖσαν	λυθέν
Pl. N. V.	ἄκοντ-ες	ἄκουσαι	ἄκοντ-α	λυθέντ-ες	λυθεῖσαι	λυθέντ-α
G.	ἀκόντ-ων	ἀκουσῶν	ἀκόντ-ων	λυθέντ-ων	λυθεισῶν	λυθέντ-ων
D.	ἄκου-σι(ν)	ἀκούσαις	ἄκου-σι(ν)	λυθεῖ-σι(ν)	λυθείσαις	λυθεῖ-σι(ν)
A.	ἄκοντ-ας	ἀκούσας	ἄκοντ-α	λυθέντ-ας	λυθείσας	λυθέντ-α

St.	παντ- ganz						
S. N. V.	πᾶς	πᾶσα	πᾶν	Pl. N. V.	πάντ-ες	πᾶσαι	πάντ-α
G.	παντ-ός	πάσης	παντ-ός	G.	πάντ-ων	πασῶν	πάντ-ων
D.	παντ-ί	πάσῃ	παντ-ί	D.	πᾶ-σι(ν)	πάσαις	πᾶ-σι(ν)
A.	πάντ-α	πᾶσαν	πᾶν	A.	πάντ-ας	πάσας	πάντ-α

† 4. Die Adjektiva mit Stamm auf -εντ, wie χαρίεις anmutig, bilden einzelne Formen von einem kürzern Stamm auf -ετ, nämlich **den Dat. Plur. Mask. Ntr.**: χαρίεσι(ν) (aus χαριετσι(ν)), **und das ganze Femininum**: χαρίεσσα (aus χαριετ-ϳα).

§ 42. Liquidastämme mit Synkope. 42

Stämme	πατερ- Vater	μητερ- Mutter	θυγατερ- Tochter	γαστερ- Magen	ἀνερ- Mann
Sing. N.	ὁ πατήρ	ἡ μήτηρ	ἡ θυγάτηρ	ἡ γαστήρ	ὁ ἀνήρ
G.	πατρός	μητρός	θυγατρός	γαστρός	ἀνδρός
D.	πατρί	μητρί	θυγατρί	γαστρί	ἀνδρί
A.	πατέρα	μητέρα	θυγατέρα	γαστέρα	ἄνδρα
V.	πάτερ	μῆτερ	θύγατερ		ἄνερ
Pl. N. V.	πατέρες	μητέρες	θυγατέρες	γαστέρες	ἄνδρες
G.	πατέρων	μητέρων	θυγατέρων	γαστέρων	ἀνδρῶν
D.	πατράσι(ν)	μητράσι(ν)	θυγατράσι(ν)	γαστράσι(ν)	ἀνδράσι(ν)
A.	πατέρας	μητέρας	θυγατέρας	γαστέρας	ἄνδρας

1. *Πατήρ, μήτηρ. θυγάτηρ* und *γαστήρ* synkopieren ε im Gen. und Dat. Sing. und im Dat. Pl., der auf *-τρᾰσιν* ausgeht.

2. *Ἀνήρ* synkopiert das ε überall außer im Vok. Sing. und schiebt zwischen ν und ρ ein δ ein.

S- oder Elidierende Stämme.

§ 43. **Der Stammcharakter -σ bleibt nur im Auslaut; zwischen Vokalen wird er ausgestoßen (elidiert), und die Vokale werden immer kontrahiert.** 43

§ 44. Substantiva. 44

1. **Neutra auf** -ος, St. -ος und -ες-; z. B. τὸ γένος genus.

Stämme γενος und γενεσ- Geschlecht.					
Sing. N.	τὸ γένος		Plur. N.	τὰ γένεα	γένη
G.	γένεος	γένους	G.	γενέων	γενῶν
D.	γένεϊ	γένει	D.	γένεσι(ν)	
A.	γένος		A.	γένεα	γένη

Aus *γενεσ-ος* [gener-is] wird *γένους* u. s. f.; *γένεσι* steht für *γένεσ-σι*.
Anm. Der Gen. Plur. ist zuweilen unkontrahiert: *ὀρέων, κερδέων*.

2. **Neutra auf** -ας, St. -ασ-, in attischer Prosa besonders zwei:
τὸ κρέας Fleisch, bildet *κρέως, κρέᾳ*, Plur. *κρέᾱ, κρεῶν, κρέᾰσι(ν)*,
τὸ γῆρας Alter, „ *γήρως, γήρᾳ*.

3. **Ἡ αἰδώς** Scham, Scheu, St. *αἰδοσ-*, flektiert:
ἡ αἰδώς, αἰδοῦς, αἰδοῖ, αἰδῶ (aus *αἰδοϝος* u. s. f.).

45 § 45. Adjektiva — Eigennamen.

Stämme	εὐγενεσ- edelgeboren M. F. Sing.	N.	M. F. Plur.	N.	Διογενεσ- Diogenes	Περικλεεσ- Perikles
N.	εὐγενής	εὐγενές	εὐγενεῖς	εὐγενῆ	ὁ Διογένης	ὁ Περικλῆς
G.	εὐγενοῦς		εὐγενῶν		Διογένους	Περικλέους
D.	εὐγενεῖ		εὐγενέσι(ν)		Διογένει	Περικλεῖ
A.	εὐγενῆ	εὐγενές	εὐγενεῖς	εὐγενῆ	Διογένη	Περικλέᾱ
V.	εὐγενές	εὐγενές	εὐγενεῖς	εὐγενῆ	Διόγενες	Περίκλεις

2. Adjektiva mit Vokal vor dem auslautenden -εσ kontrahieren -έα in -ᾱ statt in -ῆ; z. B. von ἐνδεής bedürftig ἐνδεᾶ, von εὐκλεής berühmt εὐκλεᾶ, von ὑγιής gesund ὑγιᾶ.

3. Die Barytona ziehen den Accent soweit als möglich zurück: εὔηθες, σύνηθες, αὔταρκες — συνήθων, τῶν τριήρων.

† Ausgenommen ist hievon das Ntr. der Adj. auf -ώδης u. -ήρης:

εὐῶδες wohlriechend, γεῶδες erdig,
ἐργῶδες mühsam, ζημιῶδες schädlich,
εὐῆρες wohlgefügt, ποδῆρες auf die Füße reichend.

4. Die Eigennamen auf -ης, Gen. -ους, bilden den Acc. Sing. sowohl regelmäßig auf -η, als auch auf -ην (nach der A-Deklin.); z. B.

Διογένη und Διογένην, Σωκράτη und Σωκράτην,
Κλεομένη und Κλεομένην, Δημοσθένη und Δημοσθένην.

5. Die Eigennamen auf -κλῆς (von τὸ κλέος, Ruhm, Stamm κλεεσ-) kontrahieren im Dat. Sing. zweimal, sonst einmal:

(-κλέης) Περικλῆς, (-κλέεα) Περικλέᾱ,
(-κλέεος) Περικλέους, (-κλεες) Περίκλεις.
(-κλέεϊ zu -κλέει) Περικλεῖ,

46 § 46. Stämme auf -ι.

Stämme	στᾰσι- und στᾰσε- Aufstand		αἰσθησι- und αἰσθησε- Wahrnehmung	
N.	ἡ στάσι-ς	αἱ στάσεις	ἡ αἴσθησι-ς	αἱ αἰσθήσεις
G.	στάσε-ως	στάσε-ων	αἰσθήσε-ως	αἰσθήσε-ων
D.	στάσει	στάσε-σι(ν)	αἰσθήσει	αἰσθήσε-σι(ν)
A.	στάσι-ν	στάσεις	αἴσθησιν	αἰσθήσεις
V.	στάσι	στάσεις	αἴσθησι	αἰσθήσεις

Alle Wörter auf -ις, -εως sind Barytona, die meisten weibliche Nomina actionis auf -σις, wie z. B. ἡ λύσις Lösung, ἡ πρᾶξις That.

§ 47. Stämme auf -υ.

Stämme	συ- Schwein	Ἐρῑνυ- Rachegöttin	ἡδυ- } ἡδε- }	ἡδειᾰ- angenehm	{ ἡδυ- { ἡδε-	47
Sing. N.	ὁ ἡ σῦ-ς	ἡ Ἐρινύ-ς	ἡδύ-ς	ἡδεῖα	ἡδύ	
G.	σῠ-ός	Ἐρινύ-ος	ἡδέ-ος	ἡδείας	ἡδέ-ος	
D.	σῠ-ί	Ἐρινύ-ι	ἡδεῖ	ἡδείᾳ	ἡδεῖ	
A.	σῦ-ν	Ἐρινύ-ν	ἡδύ-ν	ἡδεῖαν	ἡδύ	
Plur. N.	σύ-ες	Ἐρινύ-ες	ἡδεῖς	ἡδεῖαι	ἡδέ-α	
G.	σῠ-ῶν	Ἐρινύ-ων	ἡδέ-ων	ἡδειῶν	ἡδέ-ων	
D.	σῠ-σί(ν)	Ἐρινύ-σι(ν)	ἡδέ-σι(ν)	ἡδείαις	ἡδέ-σι(ν)	
A.	σῦ-ς	Ἐρινῦ-ς	ἡδεῖς	ἡδείας	ἡδέ-α	

1. Bei den Substantiva auf -υς bleibt der Stammcharakter -υ durchweg (vgl. 2); der Acc. Plur. endigt auf -ῦς (für -ῠνς).

2. Τὸ ἄστυ, Stadt, flektiert ähnlich den ι-Stämmen, nämlich
τὸ ἄστυ, ἄστεως, ἄστει, ἄστυ,
τὰ ἄστη, ἄστεων, ἄστεσι(ν), ἄστη.

3. Die Adjektiva haben im Mask. u. Ntr. zwei Stämme, nämlich ἡδυ- im N. A. V. Sing., sonst überall ἡδε- (für ἡδεϝ-).

§ 48. Stämme auf Diphthonge.

Stämme βασιλευ- und βασιλε- König				48
Sing. N.	ὁ βασιλεύ-ς	Plur. N.	οἱ βασιλεῖς	
G.	βασιλέ-ως	G.	βασιλέ-ων	
D.	βασιλεῖ	D.	βασιλεῦ-σι(ν)	
A.	βασιλέ-ᾱ	A.	βασιλέ-ᾱς	
V.	βασιλεῦ	V.	βασιλεῖς	

1. Alle Wörter auf -ευς sind männliche Oxytona.
Beachte die Quantität der Endungen -ως, -ᾱ und -ᾱς.

2. Altattisch endigt der Nom. Plur. auf -ῆς: οἱ βασιλῆς, poetisch und selten prosaisch der Acc. Plur. auf -εῖς: τοὺς γονεῖς.

3. Wörter auf -εύς mit vorhergehendem Vokal kontrahieren oft auch im Gen. und Acc. Sing. und Plur., und zwar
-έω in -ῶ: τοῦ Πειραιῶς, τῶν Εὐβοῶν,
-έᾱ in -ᾶ: τὸν Πειραιᾶ, τοὺς Ἐρετριᾶς.

4. Ὁ ἡ βοῦς (bōs, bŏv-is), Rind, zeigt den Stamm βου- nur vor konsonantischen Endungen: βοῦ-ς, βοῦ-ν, βου-σί(ν), vereinfacht ihn sonst zu (βοϝ-) βο-, und kontrahiert nirgends; also
ὁ ἡ βοῦς, βοός, βοΐ, βοῦν,
βόες, βοῶν, βουσί(ν), βοῦς.

§ 49. Stämme auf -ω und -ο.

49

Stämme	ἡρω- Held				πειθο- Überredung	
Sing. N.	ὁ ἥρω-ς	Plur. N.	οἱ ἥρω-ες	Sing. N.	ἡ πειθώ
G.	ἥρω-ος	G.	ἡρώ-ων	G.	πειθοῦς
D.	ἥρω-ι	D.	ἥρω-σι(ν)	D.	πειθοῖ
A.	ἥρω-α	A.	ἥρω-ας	A.	πειθώ

1. Die wenig zahlreichen Stämme auf -ω kontrahieren nirgends.

2. Die Stämme auf -ο sind weibliche Oxytona, und zwar meist Eigennamen; sie kommen nur im Singular vor und lauten im Acc. wie im Nom.

§ 50. Unregelmäßigkeiten in der Deklination der Substantiva.

50 Diese bestehen hauptsächlich darin, daß die Kasus eines Wortes von zwei verschiedenen Stämmen gebildet werden. Die gebräuchlichsten unregelmäßigen Substantiva sind:

1. ἡ γυνή, Weib, bildet alles übrige vom Stamm γυναικ- mit der Betonung der einsilbigen Konsonantenstämme; also:
ἡ γυνή, γυναικός, γυναικί, γυναῖκα, γύναι,
γυναῖκες, γυναικῶν, γυναιξί(ν), γυναῖκας, γυναῖκες.

2. Ζεύς, Gott Zeus, Stämme Ζευ- und Δι-, also:
Ζεύς, Διός, Διΐ, Δία, Ζεῦ.

3. ὁ ἡ κύων, Hund, St. κυον- und κυν-:
ὁ ἡ κύων, κυνός, κυνί, κύνα, κύον,
κύνες, κυνῶν, κυσί(ν) κύνας, κύνες.

4. ὁ μάρτυς, Zeuge, St. μαρτυ- und μαρτυρ-:
ὁ μάρτυς, μάρτυρος, μάρτυρι, μάρτυρα,
μάρτυρες, μαρτύρων, μάρτυσι(ν), μάρτυρας.

5. ἡ ναῦς, Schiff, St. ναυ- (νᾱϝ-, nāv-is, νηϝ-):
ἡ ναῦς, νεώς, νηΐ, ναῦν,
νῆες, νεῶν, ναυσί(ν), ναῦς.

6. τὸ ὄναρ, Traum, St. ὀναρ und ὀνειρατ-:
τὸ ὄναρ, ὀνείρατος, ὀνείρατι, ὄναρ,
τὰ ὀνείρατα, ὀνειράτων, ὀνείρασι(ν), ὀνείρατα.
Daneben ὁ ὄνειρος und τὸ ὄνειρον.

7. *ὁ πρεσβευτής*, **Gesandter**, ersetzt den ungebräuchlichen Plural durch die Formen von *πρέσβυς*, **alt, ehrwürdig**; also:

ὁ πρεσβευτής, -τοῦ, -τῇ, -τήν, -τά,
οἱ πρέσβεις, πρέσβεων, πρέσβεσι(ν), πρέσβεις.

8. *τὸ πῦρ*, **Feuer**, flektiert im Sing. nach der dritten, im Plur. nach der zweiten Deklination:

τὸ πῦρ, πῠρ-ός, πῠρ-ί,
τὰ πῠρά, πῠρῶν, πῠροῖς (Wachtfeuer).

9. *ὁ σῖτος*, **Getreide, Speise**, ist im Plur. Neutrum:

τὰ σῖτα, σίτων, σίτοις.

10. *τὸ στάδιον*, **Stadium** (Längenmaß), bildet im Plur. sowohl *οἱ στάδιοι* als *τὰ στάδια*.

11. *ὁ υἱός*, **Sohn**, flektiert regelmäßig nach der zweiten Dekl., bildet aber außerdem noch vom Stamm *υἱε-* (vgl. *ἡδύ-ς*):

im Sing. *υἱέ-ος, υἱεῖ,*
im Plur. *υἱεῖς, υἱέ-ων, υἱέ-σι(ν), υἱεῖς.*

12. *ἡ χείρ*, **Hand**, flektiert regelmäßig *χειρός* u. s. w., außer dem Dat. Plur.: *χερ-σί(ν)*.

§ 51. Kasusartige Endungen.

Sie werden **meist** an den Stamm gehängt, und zwar

auf die Frage **woher**: *-θεν*,
auf die Frage **wo**: *-ι* und *-θι* im Sing., *-σι(ν)* im Plur.,
auf die Frage **wohin**: *-δε, -σε, -ζε*. Z. B.

οἴκοθεν	von Hause	*οἴκοι*	zu Hause	*οἴκαδε*	nach Hause,
ἄλλοθεν	anderswoher	*ἄλλοθι*	anderswo	*ἄλλοσε*	anderswohin,
Ἀθήνηθεν	von Athen	*Ἀθήνησι(ν)*	zu Athen	*Ἀθήναζε*	nach Athen,
πάντοθεν	überallher	*Μαραθῶνι*	zu M.	*Μέγαράδε*	nach M. (§ 9, 1. f.),
χαμᾶθεν	vom Boden	*χαμαί*	humi	*χαμᾶζε*	zu Boden.

Anm. Die Formen auf *-ι* sind Lokative Sing., die auf *-σι(ν)* Lokative Plur.

Übersicht der Adjektiva.

52 ### § 52. a. Adjektiva dreier Endungen.

Dem Mask. und Ntr. liegt je derselbe Stamm zu Grunde; das Fem. folgt immer der A-Deklination.

1. **Stämme auf** *-ο*. Flexion § 32.

ἀγαθός,	ἀγαθή,	ἀγαθόν	gut,
δίκαιος,	δικαία,	δίκαιον	gerecht.

2. **Kontrahierende Stämme auf** *-ο*. Flexion § 34.

ἀργυροῦς,	ἀργυρᾶ,	ἀργυροῦν	silbern,
χρυσοῦς,	χρυσῆ,	χρυσοῦν	golden,
ἁπλοῦς,	ἁπλῆ,	ἁπλοῦν	einfach.

3. **Stämme auf** *-ν*. Flexion § 40.

μέλᾱς,	μέλαινα,	μέλᾰν	schwarz,
τάλᾱς,	τάλαινα,	τάλᾰν (poet.)	unglücklich.

4. **Stämme auf** *-ντ*. Flexion § 41.

πᾶς,	πᾶσα,	πᾶν	ganz,
ἄκων,	ἄκουσα,	ἆκον	ungern,
ἑκών,	ἑκοῦσα,	ἑκόν	gern,
λυθείς,	λυθεῖσα,	λυθέν	gelöst.

5. **Stämme auf** *-υ* (fast sämtlich oxytoniert). Flexion § 47.

ἡδύς,	ἡδεῖα,	ἡδύ	angenehm,
ἥμισυς,	ἡμίσεια,	ἥμισυ	halb.

§ 53. b. Adjektiva zweier Endungen.

53 Der Stamm ist für alle Geschlechter, die Form für Mask. und Fem. gemeinsam.

1. **Stämme auf** *-ο* (bes. zusammengesetzte Adj.). § 32, 3 fg.

βάρβαρος, -ον	fremdländisch,	ἄτῑμος, -ον	ehrlos,
ἥσυχος, -ον	ruhig,	ἔντῑμος, -ον	geehrt,
φρόνιμος, -ον	verständig,	παράνομος, -ον	gesetzwidrig,
πρᾷος, -ον	sanft, zahm,	πανοῦργος, -ον	listig.

Anm. Adjektiva **zweier** und **dreier** Endungen: § 32, 4.

βέβαιος, 2. u. 3. fest, ὠφέλιμος, 2. u. 3. nützlich.

2. **Kontrahierende Stämme auf** *-ο*. Flexion § 33.

εὔνους,	εὔνουν	wohlgesinnt,
σύμπλους,	σύμπλουν	mitfahrend.

3. **Stämme auf** *-ω* (nach der attischen Dekl.). Flexion § 35.

ἵλεως,	ἵλεων	gnädig,
ἔκπλεως,	-πλεων	voll.

4. Stämme auf Dentale (bes. Komposita von Substantiven). Flexion § 39.

ἄχαρις, -ι unangenehm (ἀχάριτος, ἀχάριτι, ἄχαριν, -ι),
εὔελπις, -ι hoffnungsvoll (εὐέλπιδος, εὐέλπιδι, εὔελπιν, -ι),
ἄπολις, -ι heimatlos (ἀπόλιδος, ἀπόλιδι, ἄπολιν, -ι).

5. Stämme auf -ν. Flexion § 40.

εὐδαίμων, εὔδαιμον glücklich, κακίων, κάκιον schlechter,
σώφρων, σῶφρον besonnen, ἄρρην, ἄρρεν männlich.

6. Stämme auf -εσ. Flexion § 45.

εὐγενής, -ές edelgeboren, συνήθης, σύνηθες gewohnt,
ἐνδεής, -ές bedürftig, ὑγιής, -ές gesund.

§ 54. c. Adjektiva Einer Endung.

Wenige Adjektiva haben für alle drei Geschlechter nur Eine Form, 54
welche indes schon der Bedeutung wegen nur selten auch für das Neutrum gebraucht wird; besonders Dentalstämme.

φυγάς, -άδος flüchtig, verbannt,
πένης, -ητος dürftig, arm,
μάκαρ, -αρος glückselig.

Anm. Nur männlich braucht man ἐθελοντής, -οῦ freiwillig, nur weiblich die Adj. auf -ίς, -ίδος, wie z. B. συμμαχίς, -ίδος verbündet, Ἑλληνίς, -ίδος griechisch, Griechin; ἡ πατρίς (sc. γῆ) Vaterland, u. ä.

§ 55. d. Unregelmäßige Adjektiva.

Die beiden Adjektiva μέγας, μεγάλη, μέγα groß, 55
und πολύς, πολλή, πολύ viel,
bilden alle Formen außer dem Nom. Acc. Sing. Mask. und Ntr. von den Stämmen μεγαλο- und πολλο-.

Stämme	μεγα- und μεγαλο- groß			πολυ- und πολλο- viel		
Sing. N.	μέγας	μεγάλη	μέγα	πολύς	πολλή	πολύ
G.	μεγάλου	μεγάλης	μεγάλου	πολλοῦ	πολλῆς	πολλοῦ
D.	μεγάλῳ	μεγάλῃ	μεγάλῳ	πολλῷ	πολλῇ	πολλῷ
A.	μέγαν	μεγάλην	μέγα	πολύν	πολλήν	πολύ
Plur. N.	μεγάλοι	μεγάλαι	μεγάλα	πολλοί	πολλαί	πολλά
G.	μεγάλων	μεγάλων	μεγάλων	πολλῶν	πολλῶν	πολλῶν
D.	μεγάλοις	μεγάλαις	μεγάλοις	πολλοῖς	πολλαῖς	πολλοῖς
A.	μεγάλους	μεγάλας	μεγάλα	πολλούς	πολλάς	πολλά

II. Komparation der Adjektiva.

56 § 56. 1. Die gebräuchlicheren Komparationsendungen sind
für den Komparativ: -τερος, -τέρα, -τερον,
für den Superlativ: -τατος, -τάτη, -τατον.

Diese Endungen treten an den Stamm des Maskulinums; z. B.

δίκαιος	gerecht,	St. δικαιο-,	K. δικαιό-τερος,	S. δικαιό-τατος,
μέλᾱς	schwarz,	μελαν-,	μελάν-τερος,	μελάν-τατος,
σαφής	deutlich,	σαφεσ-,	σαφέσ-τερος,	σαφέσ-τατος,
εὐκλεής	berühmt,	εὐκλεεσ-,	εὐκλεέσ-τερος,	εὐκλεέσ-τατος,
βραχύς	kurz,	βραχυ-,	βραχύ-τερος,	βραχύ-τατος,
πρέσβυς	alt,	πρεσβυ-,	πρεσβύ-τερος,	πρεσβύ-τατος.

2. Die Stämme auf -ο dehnen dieses zu -ω, wenn die vorhergehende Silbe kurz ist; z. B.

	δεινός	furchtbar,	δεινό-τερος,	δεινό-τατος,
	ἔντῑμος	geehrt,	ἐντῑμό-τερος,	ἐντῑμό-τατος,
	πικρός	bitter,	πικρό-τερος,	πικρό-τατος,
	ἔνδοξος	berühmt,	ἐνδοξό-τερος,	ἐνδοξό-τατος,
aber	σοφός	weise,	σοφώ-τερος,	σοφώ-τατος,
	ἄξιος	würdig,	ἀξιώ-τερος,	ἀξιώ-τατος,
	πολεμῐκός	kriegerisch,	πολεμικώ-τερος,	πολεμικώ-τατος.

3. Den Stammauslaut -ο verlieren vor den Komparationsendungen

γεραιός	bejahrt,	γεραί-τερος,	γεραί-τατος,
φίλος	lieb,	φίλ-τερος,	φίλ-τατος.

4. -έσ-τερος, -έσ-τατος treten an den Stamm, mit Unterdrückung eines vokalischen Stammauslauts,

a) bei den Adjektiven auf -ων, -ον:

εὐδαίμων	glücklich,	εὐδαιμον-έσ-τερος,	εὐδαιμον-έσ-τατος,
σώφρων	besonnen,	σωφρον-έσ-τερος,	σωφρον-έσ-τατος.

b) bei den Kontrakta auf (-οος), -ους; wie z. B.

ἁπλοῦς	einfach,	ἁπλούστερος,	ἁπλούστατος,
εὔνους	wohlgesinnt,	εὐνούστερος,	εὐνούστατος,

aus ἁπλο-έσ-τερος, εὐνο-έσ-τερος u. s. f.

c) bei ἐρρωμένος stark: ἐρρωμεν-έσ-τερος, ἐρρωμεν-έσ-τατος.

Anm. Die Komparationsformen werden oft umschrieben,
der Komparativ durch μᾶλλον, magis, mehr,
der Superlativ durch μάλιστα, maxime, meist, mit dem Positiv; z. B.
μᾶλλον φίλος s. v. a. φίλτερος, μάλιστα σοφός.

§ 57. 1. **Die selteneren Komparationsendungen** sind 57
für den Komparativ: -ίων, -ίων, -ῑον, Stamm -ῑον,
für den Superlativ: -ιστος, -ίστη, -ιστον, Stamm -ιστο.

2. Diese Bildung zeigen (außer den unregelmäßigen, § 58) in Prosa besonders sechs Adjektiva. Von diesen werfen
drei vor den Endungen ihren vokalischen Stammauslaut ab, u.
drei legen einen andern verwandten Stamm zu Grunde:

κακός	schlecht,	κακίων,	κάκῑον,	κάκιστος, 3.
ἡδύς	angenehm,	ἡδίων,	ἥδῑον,	ἥδιστος, 3.
ταχύς	schnell,	θάττων,	θᾶττον,	τάχιστος, 3.
		(θάσσων aus ταχ-jων.)		
καλός	schön,	καλλίων,	κάλλῑον,	κάλλιστος, 3. (τὸ κάλλος Schönheit),
αἰσχρός	schmählich,	αἰσχίων,	αἴσχῑον,	αἴσχιστος, 3. (τὸ αἶσχος Schmach),
ἐχθρός	feindlich,	ἐχθίων,	ἔχθῑον,	ἔχθιστος, 3. (τὸ ἔχθος Feindschaft).

3. Die Deklination der Komp. siehe § 40, 3; der Superl. § 32.

§ 58. Unregelmäßige Komparation.

Die Komparationsformen werden aus einem oder mehreren Stämmen gebildet, welche von dem des entsprechenden Positivs verschieden sind. 58

1. ἀγαθός	gut,	ἀμείνων,	ἄμεινον,	ἄριστος, 3. (tüchtig, ἀρ-ετή),
		βελτίων,	βέλτῑον,	βέλτιστος, 3. (sittlich gut),
		κρείττων,	κρεῖττον,	κράτιστος, 3. (stark, κράτος).
2. κακός	schlecht,	κακίων,	κάκῑον,	κάκιστος, 3. (schlecht, peior),
		χείρων,	χεῖρον,	χείριστος, 3. (geringer, deterior),
		ἥττων,	ἧττον,	ἥκιστα (schwächer, inferior). (Adv. am wenigsten!)
3. μέγας	groß,	μείζων,	μεῖζον,	μέγιστος, 3.
4. μικρός	klein,	μικρότερος, 3.,		μικρότατος, 3.
—	gering,	ἐλάττων,	ἔλαττον,	ἐλάχιστος, 3.
5. ὀλίγος	wenig,	ἐλάττων,	ἔλαττον,	ἐλάχιστος, 3.
		μείων,	μεῖον,	—.
6. πολύς	viel,	πλείων,	πλέον,	πλεῖστος, 3. (πλέ-ως, τὸ πλῆ-θος).
		G. πλείονος u. πλέονος		
7. ῥᾴδιος	leicht,	ῥᾴων,	ῥᾷον,	ῥᾷστος, 3. (facilis).

Anm. Als Defektiva sind zu merken:

(πρό vor),	πρότερος prior,	πρῶτος	primus,
(ὑπέρ über),	ὑπέρτερος superior,	ὑπέρτατος	supremus,
—	ὕστερος posterior,	ὕστατος	postremus,
(ἐξ aus),	—	ἔσχατος	extremus.

III. Das Adverbium.

59 § 59. 1. Die von Adjektiven abgeleiteten Adverbien haben die Endung -ως. Sie stimmen in Form und Accent außer dem Schlußkonsonanten stets mit dem Gen. Plur. Mask. der betreffenden Adjektiva überein; z. B.

σοφός	weise,	Gen. Plur. σοφῶν,	Adv. σοφῶς,
δίκαιος	gerecht,	δικαίων,	δικαίως,
ἁπλοῦς	einfach,	ἁπλῶν,	ἁπλῶς,
πᾶς	ganz,	πάντων,	πάντως,
εὐδαίμων	glücklich,	εὐδαιμόνων,	εὐδαιμόνως,
σαφής	deutlich,	σαφῶν,	σαφῶς,
συνήθης	gewohnt,	συνήθων,	συνήθως,
ἡδύς	angenehm,	ἡδέων,	ἡδέως.

2. Zuweilen dient das Neutrum des Adj. als Adverb; z. B. ταχύ schnell, πολύ sehr, μικρόν ein wenig.

Als Adverbium von ἀγαθός dient εὖ **gut, wohl.**

3. **Komparation.** Bei den von Adjektiven abgeleiteten Adverbien dient als adverbiale Komparationsform

im **Komparativ der Acc. Sing. des Neutrums,**
im **Superlativ der Acc. Plur. des Neutrums**

des Adjektivs; z. B.

	σοφῶς	weise,	σοφώτερον,	σοφώτατα,
	ἁπλῶς	einfach,	ἁπλούστερον,	ἁπλούστατα,
	εὐδαιμόνως	glücklich,	εὐδαιμονέστερον,	εὐδαιμονέστατα,
	σαφῶς	deutlich,	σαφέστερον,	σαφέστατα,
	ἡδέως	angenehm,	ἥδιον,	ἥδιστα,
Ähnlich	εὖ	gut,	ἄμεινον,	ἄριστα,
und	μάλα	sehr,	μᾶλλον,	μάλιστα.

4. Selten sind Komparative von Adverbien wie μειζόνως (neben μεῖζον) und πλουσιωτέρως (neben πλουσιώτερον).

5. **Ortsadverbia** bilden Komparationsformen, besonders solche auf -ω; z. B. ἐγγύς nahe, ἐγγύτερον, ἐγγύτατα
und ἐγγυτέρω, ἐγγυτάτω,
πόρρω ferne, πορρωτέρω, πορρωτάτω.

§ 60. Seltener vorkommende Unregelmäßigkeiten zur Nominalflexion der attischen Prosa, zum Nachschlagen.

ἀδελφός, ὁ Bruder; Vok. besser ὦ ἄδελφε als ὦ ἀδελφέ. 60
ἀθρόος, 3. vereinigt, hat im Fem. ἀθρόα gegen 32, 1.
ἀλγεινός, 3. schmerzlich: Komp. reg., daneben auch ἀλγίων, ἄλγιστος.
ἄπλους, 2. nicht schiffbar: K. ἀπλοώτερος weniger tauglich zur Fahrt.
Ἀπόλλων, -ωνος, ὁ Apollon: reg.; daneben auch τὸν Ἀπόλλω (vgl. 40, 3) und ὦ Ἄπολλον.
Ἄρης, ὁ Ares: Ἄρεως u. Ἄρεος, Ἄρει, Ἄρη u. Ἄρην, Ἄρες.
ἄστυ, -εως, τό: 47, 2; unrichtig G. ἄστεος (ist ionisch).
ἄφθονος, 2. neidlos, reichlich: K. ἀφθονέστερος neben ἀφθονώτερος.
βλάξ, -ᾱκός schlaff, weichlich: K. -κότερος, S. -κότατος od. βλακίστατος.
βορέας, -έου, ὁ Nordwind, reg.; daneben βορρᾶς, -ᾶ (29, 3), -ᾷ, -ᾶν.
γέρας, τό Ehrengabe: γέρως, γέρᾳ, γέρᾱ, γερῶν, γέρασι, nach 44, 2.
γραῦς, ἡ alte Frau: γρᾱός, γρᾱΐ, γραῦν u. s. f., vgl. ναῦς 50, 5.
δάκρυον, τό Thräne, reg.; D. Pl. auch δάκρυσιν, vom poet. δάκρυ.
δεῖνα, ὁ ἡ τό der und der: τοῦ δεῖνος, τῷ δεῖνι, τὸν δεῖνα, τῶν δείνων.
δένδρον, τό Baum, reg.; D. Pl. auch δένδρεσιν, vom ion. τὸ δένδρος.
δεσμός ὁ Band, Pl. neben δεσμοί auch τὰ δεσμά, vgl. 50, 9. 10.
δεσπότης, ὁ Herr: hat im Vok. ὦ δέσποτα.
Δημήτηρ, ἡ Demeter: Δήμητρος, Δήμητρι, Δήμητρα, Δήμητερ, vgl. 42, 1.
δόρυ, ρατος: 39, 3; daneben auch δορός, δορί.
ἐπίπεδος, 2. eben: K. ἐπιπεδέστερος, wie 56, 4. c.
ἐπίχαρις, angenehm: K. ἐπιχαριτώτερος.
ἐσχατώτατος „der letzteste", S. zu ἔσχατος, 58. A.
εὔδιος, 2. heiter: K. εὐδιαίτερος, vgl. 56, 3.
Εὐθύφρων, -ονος, ὁ Euthyphro; Vok. Εὐθύφρον, gegen 40, 2 betont.
ἦρ, τό Frühling: ἦρος, ἦρι (neben ἔαρος, ἔαρι), scheinbar gegen 36, 6 betont.
ἥρως, ὁ: 49; auch τῷ ἥρῳ, τὸν ἥρω, ὦ ἥρως — τοὺς ἥρως.
ἥσυχος, 2. ruhig; K. reg. od. ἡσυχαίτερος (von ἡσυχαῖος nach 56, 3).
θρίξ, τριχός, ἡ Haar: τριχός, τριχί u. s. f.; D. Pl. θριξί(ν) nach 21, 2.
κέρας, κέρᾱτος, τό: 39, 3; daneben auch τοῦ κέρως, τῷ κέρᾳ, τὰ κέρα, τῶν κερῶν, nach 44, 2.
Κέως, ἡ Keos, nach 35; Acc. auch τὴν Κέω (wie τὴν ἕω 35, 2).
κλέπτης, -ου, Dieb, diebisch: S. κλεπτίστατος.
κνέφας, τό Dunkel: G. κνέφους, D. κνέφᾳ, nach 42, 2.
Κῶς, ἡ Kos, nach 35; Acc. auch τὴν Κῶ (wie τὴν ἕω 35, 2).
λαγῶς (od. λαγώς), ὁ Hase: nach 35, 2; Acc. Sg. auch τὸν λαγῶ (λαγώ).
λῴων, λῷον besser; und λῷστος, 3. bester; seltene Komp. zu ἀγαθός.
μακρός, 3. Komp. reg.; daneben (bes. poet.) μάσσων u. μήκιστος, vgl. 57.

60 *Μίνως*, ὁ Minos: bald nach 35 (Acc. auch *Μίνω*, 35, 2), bald nach 49.
μόσσυν, -*υνος*, ὁ Holzturm; D. Pl. metaplastisch auch *μοσσύνοις*.
οἶς, ὁ ἡ ovis: *οἰός*, *οἰΐ*, *οἶν* — *οἶες*, *οἰῶν*, *οἰσίν*, *οἶς*, vgl. 48, 4.
ὅτων u. *ὅτοις*, Nbf. zu *ὧντινων* u. *οἷστισιν*, wie *ὅτου*, *ὅτῳ*, 67, 3. A. 1.
ὄψιος, 3. spät: S. *ὀψιαίτατος*, nach 56, 3.
ὀψοφάγος, 2. fleischessend, lecker: S. *ὀψοφαγίστατος*.
παλαιός, 3. alt: Komp. reg., od. *παλαίτερος*, *παλαίτατος* nach 56, 3.
πέλεκυς, ὁ Axt, flekt. (wie *ἄστυ* 47, 2) nach den ι-Stämmen: *πελέκεως*, *πελέκει*, *πέλεκυν*, Pl. *πελέκεις*, *πελέκεων*, *πελέκεσι(ν)*.
πένης, -*ητος* arm: Komp. *πενέστερος*, *πενέστατος*, vgl. 56, 4.
πέρας, τό Ende: *πέρατος* u. s. f. reg.; Nom. Sing., wie *κέρας* 39, 3.
πῆχυς, ὁ Ellenbogen, Arm: flekt. (wie *ἄστυ* 47, 2) nach den ι-Stämmen *πήχεως*, *πήχει*, *πῆχυν*, Pl. *πήχεις*, *πήχεων*, *πήχεσι(ν)*.
-*πηχυς*: Adj. auf -*πηχυς* haben im Ntr. Pl. (gegen 47) auch -*πήχη* neben -*πήχεα*: *διπήχη*, *τριπήχη*.
πλεονέκτης habsüchtig: S. *πλεονεκτίστατος*.
πλέως voll, nach 35, doch F. auch *πλέα*, u. Ntr. Pl. auch *τὰ ἔκπλεω*.
πλησίον nahe, Adv.; Komp. *πλησιαίτερος*, -*αίτατος*, 56, 3.
Πνύξ, ἡ Pnyx: *Πυκνός*, *Πυκνί*, *Πύκνα*.
πονηρός, 3. schlecht, böse; Adv. *πονηρῶς*, aber *πονήρως* „mühevoll".
Ποσειδῶν, -*ῶνος*, ὁ reg.; daneben auch *τὸν Ποσειδῶ* u. *ὦ Πόσειδον*.
-*πους*: Adj. auf -*πους* haben im Acc. Sing. bald -*ποδα*, bald -*πουν*.
πραΰς, -*εῖα*, -*ύ* Nbf. zu *πρᾶος* (32, 3); davon G. Pl. *πραέων*, nach 47, 3.
προὔργου förderlich; K. *προυργιαίτερος*.
πρωΐ und *πρῴ*, Adv., früh am Tage; Komp. *πρωϊαίτερος*, -*ϊαίτατος* u. *πρῳαίτερος*, *πρῳαίτατος* (von ion. u. poet. *πρώϊος* od. *πρῷος*, nach 56, 3).
σκότος, -*ους*, *τό* Finsternis, reg. nach 44; daneben auch *ὁ σκότος*, -*ου*.
στενός, 3. eng: Komp. *στενότερος*, *στενότατος* (vgl. ion. *στεινός*).
σχολαῖος, 3. langsam: Komp. *σχολαίτερος*, *σχολαίτατος* nach 56, 3.
σῶς, *σῶν* gesund, heil, Nbf. zu *σῶος*, *σώα*, *σῶον*, bildet nach 35 *τὸν τὴν τὸ σῶν*, *οἱ αἱ σῷ*, *τοὺς τὰς σῶς*, *τὰ σᾶ*.
τάν od. *τᾶν*, indecl.: *ὦ τάν* (*τᾶν*) o Freund, o Bester.
τέρας, *τό* Wunderzeichen: *τέρατος* u. s. f. reg. (s. *κέρας* 39, 3); daneben auch *τὰ τέρᾱ* nach 44, 2.
Τισσαφέρνης, -*ους*, ὁ Tissaphernes; Vok. *ὦ Τισσαφέρνη*.
Τρώς, *Τρωός*, ὁ Troer, nach 49; G. Pl. *Τρώων* nach 36, 7. c.
ὑβριστής übermütig: Komp. -*ιστότερος*, -*ιστότατος*.
υἱός: 50, 11; Acc. Pl. auch *υἱέας*.
φρέαρ, *τό* Brunnen: G. *φρέᾱτος* u. s. f. (vgl. *ὕδωρ* 39, 3).
χαρίεις, -*εσσα*, *εν* anmutig: Komp. *χαριέστερος*, *χαριέστατος* vom St. *χαριετ*-, 41, 4.
χρέος, *τό* und *τὸ χρέως* Schuld: *τοῦ χρέους*, *τὰ χρέα*, *τῶν χρεῶν*.
χρώς, -*ωτός*, ὁ Haut, reg.; auch *χροός*, *χροΐ* u. *χρῷ* (*ἐν χρῷ* eig. bis auf die Haut, d. i. nahe bei).

IV. Das Pronomen.

§ 61. Die Personalpronomina. 61

	Erste Person		Zweite Person		Dritte Person (refl.)	
Sing. N.	ἐγώ	ich	σύ	du	—	
G.	ἐμοῦ, μου	meiner	σοῦ, σου	deiner	[οὗ]	seiner
D.	ἐμοί, μοι	mir	σοί, σοι	dir	οἷ	ihm, sich
A.	ἐμέ, με	mich	σέ, σε	dich	[ἕ]	ihn, sich
Plur. N.	ἡμεῖς	wir	ὑμεῖς	ihr	σφεῖς	sie
G.	ἡμῶν	unser	ὑμῶν	euer	σφῶν	ihrer
D.	ἡμῖν	uns	ὑμῖν	euch	σφίσι(ν)	ihnen
A.	ἡμᾶς	uns	ὑμᾶς	euch	σφᾶς	sie

1. **Die betonten Formen** (*ἐμοῦ* u. s. f.) braucht man bei nachdrücklicher Hervorhebung des Pronomens, also

a) im Gegensatz: *οὐκ ἐμοί, ἀλλὰ σοὶ ἀρέσκει.*

b) nach Präpositionen: *ἐπ' ἐμοί* auf mir, *πρὸς σέ* zu dir.

Sonst stehen die Enklitika: *μου, μοι, με — σου, σοι, σε.*

2. **Statt des Pronomens der dritten Person** werden die **obliquen Kasus von** *αὐτός*, **ipse**, gebraucht (§ 62): desselben, demselben u. s. w.

Sing. G.	αὐτοῦ	αὐτῆς	αὐτοῦ	seiner, ihrer, seiner, eius
D.	αὐτῷ	αὐτῇ	αὐτῷ	ihm, ihr, ihm, ei
A.	αὐτόν	αὐτήν	αὐτό	ihn, sie, es, eum, eam, id
Plur. G.	αὐτῶν	αὐτῶν	αὐτῶν	ihrer, eorum, earum
D.	αὐτοῖς	αὐταῖς	αὐτοῖς	ihnen, iis
A.	αὐτούς	αὐτάς	αὐτά	sie, eos, eas, ea

3. Stark hervorhebend sind *ἔγωγε, ἐμοῦγε, ἔμοιγε, ἐμέγε, σύγε* u. ä.

4. *οἷ* u. *σφίσι* (*σφῶν, σφᾶς*) stehen nur bezogen auf das Subj. des regierenden Satzes (indirekt reflexiv) § 123, 2. b.

§ 62. Αὐτός, ἄλλος und das Reciprokpronomen.

1. *Αὐτός, αὐτή, αὐτό* flektiert regelmäßig wie ein Adj. mit 62
Ausnahme des N. A. Sg. Ntr. auf *-ό* (ohne *-ν*); s. § 61, 2. Es bedeutet

a) **selbst, ipse**; z. B. *ὁ υἱὸς αὐτός* **filius ipse.**

b) in den obliquen Kasus: desselben, eius (nie am Anfang des Satzes); *ὁ υἱὸς αὐτοῦ* filius eius; *στέργω αὐτόν* amo eum.

c) mit dem Artikel: derselbe, idem; *ὁ αὐτὸς υἱός* idem filius.

Anm. Durch Krasis mit dem Artikel (§ 18) entstehen die Formen *αὑτός, ταὐτό* und *ταὐτόν* (§ 68, 2), *ταὐτοῦ, ταὐτῇ, ταὐτά* u. ä.

2. Wie *αὐτός* flektiert *ἄλλος, ἄλλη, ἄλλο*, alius, alia, aliud.

3. Dem Reciprokpronomen fehlen Sing. und Nom.; es flektiert

Plur. G.	*ἀλλήλων,*	*ἀλλήλων,*	*ἀλλήλων* einander,
D.	*ἀλλήλοις,*	*ἀλλήλαις,*	*ἀλλήλοις,*
A.	*ἀλλήλους,*	*ἀλλήλας,*	*ἄλληλα.*

§ 63. Die Reflexivpronomina.

63

	Erste Person	Zweite Person	Dritte Person
	Subj.: ich	Subj.: du	Subj.: er, sie, es
Sing. G.	*ἐμαυτοῦ, -ῆς*	*σεαυτοῦ, -ῆς*	*ἑαυτοῦ, -ῆς*
D.	*ἐμαυτῷ, -ῇ*	*σεαυτῷ, -ῇ*	*ἑαυτῷ, -ῇ*
A.	*ἐμαυτόν, -ήν*	*σεαυτόν, -ήν*	*ἑαυτόν, -ήν, -ό*
	Subj.: wir	Subj.: ihr	Subj.: sie
Plur. G.	*ἡμῶν αὐτῶν*	*ὑμῶν αὐτῶν*	*σφῶν αὐτῶν* od. *ἑαυτῶν*
D.	*ἡμῖν αὐτοῖς, -αῖς*	*ὑμῖν αὐτοῖς, -αῖς*	*σφίσιν αὐτοῖς, -αῖς* od. *ἑαυτοῖς, -αῖς*
A.	*ἡμᾶς αὐτούς, -άς*	*ὑμᾶς αὐτούς, -άς*	*σφᾶς αὐτούς, -άς* od. *ἑαυτούς, -άς, -ά*

Anm. Statt *σεαυτοῦ* u. s. f., *ἑαυτοῦ* u. s. f., *ἑαυτῶν* u. s. f. sagt man auch *σαυτοῦ* u. s. f., *αὑτοῦ* u. s. f., *αὑτῶν* u. s. f.

§ 64. Die Possessivpronomina.

64 1. *Ἐμός, ἐμή, ἐμόν* meus, mein, *ἡμέτερος, -ᾱ, -ον* noster, unser,
σός, σή, σόν tuus, dein, *ὑμέτερος, -ᾱ, -ον* vester, euer.

2. Statt des Possessivpronomens der dritten Person braucht man reflexiv die Gen. *ἑαυτοῦ, -ῆς, ἑαυτῶν* in attributiver Stellung, nicht refl. die G. *αὐτοῦ, -ῆς, αὐτῶν* in prädikativer Stellung; s. 3.

Anm. Attributiv heißt die Stellung zwischen Artikel u. Subst., oder mit wiederholtem Artikel nach dem Substantiv; prädikativ heißt die Stellung vor dem Artikel, oder (ohne Artikel) hinter dem mit Artikel versehenen Subst.

3. **Das possessive Verhältnis** wird (abgesehen vom individuellen Artikel, § 115, 1) folgendermaßen bezeichnet:

1. **nicht reflexiv,**

a) schwächer betont:	b) stärker betont:
ὁ φίλος μου,	ὁ ἐμὸς φίλος,
ὁ φίλος σου,	ὁ σὸς φίλος,
ὁ φίλος αὐτοῦ (-ῆς),	ὁ τούτου (ἐκείνου) φίλος,
ὁ φίλος ἡμῶν,	ὁ ἡμέτερος φίλος,
ὁ φίλος ὑμῶν,	ὁ ὑμέτερος φίλος,
ὁ φίλος αὐτῶν.	ὁ τούτων (ἐκείνων) φίλος.

2. **reflexiv,**

a) schwächer betont:	b) stärker betont:
στέργω τὸν ἐμὸν φίλον,	στέργω τὸν ἐμαυτοῦ (-ῆς) φίλον,
στέργεις τὸν σὸν φίλον,	στέργεις τὸν σεαυτοῦ (-ῆς) φίλον,
στέργει τὸν ἑαυτοῦ (-ῆς) φίλον,	στέργει τὸν ἑαυτοῦ (-ῆς) φίλον,
στέργομεν τὸν ἡμέτερον φίλον,	στέργομεν τὸν ἡμέτερον αὐτῶν φ.,
στέργετε τὸν ὑμέτερον φίλον,	στέργετε τὸν ὑμέτερον αὐτῶν φ.,
στέργουσι τὸν ἑαυτῶν φίλον.	στέργουσι τὸν ἑαυτῶν φίλον.

§ 65. Die Demonstrativpronomina.

ὅδε, ἥδε, τόδε **der da, dieser**, vorwärtsdeutend, 65
οὗτος, αὕτη, τοῦτο **dieser**, zurückweisend,
ἐκεῖνος, ἐκείνη, ἐκεῖνο **jener**, auf fernerliegendes zeigend.

1. Ὅδε **besteht** aus dem Artikel und dem demonstrativen enklitischen -δε (**da, hier**); es hat daher die Flexion des Artikels.

2. **Auch** οὗτος **enthält** den Artikel, nach dem es sich richtet, sowohl im **Anlaut** (spir. asper oder τ: οὗτος, αὕτη, τοῦτο, ταῦτα), als im **Inlaut** (ου entspricht dem ο-Laut, αυ dem α-Laut des Art.).

Sing.				Plur.			
N.	οὗτος	αὕτη	τοῦτο	N.	οὗτοι	αὗται	ταῦτα
G.	τούτου	ταύτης	τούτου	G.	τούτων	τούτων	τούτων
D.	τούτῳ	ταύτῃ	τούτῳ	D.	τούτοις	ταύταις	τούτοις
A.	τοῦτον	ταύτην	τοῦτο	A.	τούτους	ταύτας	ταῦτα

3. Ἐκεῖνος **flektiert regelmäßig nach** αὐτός, αὐτή, αὐτό (§ 61).

4. **Merke:** ὅδε ὁ ἀνήρ od. ὁ ἀνὴρ ὅδε dieser Mann da;
οὗτος ὁ ἀνήρ od. ὁ ἀνὴρ οὗτος dieser Mann;
ἐκείνη ἡ γυνή od. ἡ γυνὴ ἐκείνη jene Frau.

§ 66. Die Relativpronomina.

66 1. Ὅς, ἥ, ὅ qui, quae, quod **welcher, welche, welches.**

Sing. N.	ὅς	ἥ	ὅ	Plur. N.	οἵ	αἵ	ἅ
G.	οὗ	ἧς	οὗ	G.	ὧν	ὧν	ὧν
D.	ᾧ	ᾗ	ᾧ	D.	οἷς	αἷς	οἷς
A.	ὅν	ἥν	ὅ	A.	οὕς	ἅς	ἅ

Verstärkt: ὅσπερ, ἥπερ, ὅπερ, οὗπερ u. s. f. gerade (der), welcher.

2. Ὅστις, ἥτις, ὅτι: quisquis, quicumque, **ein jeder, welcher,** ist unbestimmt verallgemeinerndes Relativum; siehe § 67, 3.

3. Merke: ὁ φίλος, οὗ τὸν υἱὸν παιδεύω
der Freund, dessen Sohn ich erziehe.

§ 67. Interrogative und indefinite Pronomina.

67 1. Τίς, τί ist **direktes Fragepronomen** = quis, quid? **wer, was? — welcher, welche, welches?**

Es betont **stets** die **Stammsilbe** und hat **immer** den **Akut** (**nie** den **Gravis**).

2. Τὶς, τὶ ist **unbestimmtes** Pronomen = aliquis, quidam, **irgend wer, was — irgend ein, eine, ein.**

Es ist **stets enklitisch** und kann den Accent nur auf der **zweiten** Silbe haben (§ 9, 2. 2).

3. Ὅστις ist a) **indirektes Fragepronomen** = quis;
b) **unbestimmtes Relativum** = quicumque; § 66, 2.

Sing. N.	τίς	τί	τὶς	τὶ	ὅστις	ἥτις	ὅτι
G.	τίνος		τινός		οὗτινος	ἧστινος	οὗτινος
D.	τίνι		τινί		ᾧτινι	ᾗτινι	ᾧτινι
A.	τίνα	τί	τινά	τὶ	ὅντινα	ἥντινα	ὅτι
Plur. N.	τίνες	τίνα	τινές	τινά	οἵτινες	αἵτινες	ἅτινα
G.	τίνων		τινῶν		ὧντινων	ὧντινων	ὧντινων
D.	τίσι(ν)		τισί(ν)		οἷστισι(ν)	αἷστισι(ν)	οἷστισι(ν)
A.	τίνας	τίνα	τινάς	τινά	οὕστινας	ἅστινας	ἅτινα

Anm. 1. Häufig gebrauchte **Nebenformen** sind folgende:
für τίνος: τοῦ; für τινός: του enkl., für οὗτινος meist: ὅτου,
für τίνι: τῷ; für τινί: τῳ enkl., für ᾧτινι meist: ὅτῳ,
für neutrales τινά: ἄττα (nicht enkl.), für ἅτινα: ἅττα.

Anm. 2. Zur Unterscheidung von der Konjunktion ὅτι, quod, daß, weil, schreibt man das Ntr. des Rel. und Interrog. auch ὅ, τι.

§ 68. Korrelative Pronomina.

1. *Ποῖος, ποία, ποῖον;* qualis? wie beschaffen? 68
Πόσος, πόση, πόσον; quantus? wie groß? Plur. quot? wie viele?
πότερος, ποτέρα, πότερον; uter? welcher von beiden?

Interrogativa		Indef. enklit.	Demonstrativa	Relativa	
direkt u. indirekt	nur indirekt			individuell	generell
πο-	ὁπο-	πο-	(το-)	ὁ-	ὁπο-
τίς	ὅστις	τὶς	ὅδε, οὗτος ἐκεῖνος	ὅς	ὅστις
ποῖος	ὁποῖος	(ποιός)	(τοῖος) τοιόσδε τοιοῦτος	οἷος	ὁποῖος
πόσος	ὁπόσος	(ποσός)	(τόσος) τοσόσδε τοσοῦτος	ὅσος	ὁπόσος
πότερος	ὁπότερος		ἕτερος		ὁπότερος

2. *Τοιόσδε, τοιάδε, τοιόνδε* und *τοσόσδε, τοσήδε, τοσόνδε* flektieren regelmäßig, *τοιοῦτος* und *τοσοῦτος* nach *οὗτος*, also
τοιοῦτος, τοιαύτη, τοιοῦτο, ‖ *τοιοῦτοι, τοιαῦται, τοιαῦτα,*
τοιούτου, τοιαύτης, τοιούτου u. s. f. ‖ *τοιούτων, τοιούτων, τοιούτων* u. s. f.

Neben *τοιοῦτο, τοσοῦτο* und *ταὐτό* (§ 62, 1. Anm.) heißt das Ntr. auch *τοιοῦτον, τοσοῦτον* und *ταὐτόν*.

Anm. *Ὁ ἕτερος* wird durch Krasis zu *ἅτερος, τὸ ἕτερον* zu *θάτερον* u. ä.

§ 69. Korrelative Adverbia. 69

Interrogativa		Indefin. (alle enklit.)	Demonstrativa		Relativa	
direkt und indirekt	nur indirekt				individuell	generell
πού; ubi? wo?	ὅπου ubi	πού alicubi	ἐνθάδε hic αὐτοῦ ibidem	ἐνταῦθα ibi ἐκεῖ illic	οὗ ubi ἔνθα	ὅπου ubi
ποῖ; quo? wohin?	ὅποι quo	ποί aliquo	ἐνθάδε huc αὐτόσε eo	ἐνταῦθα eo ἐκεῖσε illuc	οἷ quo ἔνθα	ὅποι quo
πόθεν; unde? woher?	ὁπόθεν unde	ποθέν alicunde	ἐνθένδε hinc αὐτόθεν inde	ἐντεῦθεν inde ἐκεῖθεν illinc	ὅθεν unde ἔνθεν	ὁπόθεν unde
πότε; quando? wann?	ὁπότε quando	ποτέ aliquando	τότε tum		ὅτε cum	ὁπότε cum
πῶς; quomodo? wie?	ὅπως	πώς	(ὥς) ὧδε	οὕτω(ς)	ὡς, ὥσπερ	ὅπως
πῇ; quā? wie? wo? wohin?	ὅπῃ	πῄ	τῇδε	ταύτῃ	ᾗ, ᾗπερ	ὅπῃ

Anm. 1. *Ἔνθα* und *ἔνθεν* sind allermeist relativ (wo, wohin; woher), demonstrativ in Verbindungen wie *ἔνθα δή* da eben, da gerade u. ä.
Anm. 2. Merke: *καὶ ὥς (ὣς)* auch so, *οὐδ' ὥς (ὣς)* auch so nicht.

V. Das Zahlwort.

70

		Kardinalzahlen	Ordinalzahlen	Zahladverbia
α΄	1	εἷς μία ἕν	πρῶτος, -η, -ον	ἅπαξ einmal
β΄	2	δύο	δεύτερος, -ᾱ, -ον	δίς zweimal
γ΄	3	τρεῖς τρία	τρίτος, -η, -ον	τρίς dreimal
δ΄	4	τέτταρες τέτταρα	τέταρτος	τετράκις
ε΄	5	πέντε	πέμπτος	πεντάκις
ς΄	6	ἕξ	ἕκτος	ἑξάκις
ζ΄	7	ἑπτά	ἕβδομος	ἑπτάκις
η΄	8	ὀκτώ	ὄγδοος	ὀκτάκις
θ΄	9	ἐννέα	ἕνατος (ἔνατος)	ἐνάκις
ι΄	10	δέκα	δέκατος	δεκάκις
ια΄	11	ἕνδεκα	ἑνδέκατος	ἑνδεκάκις
ιβ΄	12	δώδεκα	δωδέκατος	δωδεκάκις
ιγ΄	13	τρεῖς (τρία) καὶ δέκα	τρίτος καὶ δέκατος	τρισκαιδεκάκις
ιδ΄	14	τέτταρες(-ρα) καὶ δέκα	τέταρτος καὶ δέκατος	τετρακαιδεκάκις
ιε΄	15	πεντεκαίδεκα	πεντεκαιδέκατος	u. s. w.
ις΄	16	ἑκκαίδεκα	ἑκκαιδέκατος	
ιζ΄	17	ἑπτακαίδεκα	ἑπτακαιδέκατος	
ιη΄	18	ὀκτωκαίδεκα	ὀκτωκαιδέκατος	
ιθ΄	19	ἐννεακαίδεκα	ἐννεακαιδέκατος	
κ΄	20	εἴκοσι(ν)	εἰκοστός	εἰκοσάκις
λ΄	30	τριάκοντα	τριακοστός	τριακοντάκις
μ΄	40	τετταράκοντα	τετταρακοστός	u. s. w.
ν΄	50	πεντήκοντα	πεντηκοστός	
ξ΄	60	ἑξήκοντα	ἑξηκοστός	
ο΄	70	ἑβδομήκοντα	ἑβδομηκοστός	
π΄	80	ὀγδοήκοντα	ὀγδοηκοστός	
ϙ΄	90	ἐνενήκοντα	ἐνενηκοστός	
ρ΄	100	ἑκᾰτόν	ἑκατοστός	ἑκατοντάκις
σ΄	200	διᾱκόσιοι, -αι, -α	διακοσιοστός	διακοσιάκις
τ΄	300	τριᾱκόσιοι, -αι, -α	τριακοσιοστός	u. s. w.
υ΄	400	τετρᾰκόσιοι	τετρακοσιοστός	
φ΄	500	πεντᾰκόσιοι	πεντακοσιοστός	
χ΄	600	ἑξᾰκόσιοι	ἑξακοσιοστός	
ψ΄	700	ἑπτᾰκόσιοι	ἑπτακοσιοστός	
ω΄	800	ὀκτᾰκόσιοι	ὀκτακοσιοστός	
ϡ΄	900	ἐνᾰκόσιοι	ἐνακοσιοστός	
͵α	1000	χίλιοι, -αι, -α	χιλιοστός	χῑλιάκις u. s. w.
͵β	2000	δισχίλιοι, -αι, -α	δισχιλιοστός	
͵γ	3000	τρισχίλιοι, -αι, -α	τρισχιλιοστός	
͵ι	10,000	μύριοι, -αι, -α	μυριοστός	μυριάκις
͵ια	11,000	μύριοι καὶ χίλιοι		
͵κ	20,000	δισμύριοι	δισμυριοστός	δισμυριάκις

1. **Alle Ordinalzahlen** und die **Kardinalzahlen** von 200 an sind 70
Adjektiva dreier Endungen; von den übrigen werden nur die vier ersten dekliniert:

N.	1. εἷς	μία	ἕν,	2. δύο,	3. τρεῖς	τρία,	4. τέτταρες	τέτταρα,
G.	ἑνός	μιᾶς	ἑνός,	δυοῖν.	τριῶν,		τεττάρων,	
D.	ἑνί	μιᾷ	ἑνί,	δυοῖν.	τρισί(ν),		τέτταρσι(ν),	
A.	ἕνα	μίαν	ἕν.	δύο.	τρεῖς	τρία.	τέτταρας	τέτταρα.

Wie εἷς gehen οὐδείς und μηδείς, keiner; wie δύο geht ἄμφω:

S.	οὐδείς	οὐδεμία	οὐδέν,	Pl. N. οὐδένες.	ἄμφω, *ambo*.
	οὐδενός	οὐδεμιᾶς	οὐδενός,	οὐδένων,	ἀμφοῖν,
	οὐδενί	οὐδεμιᾷ	οὐδενί.	οὐδέσι(ν),	ἀμφοῖν,
	οὐδένα	οὐδεμίαν	οὐδέν.	οὐδένας.	ἄμφω.

2. **Regel für die Verbindung von Einern, Zehnern u. s. w.:**
Geht die kleinere Zahl voran, so muß καί stehen;
geht aber die größere voran, so kann καί stehen oder fehlen;
z. B. heißt 235 entw. πέντε καὶ τριάκοντα καὶ διακόσιοι,
od. διακόσιοι καὶ τριάκοντα καὶ πέντε,
od. διακόσιοι τριάκοντα πέντε.

Dieselbe Regel gilt für die Ordinalia: τριακοστὸς πέμπτος oder τριακοστὸς καὶ πέμπτος, aber nur πέμπτος καὶ τριακοστός.

3. Statt τρεῖς (τρία) καὶ δέκα, τέτταρες (τέτταρα) καὶ δέκα, τρίτος καὶ δέκατος, τέταρτος καὶ δέκατος finden sich auch τρισκαίδεκα, τετταρακαίδεκα, τρισκαιδέκατος, τετταρακαιδέκατος, auch ἕβδομος καὶ δέκατος neben ἑπτακαιδέκατος u. a. m.

Anm. Δύο ist auch indeklinabel. Von μύριοι, μύριαι, μύρια unterscheidet man μυρίοι, μυρίαι, μυρία, „sehr viele, unendlich viele"; vgl. mille und sescenti.

4. Außer den Kardinalia, Ordinalia und Zahladverbia bildet das Griechische ferner noch

Zahladjektiva auf -πλοῦς, -fach, -plex (§ 34, 1. b); z. B. ἁπλοῦς einfach, διπλοῦς u. s. w., und auf -πλάσιος; z. B. διπλάσιος doppelt so groß, so viel; und

Zahlsubstantiva auf -άς, -άδος: ἡ μονάς Einheit, ἡ δεκάς Zehner, ἡ μυριάς Anzahl von 10 000. —

VI. Flexion des Verbums (Konjugation).

§ 71. Vorbemerkungen.

71 1. Das griechische Verbum hat vor dem lateinischen voraus

einen Numerus:	den Dual; s. § 95;
ein Genus:	das Medium;
ein Tempus:	den Aorist;
einen Modus:	den Optativ;
	— und zwei Verbaladjektiva.

2. Das Medium enthält bei aktiver Bedeutung noch eine Zurückbeziehung auf das Subjekt, besonders im Sinne eines Dativs oder Accusativs; z. B. bedeutet *παιδεύω* ich erziehe,
παιδεύομαι ich erziehe für mich, oder ich erziehe mich.

3. Medium und Passivum fallen zusammen außer im Futurum und Aorist.

Anm. Deponentia mit medialem Aor. heißen Dep. media (DM.), solche mit passivem Aor. dagegen Dep. passiva (DP.).

4. Der Aorist ist im Indikativ das Tempus der Erzählung, entsprechend dem lateinischen Perfectum historicum.

5. Der Optativ ist der Modus des Wunsches: *παιδεύοιμι* möge ich erziehen.

Er drückt aber auch noch andere Verhältnisse aus; siehe § 171, 2. 173, 4.

6. Tempora giebt es sechs, welche zerfallen
in Haupttempora: Präsens, Futurum, Perfektum, und
in Nebentempora (Präterita, historische, Augmenttempora):
Imperfektum, Aoristus (Ind.), Plusquamperfektum.

7. Verbalstamm und Präsensstamm. Allen Verbalformen liegt der Verbalstamm zu Grunde, der im Präsens fast immer erweitert oder verstärkt ist.

Über die Präsenserweiterungen s. § 75 und 106—110.

8. Konjugationen giebt es zwei, nämlich
Verba auf -ω, mit Bildevokal; z. B. *τιμά-ο-μεν, τιμά-ε-τε,*
und Verba auf -μι, ohne Bildevokal; z. B. *ἵστα-μεν, ἵστα-τε.*

9. Moduszeichen. Vom Indikativ unterscheidet sich
a) der Konjunktiv durch die gedehnten Bildevokale;
vgl. z. B. die Ind. *παιδεύ-ο-μεν, παιδεύ-ε-τε*
mit den Konj. *παιδεύ-ω-μεν, παιδεύ-η-τε.*

b) der Optativ durch das Optativzeichen -ι- oder -ιη- (-ιε-);
vgl. z. B. die Ind. παιδεύ-ο-μεν, ἵστα-τε
mit den Opt. παιδεύ-οι-μεν, ἱστα-ίη-τε.

10. Personalendungen giebt es primäre und sekundäre, nämlich
die primären für die Indikative der Haupttempora
und die Konjunktive;
die sekundären für die Indikative der Nebentempora
und die Optative,
oder für alle Augmentformen und Optative.

11. Für den Accent in der Konjugation gilt als Hauptregel: Der Accent bleibt in allen Verbalformen möglichst weit vom Ende zurück; doch darf er nie über das Augment vorrücken; dabei gelten -αι und -οι nur im Optativ als lang.

12. Ferner bleibt noch zu beachten:

a) Kontrahierte Formen behalten den Accent auf der Kontraktionssilbe, wenn einer der kontrahierten Vokale betont war;
z. B. ἐποιούμεθα (aus ἐποιε-όμεθα), βαλοῦ (aus βαλέ-ο),
παιδευθῶ (aus παιδευθέ-ω), διδῶ (aus διδό-ω).

b) Optative von Passivaoristen und Verben auf -μι betonen womöglich die Silbe des Modusvokals ι: παιδευθεῖμεν, παιδευθεῖεν — τιθεῖμεν, ἱεῖτε, διδοῖεν, ἱσταῖντο.

c) Infinitive, Participia und Verbaladjektiva fallen als Verbalnomina nicht unter diese Regel; die Participia behalten den Accent womöglich auf der Tonsilbe des Nom. Sing. Mask. (§ 25, 5).

d) Ausnahmen von der genannten Hauptregel für den Verbalaccent bleiben hienach nur diejenigen Formen von zweiten Aoristen Akt. und Med., welche auf dem Bildevokal betont sind (vgl. § 85, 1. m. Anm.); also
die 2. P. Sing. des Imper. Aor. Med.: βαλοῦ (aus βαλέ-ο, siehe a),
und die aktive Imperativform εἰπέ (aber ἄπειπε, ἔξειπε).

§ 72. Das Augment.

1. Das Augment (augmentum, Zuwachs) ist das Zeichen der 72
Vergangenheit und steht im Indikativ der Nebentempora (Imperfekt, Aorist, Plusquamperfekt), niemals in anderen Formen.

Man unterscheidet ein syllabisches und ein temporales Augment.

2. **Konsonantisch** anlautende Verba haben das **syllabische Augment**; es besteht in der vorgesetzten Silbe ἐ; z. B.

παιδεύω: ἐ-παίδευον, ἐ-παιδευσάμην.

Anlautendes ϱ wird nach ε verdoppelt: ἔρριπτον (ich warf; § 22).

3. **Vokalisch** anlautende Verba haben das **temporale Augment**; es besteht in der **Dehnung** des anlautenden Vokals, dessen Spiritus unverändert bleibt. Dabei wird

α	zu η:	ἄγω	führe,	Impf.	ἦγον,
ε	zu η:	ἐλπίζω	hoffe,	„	ἤλπιζον,
ο	zu ω:	ὁπλίζω	bewaffne,	„	ὥπλιζον,
ῐ	zu ῑ:	ἱδρύω	baue,	„	ἵδρυον,
ῠ	zu ῡ:	ὑβρίζω	bin übermütig,	„	ὕβριζον,
αι	zu ῃ:	αἰσχύνω	beschäme,	„	ᾔσχυνον,
ᾳ	zu ῃ:	ᾄδω	singe,	„	ᾖδον,
αυ	zu ηυ:	αὐξάνω	vermehre,	„	ηὔξανον,
οι	zu ῳ:	οἰκτίρω	bemitleide,	„	ᾤκτιρον.

Unbezeichnet bleibt das Augment bei anlautendem **langem** Vokal und ου, oft auch bei anlautendem ει und ευ; z. B.

οὐτάζω	verwunde,	Impf.	οὔταζον,
εἰκάζω	vermute,	„	εἴκαζον (neben ᾔκαζον),
εὔχομαι	flehe, gelobe,	„	εὐχόμην (neben ηὐχόμην).

§ 73. Die Reduplikation.

73 Die Reduplikation bildet den **Perfektstamm**, der dem **Perfektum**, **Plusquamperfektum** und **Futurum exaktum** zu Grunde liegt. Ihre Bildungsregeln sind:

1. Beginnt das Verbum mit **Einem Konsonanten** (außer ϱ), so wiederholt es diesen mit ε; statt einer Aspirata tritt die entsprechende Tenuis ein; z. B.

παιδεύω	erziehe,	Perf.	πε-παίδευκα,
χορεύω	tanze,	„	κε-χόρευκα,
φυτεύω	pflanze,	„	πε-φύτευκα,
θηρεύω	jage,	„	τε-θήρευκα.

2. Beginnt das Verbum mit **muta cum liquida**, so wiederholt es nur die Muta mit ε; z. B.

κλείω	schließe,	Perf.	κέ-κλεικα,
δράω	thue,	„	δέ-δρακα.

3. **In allen übrigen Fällen** ist die Reduplikation gleich dem Augment; z. B.

ἄγω	führe,	Impf.	ἦγον,	Perf.	ἦχα,
ὁπλίζω	bewaffne,	„	ὥπλιζον,	„	ὥπλικα,
κτίζω	gründe,	„	ἔ-κτιζον,	„	ἔ-κτικα,
στρατεύω	ziehe zu Felde,	„	ἐ-στράτευον,	„	ἐ-στράτευκα.
ζητέω	suche,	Aor.	ἐ-ζήτησα,	„	ἐ-ζήτηκα,
ψαύω	berühre,	„	ἔ-ψαυσα,	„	ἔ-ψαυκα,
ῥίπτω	werfe,	„	ἔρριψα,	„	ἔρριφα.
Nur κτάομαι	erwerbe,		hat gew.	„	κέ-κτημαι.

§ 74. Augment und Reduplikation in Kompositis.

1. **Präpositionalkomposita** augmentieren und reduplicieren das 74
Simplex; z. B. εἰς-ἄγω, εἰς-ῆγον, εἰς-ῆχα,
ἐκ-στρατεύω, ἐξ-εστράτευον, ἐξ-εστράτευκα.

2. Vor dem Augment erhalten **konsonantisch** auslautende Präpositionen ihre im Präsens zum Teil veränderte ursprüngliche Gestalt wieder; **vokalisch** auslautende (außer περί und πρό) verlieren den Endvokal. Z. B.

	ἐμβάλλω	werfe hinein,	Impf.	ἐν-έβαλλον,
	συλλέγω	sammle,	„	συν-έλεγον,
	συστέλλω	sende zusammen,	„	συν-έστελλον,
	ἀπο-βάλλω	werfe weg,	„	ἀπ-έβαλλον,
	ἐπι-βάλλω	werfe darauf,	„	ἐπ-έβαλλον,
	παρα-βάλλω	werfe daneben,	„	παρ-έβαλλον,
aber	περι-βάλλω	werfe herum,	„	περι-έβαλλον,
	περιρρέω	umfließe,	„	περι-έρρεον,
	προ-βάλλω	werfe vor,	„	προ-έβαλλον,
				(od. προὔβαλλον, § 18, 2).

3. **Andere Komposita** augmentieren und reduplicieren am Anfang; z. B.

ἀδικέω	thue Unrecht,	ἠδίκησα,	ἠδίκηκα,
ἀθυμέω	bin mutlos,	ἠθύμησα,	ἠθύμηκα,
δυστυχέω	bin unglücklich,	ἐδυστύχησα,	δεδυστύχηκα,
εὐτυχέω	bin glücklich,	ηὐτύχησα,	ηὐτύχηκα.

A. Erste Konjugation oder Verba auf -ω.

§ 75. Die drei ersten Präsensklassen.

75 Nach der Art, wie aus dem Verbalstamm der Präsensstamm gebildet wird (§ 71, 7), unterscheiden wir zunächst drei Klassen.

1. Erste oder ω-Klasse: Präsens auf -ω.

Der Verbalstamm ist durch den Bildevokal -ο, -ε erweitert; fast alle Verba vocalia, sehr viele V. muta, einige V. liquida.

παιδεύ-ω	erziehe,	διώκ-ω	verfolge,	τρέφ-ω	nähre,
παύ-ω	mache aufhören,	λέγ-ω	sage,	ψεύδ-ω	täusche,
μηνί-ω	grolle,	ἄρχ-ω	herrsche,	πέρθ-ω	zerstöre,
μηνύ-ω	zeige an,	τρέπ-ω	wende,	δέρ-ω	schinde.

2. Zweite oder T-Klasse: Präsens auf -τω.

Der Verbalstamm ist durch die Bildesilbe -το, -τε erweitert; fast ausschließlich Verba labialia; z. B.

τύπτω	schlage,	St. τυπ-	(ὁ τύπ-ος Schlag),
βλάπτω	schade,	„ βλαβ-	(ἡ βλάβ-η Schaden),
κρύπτω	verberge,	„ κρυφ-	(κρύφ-α Adv. heimlich),
θάπτω	begrabe,	„ ταφ-	(ὁ τάφ-ος Grab, vgl. § 21, 2).

Anm. Vereinzelte Bildungen sind

ἀνύτω	vollende,	St. ἀνυ-	(Nbf. ἀνύ-ω),
τίκτω	gebäre,	„ τεκ-	(τὸ τέκ-νον Kind).

3. Dritte oder Jod-Klasse: Präsens auf -jω.

Der Verbalstamm ist durch die Bildesilbe -jo, -je erweitert; bei der Verbindung des j mit dem Stammauslaut treten verschiedene lautliche Umgestaltungen ein, nämlich

a) ein Guttural (κ, γ, χ) wird mit j zu ττ (σσ);

z. B. φυλάττω	bewache,	St. φυλᾰκ-	(ἡ φυλακ-ή Wache),
τάττω	ordne,	„ τᾰγ-	(ὁ τᾰγ-ός Anordner),
ταράττω	verwirre,	„ ταρᾰχ-	(ἡ ταραχ-ή Verwirrung).

Anm. Ein Dental wird mit j zu ττ (σσ) in

ἁρμόττω	füge, passe,	St. ἁρμοτ-	(ὁ ἁρμοστής Ordner),
πλάττω	forme, bilde,	„ πλᾰτ-	(τὸ πλάσμα Gebilde).

b) δ wird mit j zu ζ;

z. B. ἐλπίζω	hoffe,	St. ἐλπῐδ-	(ἡ ἐλπίς Hoffnung),
καθ-έζομαι	setze mich,	„ ἑδ-	(τὸ ἕδ-ος Sitz),
ὄζω	dufte,	„ ὀδ-	(ἡ ὀδ-μή od-or).

Anm. Ein Guttural liegt dem ζ zu Grunde namentlich in Verben, welche einen Schall bezeichnen;

z. B. στενάζω seufze, St. στενᾰγ- (ὁ στεναγ-μός Seufzen),
οἰμώζω wehklage, „ οἰμωγ- (ἡ οἰμωγ-ή Wehklage).

c) λ wird mit *j* zu λλ (vgl. μάλα, μᾶλλον);
z. B. ἅλλομαι springe, St. ἁλ- (lat. sal-io),
ἀγγέλλω melde, „ ἀγγελ- (ὁ ἄγγελ-ος Bote).

Anm. Nur der Stamm ὀφελ- bildet ὀφείλω (siehe d).

d) -ανjω, -ενjω, -ῐνjω, -ῠνjω und -αρjω, -ερjω, -ῐρjω, -ῠρjω werden zu
-αίνω, -είνω, -ΐνω, -ΰνω und -αίρω, -είρω, -ΐρω, -ΰρω;

z. B. φαίνω zeige, St. φᾰν- (φαν-ε-ρός sichtbar),
καθαίρω reinige, „ καθᾰρ- (καθαρ-ός rein),
τείνω spanne, „ τεν- (ἀ-τεν-ής angespannt),
σπείρω säe, „ σπερ- (τὸ σπέρ-μα Same),
κρΐνω richte, „ κρῐν- (Fut. κρῐν-ῶ),
ἀμΰνω wehre ab, „ ἀμῠν- (Fut. ἀμῠν-ῶ),
und auch ὀφείλω bin schuldig, „ ὀφελ- (Aor. II. ὤφελ-ον, § 85).

Anm. In καίω (neben κάω) brenne, St. καυ- (τὸ καῦ-μα Hitze), und κλαίω (neben κλάω) weine, St. κλαυ-(ὁ κλαυ-θμός Weinen), bleibt die Stammform vor Konsonanten unverändert; die Präsentia sind aus κᾰϝ-jω, κλᾰϝ-jω entstanden. — § 91, 2. 96, 44. 45.

Die Klassen 4—8 enthalten die unregelmäßigen Verba, § 106—111.

§ 76. Einteilung der Verba nach dem Auslaut des Verbalstammes. 76

Nach dem Auslaut des Verbalstammes werden die Verba in drei Klassen eingeteilt:

1. in **Verba vocalia** (oder **pura**), d. h. Verba, die auf einen Vokal (Diphthong) auslauten;
   z. B. παιδεύ-ω erziehe, λύ-ω löse, τί-ω schätze,
   τιμά-ω ehre, ποιέ-ω thue, δουλό-ω knechte.

2. in **Verba muta**, d. h. Verba, die auf eine Muta auslauten;
   z. B. διώκ-ω verfolge, λέγ-ω sage, τρέχ-ω laufe,
   τρέπ-ω wende, τρίβ-ω reibe, τρέφ-ω nähre,
   ψεύδ-ω täusche, σπένδ-ω spende, πείθ-ω überrede.

3. in **Verba liquida**, deren Stammauslaut eine Liquida ist;
   z. B. στέλ-λ-ω sende, δέρ-ω schinde, σπείρ-ω säe,
   νέμ-ω teile zu, μέν-ω bleibe, κρίν-ω richte.

1. Verba

§ 77. Paradigma:

77

Aktivum.

		Indikativ der Haupttempora		Indikativ der Nebentempora		Konjunktiv	
Präs. u. Imperf.	S. 1.	παιδεύ-ω	ich erziehe, du erziehst.	ἐ-παίδευ-ο-ν	ich erzog, du erzogst.	παιδεύ-ω	damit ich erziehe, du erziehest.
	2.	παιδεύ-εις		ἐ-παίδευ-ε-ς		παιδεύ-ῃς	
	3.	παιδεύ-ει		ἐ-παίδευ-ε(ν)		παιδεύ-ῃ	
	Pl. 1.	παιδεύ-ο-μεν		ἐ-παιδεύ-ο-μεν		παιδεύ-ω-μεν	
	2.	παιδεύ-ε-τε		ἐ-παιδεύ-ε-τε		παιδεύ-η-τε	
	3.	παιδεύ-ουσι(ν)¹)		ἐ-παίδευ-ο-ν		παιδεύ-ωσι(ν)²)	
Futurum	S. 1.	παιδεύ-σω	ich werde erziehen.				
	2.	παιδεύ-σεις					
	3.	παιδεύ-σει					
		u. s. f. wie im Präsens.					
Aoristus I.	S. 1.			ἐ-παίδευ-σα	ich erzog (einst) (§ 165, 2. a.)	παιδεύ-σω	damit ich erziehe.
	2.			ἐ-παίδευ-σα-ς		παιδεύ-σῃς	
	3.			ἐ-παίδευ-σε(ν)		παιδεύ-σῃ	
	Pl. 1.			ἐ-παιδεύ-σα-μεν		παιδεύ-σω-μεν	
	2.			ἐ-παιδεύ-σα-τε		παιδεύ-ση-τε	
	3.			ἐ-παίδευ-σα-ν		παιδεύ-σωσι(ν)	
Perf. u. Plusqpft.	S. 1.	πε-παίδευ-κα	ich habe erzogen.	ἐ-πε-παιδεύ-κει-ν	ich hatte erzogen.	πε-παιδεύ-κω	damit ich erzogen habe.
	2.	πε-παίδευ-κα-ς		ἐ-πε-παιδεύ-κει-ς		πε-παιδεύ-κῃς	
	3.	πε-παίδευ-κε(ν)		ἐ-πε-παιδεύ-κει		u. s. f.	
	Pl. 1.	πε-παιδεύ-κα-μεν		ἐ-πε-παιδεύ-κει-μεν		wie im Präs. od.	
	2.	πε-παιδεύ-κα-τε		ἐ-πε-παιδεύ-κει-τε		πεπαιδευκὼς	
	3.	πε-παιδεύ-κᾱσι(ν)³)		ἐ-πε-παιδεύ-κε-σαν		ὦ, ᾖς, ᾖ u. s. f.	

Anm. Die Formen des Aor. II. und

Bem. Beachte im Konj. die iota subscripta: παιδεύῃς, παιδεύῃ.

¹) aus παιδεύ-ο-ντι, παιδεύ-ο-νσι.

²) aus παιδεύ-ω-ντι, παιδεύ-ω-νσι.

³) aus πεπαιδεύ-κα-ντι, πεπαιδεύκα-νσι.

vocalia.

παιδεύω.

Aktivum. 77

Optativ		Imperativ		Infinitiv und Particip
παιδεύ-οι-μι παιδεύ-οι-ς παιδεύ-οι παιδεύ-οι-μεν παιδεύ-οι-τε παιδεύ-οιε-ν	möge ich erziehen.	παίδευ-ε παιδευ-έ-τω παιδεύ-ε-τε παιδευ-ό-ντων[1]	erziehe, er soll erziehen.	παιδεύ-ειν erziehen. παιδεύ-ων, -οντος παιδεύ-ουσα, -ούσης παιδεῦ-ον, -οντος erziehend.
παιδεύ-σοι-μι παιδεύ-σοι-ς παιδεύ-σοι u. s. f. wie im Präsens.	ich würde erziehen (§ 166, 3. Anm.)			παιδεύ-σειν (erziehen werden.) παιδεύ-σων u. s. f. einer, der erziehen wird.
παιδεύ-σαι-μι παιδεύ-σαι-ς, -σειας παιδεύ-σαι, -σειε(ν) παιδεύ-σαι-μεν παιδεύ-σαι-τε παιδεύ-σαιε-ν, -σειαν	möge ich erziehen.	παίδευ-σον παιδευ-σά-τω παιδεύ-σα-τε παιδευ-σά-ντων[2]	erziehe, er soll erziehen.	παιδεῦ-σαι erziehen, od. (einst) erzog. hab. παιδεύ-σᾱς, -σαντος παιδεύ-σᾱσα, -σάσης παιδεῦ-σαν, -σαντος einer, der (einst) erzog.
πε-παιδεύ-κοι-μι πε-παιδεύ-κοι-ς u. s. f. wie im Präs. od. πεπαιδευκὼς εἴην, εἴης, εἴη u. s. f.	möge ich erzogen haben.			πε-παιδευ-κέ-ναι erzogen haben. πε-παιδευ-κώς, -κότος πε-παιδευ-κυῖα, -κυίας πε-παιδευ-κός, -κότος einer, der erzogen hat.

Perf. II. Akt. siehe S. 61 u. 63.

Bem. [1]) Spätere Nbf. παιδευ-έ-τωσαν.
[2]) Spätere Nbf. παιδευ-σά-τωσαν.

77

Medium.

		Indikativ der Haupttempora		Indikativ der Nebentempora		Konjunktiv	
Präsens u. Imperf.	S. 1.	παιδεύ-ο-μαι	ich erziehe für mich.	ἐ-παιδευ-ό-μην	ich erzog für mich.	παιδεύ-ω-μαι	damit ich für mich erziehe.
	2.	παιδεύ-ῃ[1] (-ει)[3]		ἐ-παιδεύ-ου[4]		παιδεύ-ῃ[2]	
	3.	παιδεύ-ε-ται		ἐ-παιδεύ-ε-το		παιδεύ-η-ται	
	Pl. 1.	παιδευ-ό-μεθα		ἐ-παιδευ-ό-μεθα		παιδευ-ώ-μεθα	
	2.	παιδεύ-ε-σθε		ἐ-παιδεύ-ε-σθε		παιδεύ-η-σθε	
	3.	παιδεύ-ο-νται		ἐ-παιδεύ-ο-ντο		παιδεύ-ω-νται	
Futurum	S. 1.	παιδεύ-σο-μαι	ich werde für mich erziehen.				
	2.	παιδεύ-σῃ					
	3.	παιδεύ-σε-ται					
	Pl. 1.	παιδευ-σό-μεθα					
	2.	παιδεύ-σε-σθε					
	3.	παιδεύ-σο-νται					
Aoristus I.	S. 1.			ἐ-παιδευ-σά-μην	ich erzog (einst) für mich.	παιδεύ-σω-μαι	damit ich für mich erziehe.
	2.			ἐ-παιδεύ-σω[5]		παιδεύ-σῃ	
	3.			ἐ-παιδεύ-σα-το		παιδεύ-ση-ται	
	Pl. 1.			ἐ-παιδευ-σά-μεθα		παιδευ-σώ-μεθα	
	2.			ἐ-παιδεύ-σα-σθε		παιδεύ-ση-σθε	
	3.			ἐ-παιδεύ-σα-ντο		παιδεύ-σω-νται	
Perf. u. Plusqpft.	S. 1.	πε-παίδευ-μαι	ich habe für mich erzogen.	ἐ-πε-παιδεύ-μην	ich hatte für mich erzogen.	πεπαιδευμένος ὦ	damit ich für mich erzogen habe.
	2.	πε-παίδευ-σαι		ἐ-πε-παίδευ-σο		— ᾖς	
	3.	πε-παίδευ-ται		ἐ-πε-παίδευ-το		— ᾖ	
	Pl. 1.	πε-παιδεύ-μεθα		ἐ-πε-παιδεύ-μεθα		πεπαιδευμένοι ὦμεν	
	2.	πε-παίδευ-σθε		ἐ-πε-παίδευ-σθε		— ἦτε	
	3.	πε-παίδευ-νται		ἐ-πε-παίδευ-ντο		— ὦσι(ν)	

Anm. Die Formen des Aor. II. Med.

Bem. 1) aus παιδεύ-ε-σαι, παιδεύ-ε-αι } daher iota subscriptum.
2) aus παιδεύ-η-σαι, παιδεύ-η-αι }

3) Im Ind. steht für älteres παιδεύῃ oft jüngeres παιδεύει.

4) aus ἐπαιδευ-ε-σο, ἐπαιδεύ-ε-ο.

5) aus ἐπαιδευ-σα-σο, ἐπαιδεύ-σα-ο.

Medium. 77

Optativ	Imperativ	Infinitiv und Particip
παιδευ-οί-μην παιδεύ-οι-ο [1] παιδεύ-οι-το παιδευ-οί-μεθα παιδεύ-οι-σθε παιδεύ-οι-ντο möge ich für mich erziehen.	παιδεύ-ου [2] παιδευ-έ-σθω παιδεύ-ε-σθε παιδευ-έ-σθων [3] erziehe für dich.	παιδεύ-ε-σθαι für sich erziehen. παιδευ-ό-μενος παιδευ-ο-μένη παιδευ-ό-μενον für sich erziehend; einer, der für sich erzieht.
παιδευ-σοί-μην παιδεύ-σοι-ο [1] παιδεύ-σοι-το παιδευ-σοί-μεθα παιδεύ-σοι-σθε παιδεύ-σοι-ντο ich würde für mich erziehen. (§ 166,3.A.)		παιδεύ-σε-σθαι (für sich erziehen werden.) παιδευ-σό-μενος παιδευ-σο-μένη παιδευ-σό-μενον einer, der für sich erziehen wird.
παιδευ-σαί-μην παιδεύ-σαι-ο [1] παιδεύ-σαι-το παιδευ-σαί-μεθα παιδεύ-σαι-σθε παιδεύ-σαι-ντο möge ich für mich erziehen.	παίδευ-σαι παιδευ-σά-σθω παιδεύ-σα-σθε παιδευ-σά-σθων [4] erziehe für dich.	παιδεύ-σα-σθαι für sich erziehen, erzogen haben. παιδευ-σά-μενος παιδευ-σα-μένη παιδευ-σά-μενον einer, der für sich erzog.
πεπαιδευμένος εἴην — εἴης — εἴη πεπαιδευμένοι εἴημεν — εἴητε — εἴησαν möchte ich für mich erzogen haben.	πε-παίδευ-σο πε-παιδεύ-σθω πε-παίδευ-σθε πε-παιδεύ-σθων [5] habe für dich erzogen.	πε-παιδεῦ-σθαι für sich erzogen haben. πε-παιδευ-μένος πε-παιδευ-μένη πε-παιδευ-μένον einer, der für sich erzogen hat.

siehe S. 61.

Bem. 1) aus παιδευ-οι-σο (F. παιδευ-σοι-σο, A. παιδευ-σαι-σο).
2) aus παιδευ-ε-σο, παιδεύ-ε-ο.
3) Nbf. παιδευ-έ-σθωσαν.
4) Nbf. παιδευ-σά-σθωσαν.
5) Nbf. πεπαιδεύ-σθωσαν.

77

Passivum.

		Indikativ der Haupttempora	Indikativ der Nebentempora	Konjunktiv
Präsens u. Imperf.	S. 1.	παιδεύ-ο-μαι	ἐ-παιδευ-ό-μην	παιδεύ-ω-μαι
	2.	παιδεύ-ῃ(-ει)	ἐ-παιδεύ-ου	παιδεύ-ῃ
	3.	παιδεύ-ε-ται	ἐ-παιδεύ-ε-το	παιδεύ-η-ται
	Pl. 1.	u. s. f.	u. s. f.	u. s. f.
	2.			
	3.			
		ich werde erzogen.	ich wurde erzogen.	damit ich erzogen werde.
		gleichlautend wie im Medium S. 48.		
Futurum	S. 1.	παιδευ-θή-σομαι		
	2.	παιδευ-θή-σῃ		
	3.	παιδευ-θή-σε-ται		
	Pl. 1.	παιδευ-θη-σό-μεθα		
	2.	παιδευ-θή-σε-σθε		
	3.	παιδευ-θή-σο-νται		
		ich werde erzogen werden.		
Aoristus I.	S. 1.		ἐ-παιδεύ-θη-ν	παιδευ-θῶ
	2.		ἐ-παιδεύ-θη-ς	παιδευ-θῇ-ς
	3.		ἐ-παιδεύ-θη	παιδευ-θῇ
	Pl. 1.		ἐ-παιδεύ-θη-μεν	παιδευ-θῶ-μεν
	2.		ἐ-παιδεύ-θη-τε	παιδευ-θῆ-τε
	3.		ἐ-παιδεύ-θη-σαν	παιδευ-θῶσι(ν)
			ich wurde (einst) erzogen.	damit ich erzogen werde.
Perf. und Plusqpfkt.	S. 1.	πε-παίδευ-μαι	ἐ-πε-παιδεύ-μην	πεπαιδευμένος ὦ
	2.	πε-παίδευ-σαι	ἐ-πε-παίδευ-σο	— ᾖς
	3.	πε-παίδευ-ται	ἐ-πε-παίδευ-το	— ᾖ
	Pl. 1.	u. s. f.	u. s. f.	u. s. f.
	2.			
	3.			
		ich bin erzogen(worden).	ich war erzogen(worden).	damit ich erz. (worden) sei.
		gleichlautend wie im Medium S. 48.		

Bem. Über παιδεύῃ, παιδεύει, ἐπαιδεύου, παιδεύοιο und παιδεύου siehe die Bem. S. 48 u. 49.

Passivum. 77

Optativ	Imperativ	Infinitiv und Particip
παιδευ-οί-μην παιδεύ-οι-ο παιδεύ-οι-το u. s. f. möge ich erzogen werden.	παιδεύ-ου παιδευ-έ-σϑω u. s. f. werde erzogen, laß dich erz.	παιδεύ-ε-σϑαι erzogen werden. παιδευ-ό-μενος erzogen werdend; einer, der erzogen wird.
gleichlautend wie im Medium S. 49.		
παιδευ-ϑη-σοί-μην παιδευ-ϑή-σοι-ο παιδευ-ϑή-σοι-το παιδευ-ϑη-σοί-μεϑα παιδευ-ϑή-σοι-σϑε παιδευ-ϑή-σοι-ντο ich würde erzogen werden. (§ 166, 3. Anm.)		παιδευ-ϑή-σε-σϑαι (werden erzogen werden.) παιδευ-ϑη-σό-μενος παιδευ-ϑη-σο-μένη παιδευ-ϑη-σό-μενον einer, der erz. werden wird.
παιδευ-ϑείη-ν παιδευ-ϑείη-ς παιδευ-ϑείη παιδευ-ϑείη-μεν, -ϑεῖμεν παιδευ-ϑείη-τε, -ϑεῖτε παιδευ-ϑείη-σαν, -ϑεῖεν möge ich erz. werden.	παιδεύ-ϑη-τι παιδευ-ϑή-τω παιδεύ-ϑη-τε παιδευ-ϑέ-ντων[1]) werde erzogen, laß dich erziehen.	παιδευ-ϑῆ-ναι erz. werden od. worden sein. παιδευ-ϑείς, -ϑέντος παιδευ-ϑεῖσα, -ϑείσης παιδευ-ϑέν, -ϑέντος erzogen.
πεπαιδευμένος εἴην — εἴης — εἴη u. s. f. möge ich erzogen sein.	πε-παίδευ-σο πε-παιδεύ-σϑω u. s. f. sei erzogen.	πε-παιδεῦ-σϑαι erzogen (worden) sein. πε-παιδευ-μένος erzogen.
gleichlautend wie im Medium S. 49.		

Bem. [1]) Nbf. παιδευ-ϑή-τωσαν, vgl. die Bem. S. 47 u. 49.

§ 78. Bildung der Tempora

78 1. Präs. und Imperf. Akt. u. Med.-Pass. Bildesilbe sind die Bildevokale -ο, -ε, und zwar -ο vor μ, ν u. im Optativ,
-ε vor σ, τ u. vor Vokalen;
-ειν im Inf. ist aus -ε-εν entstanden.

2. Fut. Akt. u. Med. Bildesilbe: -σο, -σε.
Die Flexion ist ganz die des Präsens;
nur fehlen Konj. und Imper.

3. Aor. I. Akt. u. Med. Bildesilbe: -σα.
Der Konj. hat die Ausgänge des Präsens.
Unterscheide παίδευσον von παιδεῦσον,
u. παίδευσαι, παιδεύσαι, παιδεῦσαι.
[λῦσαι, λύσαι — γράψαι]

4. Perf. I. Akt. Bildesilbe: -κα am redupl. Stamm.
Konj. u. Opt. haben die Ausgänge des Präs.

5. Plqpf. I. Akt. Bildesilbe: -κει am redupl. Stamm.
Perfekta mit der Reduplikation ἐ- erhalten kein weiteres Augment.

§ 79. Übersicht der Tempus-

79 Die Verba vocalia oder pura haben vom Futurum an
die Verba auf -ᾰω nach ε, ι, ρ: ᾱ,
sonst immer: η,

1.	Präsens Aktivi Med.-Pass.	θηρά-ω jage θηρά-ο-μαι	τιμά-ω ehre τιμά-ο-μαι
2.	Futurum Aktivi Medii	θηρά-σω θηρά-σο-μαι	τιμή-σω τιμή-σο-μαι
3.	Aoristus Aktivi Medii	ἐ-θήρα-σα ἐ-θηρα-σά-μην	ἐ-τίμη-σα ἐ-τιμη-σά-μην
4.	Perfektum Aktivi Med.-Pass.	τε-θήρα-κα τε-θήρα-μαι	τε-τίμη-κα τε-τίμη-μαι
5.	Aoristus } Passivi Futurum }	ἐ-θηρά-θη-ν θηρα-θή-σομαι	ἐ-τιμή-θη-ν τιμη-θή-σομαι
6.	Verbaladjektiva	θηρα-τός, 3. θηρα-τέος, 3.	τιμη-τός, 3. τιμη-τέος, 3.

Besonderheiten der Verba

aus dem Verbalſtamm.

6. **Perf. und Plqpf. Med.-Paſſ.**	**Ohne Bildeſilbe;** die Endungen treten **unmittelbar** an den **redupl. Stamm.** Inf. und Part. accentuieren **immer** die **vorletzte** Silbe.
7. **Futurum exaktum.**	**Das aktive** wird durch das Part. Perf. Akt. u. ἔσομαι (§ 103, 3) umſchrieben: πεπαιδευκὼς ἔσομαι ich werde **erzogen haben.** **Das paſſive** fügt an den **redupl.** Stamm die **medialen** Endungen -σομαι u. ſ. f.: πεπαιδεύσομαι **ich werde erzogen worden ſein.**
8. **Aor. I. u. Fut. I. Paſſivi.**	**Bildeſilbe:** -θη, vor Vok. u. ντ: -θε, im Konj. mit d. Bildevok. kontr. Der paſſive **Aor.** hat **aktive,** das paſſive **Fut.** hat **mediale** Endungen. Merke im Imper. παιδεύθητι ſ. παιδευθηθι (§ 21, 1).
9. **Verbaladjektiva:**	**Bildeſilben ſind** -τός, -τή, -τόν — und -τέος, -τέα, -τέον: παιδευτός, 3. erzieh**bar** u. erzogen — παιδευτέος, 3. **zu** erziehen, educandus.

Bildung der Verba vocalia.

durch alle Tempora langen Stammauslaut, und zwar
die Verba auf -έω: η, die Verba auf -όω: ω,
die Verba auf ῐ́ω: ῑ, die Verba auf -ῠ́ω: ῡ.

ποιέ-ω thue ποιέ-ο-μαι	δουλό-ω knechte δουλό-ο-μαι	μηνῠ́-ω zeige an μηνῠ́-ο-μαι
ποιή-σω ποιή-σο-μαι	δουλώ-σω δουλώ-σο-μαι	μηνῡ́-σω μηνῡ-σο-μαι
ἐ-ποίη-σα ἐ-ποιη-σά-μην	ἐ-δούλω-σα ἐ-δουλω-σά-μην	ἐ-μήνῡ-σα ἐ-μηνῡ-σά-μην
πε-ποίη-κα πε-ποίη-μαι	δε-δούλω-κα δε-δούλω-μαι	με-μήνῡ-κα με-μήνῡ-μαι
ἐ-ποιή-θη-ν ποιη-θή-σομαι	ἐ-δουλώ-θη-ν δουλω-θή-σομαι	ἐ-μηνῡ́-θη-ν μηνῡ-θή-σομαι
ποιη-τός, 3. ποιη-τέος, 3.	δουλω-τός, 3. δουλω-τέος, 3.	μηνῡ-τός, 3. μηνῡ-τέος, 3.

vocalia ſiehe § 90.

§ 80. Präsens und Imperfekt

1. **Paradigma** τιμάω: **ich ehre.**
α + E-Laut (ε, η, ει, ῃ) giebt ᾱ (ᾳ),
α + O-Laut (ο, ω, οι, ου) giebt ω (ῳ),
ursprüngliches ι wird untergeschrieben.

80

		Aktivum			Med. u. Pass.	
Indikativ	S. 1.	τιμάω	τιμῶ		τιμάομαι	τιμῶμαι
	2.	τιμάεις	τιμᾷς		τιμάῃ (-ει)	τιμᾷ
	3.	τιμάει	τιμᾷ		τιμάεται	τιμᾶται
	Pl. 1.	τιμάομεν	τιμῶμεν		τιμαόμεθα	τιμώμεθα
	2.	τιμάετε	τιμᾶτε		τιμάεσθε	τιμᾶσθε
	3.	τιμάουσι(ν)	τιμῶσι(ν)		τιμάονται	τιμῶνται
Imperfekt	S. 1.	ἐτίμαον	ἐτίμων		ἐτιμαόμην	ἐτιμώμην
	2.	ἐτίμαες	ἐτίμᾱς		ἐτιμάου	ἐτιμῶ
	3.	ἐτίμαε(ν)	ἐτίμᾱ		ἐτιμάετο	ἐτιμᾶτο
	Pl. 1.	ἐτιμάομεν	ἐτιμῶμεν		ἐτιμαόμεθα	ἐτιμώμεθα
	2.	ἐτιμάετε	ἐτιμᾶτε		ἐτιμάεσθε	ἐτιμᾶσθε
	3.	ἐτίμαον	ἐτίμων		ἐτιμάοντο	ἐτιμῶντο
Konjunktiv	S. 1.	τιμάω	τιμῶ		τιμάωμαι	τιμῶμαι
	2.	τιμάῃς	τιμᾷς		τιμάῃ	τιμᾷ
	3.	τιμάῃ	τιμᾷ		τιμάηται	τιμᾶται
	Pl. 1.	τιμάωμεν	τιμῶμεν		τιμαώμεθα	τιμώμεθα
	2.	τιμάητε	τιμᾶτε		τιμάησθε	τιμᾶσθε
	3.	τιμάωσι(ν)	τιμῶσι(ν)		τιμάωνται	τιμῶνται
Optativ	S. 1.	τιμάοιμι	τιμῷμι	-ῴην	τιμαοίμην	τιμῴμην
	2.	τιμάοις	τιμῷς	-ῴης	τιμάοιο	τιμῷο
	3.	τιμάοι	τιμῷ	-ῴη	τιμάοιτο	τιμῷτο
	Pl. 1.	τιμάοιμεν	τιμῷμεν	-ῴημεν	τιμαοίμεθα	τιμῴμεθα
	2.	τιμάοιτε	τιμῷτε	-ῴητε	τιμάοισθε	τιμῷσθε
	3.	τιμάοιεν	τιμῷεν		τιμάοιντο	τιμῷντο
Imperativ	S. 2.	τίμαε	τίμᾱ		τιμάου	τιμῶ
	3.	τιμαέτω	τιμάτω		τιμαέσθω	τιμάσθω
	Pl. 2.	τιμάετε	τιμᾶτε		τιμάεσθε	τιμᾶσθε
	3.	τιμαόντων	τιμώντων		τιμαέσθων	τιμάσθων
Inf.		τιμάειν	τιμᾶν		τιμάεσθαι	τιμᾶσθαι
Particip		τιμάων	τιμῶν, G.	-ῶντος	τιμαόμενος	τιμώμενος
		τιμάουσα	τιμῶσα,	-ώσης	τιμαομένη	τιμωμένη
		τιμάον	τιμῶν,	-ῶντος	τιμαόμενον	τιμώμενον

Anm. 1. Da die Endung des Inf. Akt. aus ε-εν kontrahiert ist, also kein urspr. ι enthält, so lautet er τιμᾶν (nicht τιμᾷν) u. δουλοῦν (nicht δουλοῖν).

der Verba contracta.

2. Paradigma ποιέω: ich thue.

ε + ε giebt ει,
ε + ο giebt ου,
ε vor langem Vokal oder Diphthong wird verschlungen. 80

		Aktivum			Med. u. Pass.	
Indikativ	S. 1.	ποιέω	ποιῶ		ποιέομαι	ποιοῦμαι
	2.	ποιέεις	ποιεῖς		ποιέῃ (-ει)	ποιῇ (-εῖ)
	3.	ποιέει	ποιεῖ		ποιέεται	ποιεῖται
	Pl. 1.	ποιέομεν	ποιοῦμεν		ποιεόμεθα	ποιούμεθα
	2.	ποιέετε	ποιεῖτε		ποιέεσθε	ποιεῖσθε
	3.	ποιέουσι(ν)	ποιοῦσι(ν)		ποιέονται	ποιοῦνται
Imperfekt	S. 1.	ἐποίεον	ἐποίουν		ἐποιεόμην	ἐποιούμην
	2.	ἐποίεες	ἐποίεις		ἐποιέου	ἐποιοῦ
	3.	ἐποίεε(ν)	ἐποίει		ἐποιέετο	ἐποιεῖτο
	Pl. 1.	ἐποιέομεν	ἐποιοῦμεν		ἐποιεόμεθα	ἐποιούμεθα
	2.	ἐποιέετε	ἐποιεῖτε		ἐποιέεσθε	ἐποιεῖσθε
	3.	ἐποίεον	ἐποίουν		ἐποιέοντο	ἐποιοῦντο
Konjunktiv	S. 1.	ποιέω	ποιῶ		ποιέωμαι	ποιῶμαι
	2.	ποιέῃς	ποιῇς		ποιέῃ	ποιῇ
	3.	ποιέῃ	ποιῇ		ποιέηται	ποιῆται
	Pl. 1.	ποιέωμεν	ποιῶμεν		ποιεώμεθα	ποιώμεθα
	2.	ποιέητε	ποιῆτε		ποιέησθε	ποιῆσθε
	3.	ποιέωσι(ν)	ποιῶσι(ν)		ποιέωνται	ποιῶνται
Optativ	S. 1.	ποιέοιμι	ποιοῖμι	-οίην	ποιεοίμην	ποιοίμην
	2.	ποιέοις	ποιοῖς	-οίης	ποιέοιο	ποιοῖο
	3.	ποιέοι	ποιοῖ	-οίη	ποιέοιτο	ποιοῖτο
	Pl. 1.	ποιέοιμεν	ποιοῖμεν	-οίημεν	ποιεοίμεθα	ποιοίμεθα
	2.	ποιέοιτε	ποιοῖτε	-οίητε	ποιέοισθε	ποιοῖσθε
	3.	ποιέοιεν	ποιοῖεν		ποιέοιντο	ποιοῖντο
Imperativ	S. 2.	ποίεε	ποίει		ποιέου	ποιοῦ
	3.	ποιεέτω	ποιείτω		ποιεέσθω	ποιείσθω
	Pl. 2.	ποιέετε	ποιεῖτε		ποιέεσθε	ποιεῖσθε
	3.	ποιεόντων	ποιούντων		ποιεέσθων	ποιείσθων
Inf.		ποιέειν	ποιεῖν		ποιέεσθαι	ποιεῖσθαι
Particip		ποιέων	ποιῶν, G.	-οῦντος	ποιεόμενος	ποιούμενος
		ποιέουσα	ποιοῦσα,	-ούσης	ποιεομένη	ποιουμένη
		ποιέον	ποιοῦν,	-οῦντος	ποιεόμενον	ποιούμενον

Anm. 2. Im Optativ sind im Sing. die Formen mit η, im Plur. die Formen ohne η vorherrschend.

3. Paradigma δουλόω: ich knechte.

ο + ε od. ο od. ου giebt ου,
ο + η od. ω giebt ω,
ο + ι = Diphthong (ει, οι, ῃ) giebt οι.

80

		Aktivum		Med. u. Pass.	
Indikativ	S. 1.	δουλόω	δουλῶ	δουλόομαι	δουλοῦμαι
	2.	δουλόεις	δουλοῖς	δουλόῃ (-ει)	δουλοῖ
	3.	δουλόει	δουλοῖ	δουλόεται	δουλοῦται
	Pl. 1.	δουλόομεν	δουλοῦμεν	δουλοόμεθα	δουλούμεθα
	2.	δουλόετε	δουλοῦτε	δουλόεσθε	δουλοῦσθε
	3.	δουλόουσι(ν)	δουλοῦσι(ν)	δουλόονται	δουλοῦνται
Imperfekt	S. 1.	ἐδούλοον	ἐδούλουν	ἐδουλοόμην	ἐδουλούμην
	2.	ἐδούλοες	ἐδούλους	ἐδουλόου	ἐδουλοῦ
	3.	ἐδούλοε(ν)	ἐδούλου	ἐδουλόετο	ἐδουλοῦτο
	Pl. 1.	ἐδουλόομεν	ἐδουλοῦμεν	ἐδουλοόμεθα	ἐδουλούμεθα
	2.	ἐδουλόετε	ἐδουλοῦτε	ἐδουλόεσθε	ἐδουλοῦσθε
	3.	ἐδούλοον	ἐδούλουν	ἐδουλόοντο	ἐδουλοῦντο
Konjunktiv	S. 1.	δουλόω	δουλῶ	δουλόωμαι	δουλῶμαι
	2.	δουλόῃς	δουλοῖς	δουλόῃ	δουλοῖ
	3.	δουλόῃ	δουλοῖ	δουλόηται	δουλῶται
	Pl. 1.	δουλόωμεν	δουλῶμεν	δουλοώμεθα	δουλώμεθα
	2.	δουλόητε	δουλῶτε	δουλόησθε	δουλῶσθε
	3.	δουλόωσι(ν)	δουλῶσι(ν)	δουλόωνται	δουλῶνται
Optativ	S. 1.	δουλόοιμι	δουλοῖμι -οίην	δουλοοίμην	δουλοίμην
	2.	δουλόοις	δουλοῖς -οίης	δουλόοιο	δουλοῖο
	3.	δουλόοι	δουλοῖ -οίη	δουλόοιτο	δουλοῖτο
	Pl. 1.	δουλόοιμεν	δουλοῖμεν -οίημεν	δουλοοίμεθα	δουλοίμεθα
	2.	δουλόοιτε	δουλοῖτε -οίητε	δουλόοισθε	δουλοῖσθε
	3.	δουλόοιεν	δουλοῖεν	δουλόοιντο	δουλοῖντο
Imperativ	S. 2.	δούλοε	δούλου	δουλόου	δουλοῦ
	3.	δουλοέτω	δουλούτω	δουλοέσθω	δουλούσθω
	Pl. 2.	δουλόετε	δουλοῦτε	δουλόεσθε	δουλοῦσθε
	3.	δουλοόντων	δουλούντων	δουλοέσθων	δουλούσθων
Inf.		δουλόειν	δουλοῦν	δουλόεσθαι	δουλοῦσθαι
Particip		δουλόων	δουλῶν, G. -οῦντος	δουλοόμενος	δουλούμενος
		δουλόουσα	δουλοῦσα, -ούσης	δουλοομένη	δουλουμένη
		δουλόον	δουλοῦν, -οῦντος	δουλοόμενον	δουλούμενον

Anm. 3. Über den Inf. Akt. δουλοῦν s. Anm. 1, S. 54.

Anm. 4. Kontrahierte Formen der 3. P. Sing. haben kein ν ἐφελκ.: ἐτίμα, ἐποίει, ἐδούλου.

2. Verba muta.

§ 81. Ihre Tempusbildung erfolgt durch dieselben Bildesilben und Endungen wie die der Verba vocalia. Besondere Beachtung erfordert nur die Art, wie sich jene Tempuselemente gemäß den Lautgesetzen mit dem Stammauslaut verbinden. 81

1. Bei den Dentalstämmen muß vor σ und κ der auslautende Dental schwinden (vgl. ἐλπίσιν, § 39, 1), vor andern Dentalen und μ in σ übergehen.

Anm. Bei σπένδω muß überall Ersatzdehnung eintreten (§ 13): σπένδω, σπείσω, ἔσπεισα, (ἔσπεικα), ἔσπεισμαι, ἐσπείσθην.

2. Bei den Guttural- und Labialstämmen wird

mit σ jeder Guttural zu ξ, jeder Labial zu ψ (vgl. § 38),
vor μ " " " γ, " " " μ,
vor τ " " " κ, " " " π,
vor θ " " " χ, " " " φ.

Diesen Stämmen fehlt das Perf. Akt. I. auf -κα; wenn sie überhaupt ein aktives Perfekt haben, so ist es das Perf. II. (§ 87).

3. Übersicht der Tempusbildung der Verba muta.

	γυμνάδ- übe	ἁρμοτ- füge	πρᾱγ- thue	κρυφ- verberge
Akt. Präs.	γυμνάζω	ἁρμόττω	πράττω	κρύπ-τω
Fut.	γυμνά-σω	ἁρμό-σω	πράξω	κρύψω
Aor.	ἐγύμνα-σα	ἥρμο-σα	ἔπραξα	ἔκρυψα
Perf.	γεγύμνα-κα	ἥρμο-κα	(§ 87, 3. b)	(§ 87, 3. a)
M.-P. Perf.	γεγύμνασ-μαι	ἥρμοσ-μαι	πέπραγ-μαι	κέκρυμ-μαι
Pass. Aor.	ἐγυμνάσ-θην	ἡρμόσ-θην	ἐπράχ-θην	ἐκρύφ-θην
Fut. III.	—	—	πεπράξομαι	κεκρύψομαι
Verbaladj.	γυμνασ-τός γυμνασ-τέος	ἁρμοσ-τός ἁρμοσ-τέος	πρακ-τός πρακ-τέος	κρυπ-τός κρυπ-τέος

§ 82. Flexion des Perf. und Plusquamperf. Med.-Pass.

1. Da der Stammauslaut sich dem Anlaut der Endungen assimilieren muß und σ zwischen zwei Konsonanten ausgestoßen wird, so ergeben sich als einzig mögliche Verbindungen: 82

bei Dentalstämmen	bei Gutturalst.	bei Labialstämmen
σμ	γμ	μμ
σ	ξ	ψ
στ	κτ	πτ
σθ	χθ	φθ.

2. In der 3. Person Plur. können die Endungen -νται und -ντο nicht an konsonantische Stämme treten; deshalb findet hier immer Umschreibung durch das Participium Perf. Pass. statt,

im Perf. mit εἰσί(ν), Neutr. ἐστί(ν),
im Plqpf. mit ἦσαν, Neutr. ἦν.

3. Paradigmata.

	Ind. Perf.	Plusquamperf.	Imper. Perf.	Inf. und Part.
ψεύδω täusche, St. ψευδ-	ἔψευσ-μαι ἔψευ-σαι ἔψευσ-ται ἐψεύσ-μεθα ἔψευ-σθε ἐψευσ-μένοι εἰσί(ν)	ἐψεύσ-μην ἔψευ-σο ἔψευσ-το ἐψεύσ-μεθα ἔψευ-σθε ἐψευσ-μένοι ἦσαν	 ἔψευ-σο ἐψεύ-σθω ἔψευ-σθε ἐψεύ-σθων	ἐψεῦ-σθαι ἐψευσ-μένος ἐψευσ-μένη ἐψευσ-μένον
πράττω thue, St. πρᾱγ-	πέπρᾱγ-μαι πέπραξαι πέπρακ-ται πεπράγ-μεθα πέπραχ-θε πεπραγ-μένοι εἰσί(ν)	ἐπεπράγ-μην ἐπέπραξο ἐπέπρακ-το ἐπεπράγ-μεθα ἐπέπραχ-θε πεπραγ-μένοι ἦσαν	 πέπρᾶξο πεπράχ-θω πέπραχ-θε πεπράχ-θων	πεπρᾶχ-θαι πεπρᾱγ-μένος πεπραγ-μένη πεπραγ-μένον
γράφω schreibe, St. γρᾰφ-	γέγρᾰμ-μαι γέγραψαι γέγραπ-ται γεγράμ-μεθα γέγραφ-θε γεγραμ-μένοι εἰσί(ν)	ἐγεγράμ-μην ἐγέγραψο ἐγέγραπ-το ἐγεγράμ-μεθα ἐγέγραφ-θε γεγραμ-μένοι ἦσαν	 γέγρᾰψο γεγράφ-θω γέγραφ-θε γεγράφ-θων	γεγράφ-θαι γεγρᾰμ-μένος γεγραμ-μένη γεγραμ-μένον

4. Die drei Verba στρέφω drehe, τρέπω wende, τρέφω ernähre, verwandeln ihr stammhaftes ε in ᾰ:

ἔστραμμαι, τέτραμμαι, τέθραμμαι (§ 21, 2).

5. Konsonantenanhäufungen werden vermieden; z. B. in πέπεμμαι, πεπεμμένος (statt πέπεμπ-μαι, πεπεμπ-μένος) von πέμπω, u. ä.

3. Verba liquida.

§ 83. Futurum und Aorist I. Akt.-Med.

1. Das Futurum fügt an den Verbalstamm die Endungen 83
(-έσω, -έω): -ῶ, -εῖς u. s. f.,
nach der Art der Verba contracta auf -έω (Futurum contractum); s. 3.

2. Im Aor. I. tritt in der letzten Stammsilbe Ersatzdehnung ein. Dadurch wird

ᾰ nach ι, ϱ zu ᾱ:	μιαίνω	beflecke,	St. μιᾰν-	F. μιᾰνῶ,	A. ἐμίᾱνα,
	περαίνω	vollende,		περᾰν-	περᾰνῶ,	ἐπέρᾱνα,
sonst zu η:	φαίνω	zeige,		φᾰν-	φᾰνῶ,	ἔφηνα,
ε zu ει:	δέρω	schinde,		δερ-	δερῶ,	ἔδειρα,
ῐ zu ῑ:	κρίνω	richte,		κρῐν-	κρῐνῶ,	ἔκρῑνα,
ῠ zu ῡ:	ἀμύνω	wehre ab,		ἀμῠν-	ἀμῠνῶ,	ἤμῡνα.

3. Paradigma: στέλλω sende.

		Indikativ	Konjunktiv	Optativ	Imperativ	Inf. u. Part.
Futurum	Aktivum	στελ-ῶ στελ-εῖς στελ-εῖ στελ-οῦ-μεν στελ-εῖ-τε στελ-οῦσι(ν)		στελ-οῖ-μι -οίη-ν στελ-οῖ-ς -οίη-ς στελ-οῖ -οίη στελ-οῖ-μεν στελ-οῖ-τε στελ-οῖε-ν		στελ-εῖν στελ-ῶ, -οῦντος στελ-οῦσα, -ούσης στελ-οῦν, -οῦντος
	Medium	στελ-οῦ-μαι στελ-ῇ, (-εῖ) στελ-εῖ-ται στελ-ού-μεθα στελ-εῖ-σθε στελ-οῦ-νται		στελ-οί-μην στελ-οῖ-ο στελ-οῖ-το στελ-οί-μεθα στελ-οῖ-σθε στελ-οῖ-ντο		στελ-εῖ-σθαι στελ-ού-μενος στελ-ου-μένη στελ-ού-μενον
Aorist	Aktivum	ἔ-στειλα ἔ-στειλα-ς ἔ-στειλε(ν) ἐ-στείλα-μεν ἐ-στείλα-τε ἔ-στειλα-ν	στείλω στείλῃς στείλῃ στείλω-μεν στείλη-τε στείλωσι(ν)	στείλαι-μι στείλαι-ς, -ειας στείλαι, -ειε(ν) στείλαι-μεν στείλαι-τε στείλαιε-ν, -ειαν	 στεῖλον στειλά-τω στείλα-τε στειλά-ντων	στεῖλαι στείλας, -αντος στείλασα, -άσης στεῖλαν, -αντος
	Medium	ἐ-στειλά-μην ἐ-στείλω ἐ-στείλα-το ἐ-στειλά-μεθα ἐ-στείλα-σθε ἐ-στείλα-ντο	στείλω-μαι στείλῃ στείλη-ται στειλώ-μεθα στείλη-σθε στείλω-νται	στειλαί-μην στείλαι-ο στείλαι-το στειλαί-μεθα στείλαι-σθε στείλαι-ντο	 στεῖλαι στειλά-σθω στείλα-σθε στειλά-σθων	στείλα-σθαι στειλά-μενος στειλα-μένη στειλά-μενον

§ 84. Die übrigen Tempora.

84 1. Sie folgen der gewöhnlichen Tempusbildung; nur ist dabei zu merken:

a) auslautendes ν vor κ wird zu γ;

b) auslautendes ν vor μ wird zu σ;

c) σ zwischen zwei Konsonanten wird ausgestoßen;

d) das ε einsilbiger Stämme wird zu α (vgl. § 11, 3. extr.).

2. Übersicht der Tempusbildung der Verba liquida.

Stämme	φᾰν- zeige	ἀγγελ- melde	στελ- sende	σπερ- säe
Akt. Präs.	φαίνω	ἀγγέλλω	στέλλω	σπείρω
Fut.	φᾰν-ῶ, -εῖς	ἀγγελ-ῶ, -εῖς	στελ-ῶ, -εῖς	σπερ-ῶ,-εῖς
Aor.	ἔ-φηνα	ἤγγειλα	ἔ-στειλα	ἔ-σπειρα
Perf.	πέ-φαγ-κα	ἤγγελ-κα	ἔ-σταλ-κα	ἔ-σπαρ-κα
M.-P. Perf.	πέ-φασ-μαι	ἤγγελ-μαι	ἔ-σταλ-μαι	ἔ-σπαρ-μαι
Pass. Aor.	ἐ-φάν-θην	ἠγγέλ-θην	ἐ-στάλ-ην	ἐ-σπάρ-ην (§ 88, 3)
Verbaladj.	φαν-τός	ἀγγελ-τός	σταλ-τός	σπαρ-τός
	φαν-τέος	ἀγγελ-τέος	σταλ-τέος	σπαρ-τέος

3. Flexion des Perf. und Plusquamperf. Medii und Passivi.

	Ind. Perf.	Plusquamperf.	Imper. Perf.	Inf. und Part.
φαίνω zeige, St. φαν-	πέφασ-μαι	ἐπεφάσ-μην		πεφάν-θαι
	πέφαν-σαι	ἐπέφαν-σο	πέφαν-σο	
	πέφαν-ται	ἐπέφαν-το	πεφάν-θω	
	πεφάσ-μεθα	ἐπεφάσ-μεθα		πεφασ-μένος
	πέφαν-θε	ἐπέφαν-θε	πέφαν-θε	πεφασ-μένη
	πεφασ-μένοι εἰσί(ν)	πεφασ-μένοι ἦσαν	πεφάν-θων	πεφασ-μένον
ἀγγέλλω melde, St. ἀγγελ-	ἤγγελ-μαι	ἠγγέλ-μην		ἠγγέλ-θαι
	ἤγγελ-σαι	ἤγγελ-σο	ἤγγελ-σο	
	ἤγγελ-ται	ἤγγελ-το	ἠγγέλ-θω	
	ἠγγέλ-μεθα	ἠγγέλ-μεθα		ἠγγελ-μένος
	ἤγγελ-θε	ἤγγελ-θε	ἤγγελ-θε	ἠγγελ-μένη
	ἠγγελ-μένοι εἰσί(ν)	ἠγγελ-μένοι ἦσαν	ἠγγέλ-θων	ἠγγελ-μένον

4. Von Verba liquida wird kein Fut. exaktum gebildet.

5. Über βάλλω, κλίνω, κρίνω, τείνω s. § 91, 4. 6. 7 m. A.

4. Tempora secunda.

1. Der Aoristus II. Aktivi und Medii.

§ 85. 1. Bildesilbe sind -ο und -ε am Verbalstamm, so daß 85
die Ausgänge im Indikativ mit dem Imperfekt,
sonst mit den entsprechenden Formen des Präsens
übereinstimmen; nur vier Formen zeigen abweichenden Accent, nämlich
im Akt. der Infinitiv und das Particip: βαλεῖν, βαλών,
im Med. die 2. Sing. Imper. und der Inf.: βαλοῦ, βαλέσθαι.

Anm. Auch die Komposita betonen in diesen Formen den Bildevokal: ἀποβαλεῖν, ἀποβαλών, ἀποβαλοῦ, ἀποβαλέσθαι.

2. Paradigma.

	Indikativ	Konjunktiv	Optativ	Imperativ	Inf. u. Part.
Aktivum	ἔ-βαλ-ο-ν	βάλ-ω	βάλ-οι-μι		
	ἔ-βαλ-ε-ς	βάλ-ῃς	βάλ-οι-ς	βάλ-ε	βαλ-εῖν
	ἔ-βαλ-ε(ν)	βάλ-ῃ	βάλ-οι	βαλ-έ-τω	
	ἐ-βάλ-ο-μεν	βάλ-ω-μεν	βάλ-οι-μεν		βαλ-ών, -όντος
	ἐ-βάλ-ε-τε	βάλ-η-τε	βάλ-οι-τε	βάλ-ε-τε	βαλ-οῦσα,-ούσης
	ἔ-βαλ-ο-ν	βάλ-ωσι(ν)	βάλ-οιε-ν	βαλ-ό-ντων	βαλ-ό-ν, -όντος
Medium	ἐ-βαλ-ό-μην	βάλ-ω-μαι	βαλ-οί-μην		
	ἐ-βάλ-ου	βάλ-ῃ	βάλ-οι-ο	βαλ-οῦ	βαλ-έ-σθαι
	ἐ-βάλ-ε-το	βάλ-η-ται	βάλ-οι-το	βαλ-έ-σθω	
	ἐ-βαλ-ό-μεθα	βαλ-ώ-μεθα	βαλ-οί-μεθα		βαλ-ό-μενος
	ἐ-βάλ-ε-σθε	βάλ-η-σθε	βάλ-οι-σθε	βάλ-ε-σθε	βαλ-ο-μένη
	ἐ-βάλ-ο-ντο	βάλ-ω-νται	βάλ-οι-ντο	βαλ-έ-σθων	βαλ-ό-μενον

3. In attischer Prosa sind bes. von folgenden regelmäßigen Verben zweite Aoriste gebräuchlich:

τίκτω	gebäre,	St. τεκ-	ἔτεκον,
ἀνα-κράζω	schreie auf,	κρᾰγ-	ἀν-έκρᾰγον,
βάλλω	werfe,	βᾰλ-	ἔβᾰλον,
κατα-καίνω	töte,	κᾰν-	κατ-έκᾰνον,
ὀφείλω	schulde,	ὀφελ-	ὤφελον utinam o daß ich, mit Inf. § 169, 4. A.;

sowie mit eigentümlicher Bildung von

ἄγω	führe,	St. ἀγ-	ἤγᾰγον (Reduplikation),
τρέπομαι	wende mich,	τρεπ-	ἐτρᾰπόμην (Vokalwechsel).

Sehr zahlreich sind diese Aoriste von unregelmäßigen Verben.

2. Aoristus II. und Futurum II. Passivi.

68 § 86. 1. Bildesilbe ist bloßes -η, vor Vok. und ντ bloßes -ε am Verbalstamm. Die Flexion ist ganz dieselbe, wie im Aor. und Fut. I. Pass. (§ 78, 8); nur wird in der 2. P. Sing. Imper. die Endung -θι nicht verändert: στάλη-θι.

2. Mehrere Aor. II. haben intransitive Bedeutung.

3. In attischer Prosa sind von folgenden Verben die Aor. II. fast ausschließlich im Gebrauch:

γράφω	schreibe,	St. γρᾰφ-	Aor. II. ἐγράφην,
βλάπτω	schädige,	βλᾰβ-	ἐβλάβην,
θάπτω	begrabe,	τᾰφ-	ἐτάφην,
κόπτω	schlage,	κοπ-	ἐκόπην,
σκάπτω	grabe,	σκᾰφ-	ἐσκάφην,
ἀλλάττω	ändere,	ἀλλᾰγ-	ἠλλάγην,
σφάττω	schlachte,	σφᾰγ-	ἐσφάγην,
σφάλλω	täusche,	σφᾰλ-	ἐσφάλην, paſſ. u. intr.,
μαίνομαι	rase,	μᾰν-	ἐμάνην,
φαίνομαι	erscheine,	φᾰν-	ἐφάνην.

Die Stämme mit Stammvokal ε verwandeln diesen in ᾰ:

τρέπω	wende,	St. τρεπ-	Aor. II. ἐτράπην, paſſ. u. intr.,
στρέφω	drehe,	στρεφ-	ἐστράφην, paſſ. u. intr.,
τρέφω	nähre,	τρεφ-	ἐτράφην,
δέρω	schinde,	δερ-	ἐδάρην,
κλέπτω	stehle,	κλεπ-	ἐκλάπην,
στέλλω	sende,	στελ-	ἐστάλην,
σπείρω	säe,	σπερ-	ἐσπάρην,
δια-φθείρω	verderbe,	φθερ-	δι-εφθάρην, paſſ. u. intr.;
nur συλ-λέγω	sammle,	λεγ-	hat συν-ελέγην.

Anm. 1. Unterscheide ἐφάνην erschien, von φαίνομαι erscheine, und ἐφάνθην wurde gezeigt, von φαίνω zeige.

Anm. 2. Der zweite Passivaorist kommt nur von solchen Verben vor, welche keinen zweiten Aktivaorist haben; nur τρέπω hat sämtliche Aor. Akt., Med. und Paſſ., nämlich

im Akt. ἔτρεψα und ἔτραπον ich wandte,
im Med. ἐτρεψάμην schlug in die Flucht,
und ἐτραπόμην wandte mich, ergriff die F.,
im Paſſ. ἐτρέφθην wurde gewendet,
und ἐτράπην wurde gewendet und wandte mich.

3. Perfektum II. und Plusquamperfektum II. Aktivi.

§ 87. 1. **Bildesilben** sind bloßes -α und -ει, **unmittelbar** am **reduplicierten Verbalstamm**; 67

z. B. γράφω schreibe, St. γρἄφ-, Perf. II. γέγρἄφ-α,
Plqpf. II. ἐ-γεγράφ-ειν.

Solche Perf. II. und Plqpf. II. Akt. **ohne** κ werden nur von Verba muta und einigen wenigen Verba liquida gebildet.

Die Flexion ist ganz dieselbe wie im Perf. und Plusqpf. I.:

Perf. Ind. γέγραφ-α, -ας, -ε(ν) u. s. f. Plqpf. ἐγεγράφ-ειν, -εις, -ει u. s. f.
Konj. γεγράφ-ω, -ῃς, -ῃ u. s. f. Opt. γεγράφ-οιμι, -οις, -οι u. s. f.
Inf. γεγραφ-έ-ναι Part. γεγραφ-ώς, -υῖα, -ός,
-ότος, -υίας, -ότος.

2. **Der Verbalstamm kann** im Perf. II. unverändert bleiben; häufiger aber wird er verändert, indem
entw. auslautende Gutturale und Labiale aspiriert,
od. kurze Stammvokale verändert werden,
od. indem sowohl Aspiration als Vokalwechsel eintritt.

Mehrere Perfekta II. haben **intransitive** Bedeutung.

3. Von **regelmäßigen** Verben merke besonders folgende Perf. II.:

a) **mit unverändertem Verbalstamm:**

κύπτω bücke mich, St. κῡφ- Perf. κέ-κῡφ-α,
γράφω schreibe, γρἄφ- γέ-γρἄφ-α.

b) **mit aspiriertem Stammauslaut:**

ἄγω führe, ἀγ- ἦχ-α,
τάττω ordne, τἄγ- τέ-τἄχ-α,
πράττω thue, πρᾱγ- πέ-πρᾱχ-α,
κόπτω schlage, κοπ- κέ-κοφ-α.

c) **mit verändertem Stammvokal** (vgl. § 11):

ᾰ wird zu η: μαίνομαι rase, μᾰν- μέ-μην-α bin rasend,
φαίνομαι erscheine, φᾰν- πέ-φην-α bin erschienen;
ε wird zu ο: στρέφω drehe, στρεφ- ἔ-στροφ-α,
τρέφω nähre, τρεφ- τέ-τροφ-α,
ἀπο-κτείνω töte, κτεν- ἀπ-έ-κτον-α.

d) **mit Aspiration und Ablaut:**

πέμπω schicke, πεμπ- πέ-πομφ-α,
τρέπω wende, τρεπ- τέ-τροφ-α,
κλέπτω stehle, κλεπ- κέ-κλοφ-α.

Anm. Unterscheide πέφηνα **bin erschienen**, von φαίνομαι erscheine,
und πέφαγκα **habe gezeigt**, von φαίνω zeige.

5. Besonderheiten in der Konjugation der regelmäßigen Verba auf -ω.

A. Augment und Reduplikation.

68 § 88. 1. Sechs (ursprünglich konsonantisch anlautende) Verba haben als Augment und Reduplikation nicht η, sondern ει (aus ε-ε):

ἔχω habe, ἕλκω ziehe, schleppe, ἕπομαι sequor,
ἐάω lasse zu, ἐθίζω gewöhne, ἐργάζομαι arbeite.

Z. B. εἶχον, εἷλκον, εἱπόμην — εἴων, εἴθισα, εἴθικα u. s. f.

Anm. Aus demselben Grunde haben ὠθέω (urspr. ϝωθέω) und ὠνέομαι (urspr. ϝωνέομαι) syllabisches Augment § 110, 3 und 111, 18.

2. Syllabisches und temporales Augment zugleich haben

ὁράω sehe, Impf. ἑώρων, Aor. — Pf. ἑ-ώρακα (§ 111, 6),
ἀν-οίγω öffne, ἀν-έ-ῳγον ἀν-έ-ῳξα (K. ἀν-οίξω) ἀν-έ-ῳχα (§ 87,3.b),
Pass. ἀν-ε-ῳγόμην ἀν-ε-ῴχθην ἀν-έ-ῳγμαι.
(Inf. ἀν-οιχθῆναι)

3. Ähnlich hat ἔοικα gleiche, scheine (defektives Perf. II. von εἴκω), im Plqpf. ἐῴκειν. Sein Part. ἐοικώς ähnlich, ist zu unterscheiden von εἰκός natürlich, billig, Adv. εἰκότως.

4. εἰ- statt der Reduplikationssilbe haben

διαλέγομαι unterrede mich, Pf. δι-είλεγ-μαι (Aor. δι-ελέχ-θην),
und συλ-λέγω sammle, Pf. A. συν-είλοχ-α, Pf. P. συν-είλεγ-μαι, und ähnlich das defektive Perf. II. εἴωθα, εἰώθειν bin, war gewohnt.

5. Attische Reduplikation hat ἀκούω höre: ἀκήκοα, ἠκηκόειν. Bei dieser Reduplikation treten vor das Augm. temp. die beiden ersten Laute des Stammes.

6. Einige mit Präpositionen zusammengesetzte Verba haben die Bedeutung einfacher Verba erhalten und nehmen darum das Augment vor der Präposition an:

ἐν-αντιόομαι	widersetze mich,	Impf.	ἠναντιούμην,
καθ-έζομαι	setze mich, sitze,	„	ἐκαθεζόμην,
καθ-ίζω	setze (tr.) u. setze mich,	„	ἐκάθιζον, Aor. ἐκάθισα,
καθ-εύδω	schlafe,	„	ἐκάθευδον.

7. Am Verbum und der Präposition zugleich augmentiert ἀν-έχομαι halte aus, Impf. ἠνειχόμην, Aor. ἠνεσχόμην § 111, 5.

B. Besonderheiten in der Tempusbildung.

§ 89. Futurum und Aorist.

1. Im Fut. Akt. und Med. stoßen einige Verba das σ aus und 89
kontrahieren nach Art der Verba contracta (Futurum Atticum); so

βιβάζω mache gehen, Fut. (βιβάσω): βιβῶ, -ᾷς u. s. w.
καλέω rufe, nenne, „ (καλέσω): καλῶ, -εῖς „
τελέω vollende, „ (τελέσω): τελῶ, -εῖς „

2. Die mehr als zweisilbigen Verba auf -ίζω haben immer das kontrahierte Fut. Atticum, im Akt. auf -ιῶ, -ιεῖς u. s. f., im Med. auf -ιοῦμαι, -ιῇ (-ιεῖ) u. s. f.;
z. B. νομιῶ, -εῖς, νομιοίην, νομιεῖν, νομιῶν, -οῦσα, -οῦν, νομιοῦμαι, -ῇ, νομιοίμην, νομιεῖσθαι, νομιούμενος, 3.

3. ᾱ statt η hat im Aor. das Verb. αἴρω hebe auf, St. ἀρ- (aus ἀερ-): Fut. ἀρῶ, -εῖς. Aor. ἦρα (ἄρω, ἄραιμι, ἆρον, ἆραι, ἄρας).

§ 90. Verba vocalia.

1. Unregelmäßige Länge hat χράομαι gebrauche; es bildet 90
χρήσομαι, ἐχρησάμην, κέχρημαι.

2. η statt ᾱ als Kontraktionsvokal haben ζάω lebe, u. χράομαι: also ζῶ, ζῇς, ζῇ, ζῆτε, ἔζης, ἔζη, ἐζῆτε, ζῆν, χρῶμαι, χρῇ, χρῆται, χρῆσθε, ἐχρῆτο, ἐχρῆσθε, χρῆσθαι.

3. Einsilbige Stämme auf -έ kontrahieren nur in -ει; also z. B. πλέω, πλεῖς, πλέομεν, πλέουσιν, πλέῃς, ἔπλεον, ἔπλεις, ἐπλέομεν, πλέοιμι, πλεῖν.

4. Kurzen Endvokal des Stammes in allen Tempora, und (sog. eingeschobenes) σ vor den mit -μ, -τ und -θ beginnenden Endungen im Perf., Plusqpf. u. Aor. Pass. und im Verbaladj. haben:

γελάω	lache Pass.	γελάσομαι γελασθήσομαι	ἐγέλασα ἐγελάσθην	γεγέλακα γεγέλασμαι	γελαστός lächerlich
σπάω	ziehe	σπάσω σπασθήσομαι	ἔσπασα ἐσπάσθην	ἔσπακα ἔσπασμαι	σπαστός gezogen
τελέω	vollende	τελῶ, -εῖς τελεσθήσομαι	ἐτέλεσα ἐτελέσθην	τετέλεκα τετέλεσμαι	ἀτέλεστος unvollendet
αἰδέομαι, DP.	scheue mich	αἰδέσομαι	ᾐδέσθην	ᾔδεσμαι	
ἀρκέω	genüge	ἀρκέσω	ἤρκεσα	—	

5. Kurzen Vokal in allen gebräuchlicheren Tempora, aber kein σ haben die Komposita von αἰνέω gut heißen, besonders
ἐπ-αινέω lobe, ἐπ-αινέσομαι, ἐπ-ῄνεσα, ἐπ-ῄνεκα, ἐπ-ῃνέθην,
u. παρ-αινέω rede zu, παρ-αινέσω, παρ-ῄνεσα, παρ-ῄνεκα, παρ-ῃνέθην.

6. Kurzen Vokal in einzelnen Tempora, aber kein σ haben:

δέω	binde Pass.	δήσω δεθήσομαι	ἔδησα ἐδέθην	δέδεκα δέδεμαι	δετός
θύω	opfere	θύσω τυθήσομαι	ἔθῡσα ἐτύθην § 21, 1.	τέθῠκα τέθῠμαι	
λύω	löse	λύσω λῠθήσομαι	ἔλῡσα ἐλύθην	λέλῠκα λέλῠμαι	λυτός
δύω, tr. δύομαι, intr.	hülle ein gehe unter	δύσω δῠθήσομαι δύσομαι	ἔδῡσα ἐδύθην ἔδῡν § 101.	— δέδῠμαι δέδῡκα	

7. σ nach langem Vokal oder Diphthong entweder in allen, oder in einzelnen Passivformen haben:

κελεύω	befehle,	κεκέλευσμαι,	ἐκελεύσθην,	κελευστός,
κλείω (κλῄω)	schließe,	κέκλειμαι,	ἐκλείσθην,	κλειστός,
χρίω	salbe,	κέχρῑμαι,	ἐχρίσθην,	χρῑστός,
χράομαι	gebrauche,	κέχρημαι, med.,	ἐχρήσθην, pass.,	χρηστός.

§ 91. Verba mit verschiedenen der genannten Besonderheiten und (nicht
91 wesentlich) verschiedenen Nebenstämmen.

1. ἕλκω	schleppe	ἑλκ ἑλκυ(σ)	ἕλξω ἑλκυσθήσομαι	εἵλκῠσα εἱλκύσθην	εἵλκυκα εἵλκυσμαι
2. καίω κάω stets unkontrahiert	verbrenne (oft κατα-)	και κᾱ καυ	καύσω καυθήσομαι	ἔκαυσα ἐκαύθην	κέκαυκα κέκαυμαι ἄκαυ(σ)τος
3. σῴζω Med. Pass.	rette rette mir werde gerettet u. rette mich	σῳδ σω	σώσω σώσομαι σωθήσομαι	ἔσωσα ἐσωσάμην ἐσώθην	σέσωκα σέσῳσμαι (σέσω[σ]μαι)
4. βάλλω	werfe	βαλ βλη	βᾰλῶ, -εῖς βᾰλοῦμαι, -ῇ βληθήσομαι	ἔβᾰλον ἐβᾰλόμην ἐβλήθην	βέβληκα } βέβλημαι
5. καλέω	rufe, nenne Med. Pass.	καλ κλη	καλῶ, -εῖς καλοῦμαι, -ῇ κληθήσομαι	ἐκάλεσα ἐκαλεσάμην ἐκλήθην	κέκληκα κέκλημαι κέκλημαι heiße
6. κρίνω	scheide, richte Pass.	κρῐν κρῐ	κρῐνῶ, -εῖς κρῐθήσομαι	ἔκρῑνα ἐκρίθην	κέκρῐκα κέκρῐμαι
7. τείνω	spanne Pass.	τεν τᾰ	τενῶ, -εῖς τᾰθήσομαι	ἔτεινα ἐτάθην	τέτᾰκα τέτᾰμαι

Anm. Wie καίω geht κλαίω, wie κρίνω geht κλίνω: § 96, 45. 49.

C. Besonderheiten im Gebrauch der Genera Verbi.

§ 92. Transitive und intransitive Bedeutung.

Wenn ein Schwanken zwischen transitiver und intransitiver Bedeutung bei den Formen eines Verbums stattfindet, so haben 92
Aor. I. und Perf. I. die transitive Bedeutung des Aktivs,
Aor. II. und Perf. II. die intransit. Bed. des med. Passivs (§ 94, 3);
wo nur Ein Perfekt vorkommt, ist dasselbe intransitiv. Z. B.

φαίνω	zeige	F. *φανῶ, -εῖς*	A. *ἔφηνα*	Pf. *πέφαγκα*
φαίνομαι	erscheine	*φανοῦμαι, -ῇ*	*ἐφάνην*	*πέφηνα*
δύω	hülle ein	*δύσω*	*ἔδῡσα*	—
δύομαι	hülle mich ein	*δύσομαι*	*ἔδῡν* (§ 101)	*δέδῡκα*
ἐνδύω	ziehe an	*ἐνδύσω*	*ἐνέδυσα*	—
ἐνδύομαι	ziehe mich an	*ἐνδύσομαι*	*ἐνέδυν*	*ἐνδέδυκα*
καταδύω	versenke	*καταδύσω*	*κατέδυσα*	—
καταδύομαι	versinke	*καταδύσομαι*	*κατέδυν*	*καταδέδυκα*
φύω	erzeuge	*φύσω*	*ἔφυσα*	—
φύομαι	entstehe	*φύσομαι*	*ἔφυν* (§ 101)	*πέφῡκα* bin von Natur.

Vgl. *ἵστημι* § 99, 2 und § 105, 9–11. 107, 1. 2.

§ 93. Futura Media in aktiver und passiver Bedeutung.

1. Viele aktive Verba haben ein mediales Fut. in **aktiver** Bedeutg.; 93

z. B. *ἀκούω* höre, *ἀκούσομαι* *γελάω* lache, *γελάσομαι*
βοάω rufe, *βοήσομαι* *διώκω* verfolge, *διώξομαι*, u. a.

2. Manche aktive Verba verwenden das mediale Fut. in **passiver** Bedeutung; so

ἀξιώσομαι werde gewürdigt werden, *βλάψομαι* werde geschädigt w.,
πολιορκήσομαι werde belagert w., *ὠφελήσομαι* werde förd. w., u. a.

3. Einzelne Verba verwenden als **Futurum Passivi** sowohl die mediale als die passive Form;

z. B. *ἀπο-στερήσομαι* und *ἀποστερηθήσομαι* werde beraubt w.,
τιμήσομαι und *τιμηθήσομαι* werde geehrt w., u. a.

§ 94. Deponentia und Medialpassiva.

1. Von **Deponentia media** (§ 71, 3. Anm.) hat der passive Aor. passive, das Perf. sowohl aktive als passive Bedeutung; 94

z. B. *αἰτιάομαι* beschuldige: *ᾐτιασάμην* beschuldigte, *ᾐτιάθην* wurde besch.;
ᾐτίαμαι habe besch. u. bin besch. worden.

So *βιάζομαι* zwinge, *ἰάομαι* heile, *μιμέομαι* ahme nach,
δέχομαι nehme auf, *λογίζομαι* erwäge, *χειρόομαι* überwältige,
ἐργάζομαι arbeite, *μέμφομαι* tadle, *ἐν-τέλλομαι* trage auf,
ἀπο-κρίνομαι antworte, *μετα-πέμπομαι* hole, *κατα-στρέφομαι* unterwerfe.

2. **Deponentia passiva** (§ 71, 3. Anm.) sind besonders Verba der Bewegung, der Gemütsbewegung und des Denkens. Sie haben meist mediales Futurum.

Z. B.	ἐναντιόομαι	trete entgegen	ἐναντιώσομαι	ἠναντιώθην
	ἐράω, ἔραμαι	liebe	ἐρασθήσομαι	ἠράσθην
	ἥδομαι	freue mich	ἡσθήσομαι	ἥσθην
	ἡττάομαι	unterliege	ἡττήσομαι	ἡττήθην
	ἐν-θυμέομαι	erwäge	ἐν-θυμήσομαι	ἐν-εθυμήθην
	προ-θυμέομαι	bin willig	προ-θυμήσομαι	προ-εθυμήθην
	δια-νοέομαι	beabsichtige	δια-νοήσομαι	δι-ενοήθην
	πειράομαι	versuche	πειράσομαι	ἐπειράθην.

Manche unregelmäßige Verba, bes. § 110.

3. **Medialpassiva.** Manche direkte Media (§ 162, 1) sind aus der reflexiven in die intransitive und passive Bedeutung übergegangen; demgemäß bilden sie einzelne Tempora passiv und heißen auch Medial-Passiva.

Z. B.	αἰσχύνω	beschäme	P. schäme mich	αἰσχυνοῦμαι, -ῇ	ᾐσχύνθην
	κοιμάω	bringe z. Ruhe	schlafe ein	κοιμήσομαι	ἐκοιμήθην
	ὀργίζω	erzürne	zürne	ὀργιοῦμαι, -ῇ	ὠργίσθην
	ὁρμάω	treibe an	breche auf	ὁρμήσομαι	ὡρμήθην
	πείθω	überrede	gehorche	πείσομαι	ἐπείσθην
	πλανάω	führe irre	irre umher	πλανήσομαι	ἐπλανήθην
	πορεύω	bringe	marschiere, reise	πορεύσομαι	ἐπορεύθην
	φοβέω	schrecke	erschrecke, fürchte mich	φοβήσομαι	ἐφοβήθην
	φαίνω	zeige	erscheine	φανοῦμαι, -ῇ u. φανήσομαι	ἐφάνην.

Der Dual in Deklination und Konjugation.

95 § 95. 1. **Der Dual in der Deklination** hat nur zwei Kasusformen,
die eine für Nom., Acc. und Vok.,
die andere für Gen. und Dat.

Seine Ausgänge, beziehungsweise Endungen sind

	im N. A. V.	im G. D.
in der I. Dekl.	-ᾱ,	-αιν,
II.	-ω,	-οιν,
III.	-ε,	-οιν.

Z. B. τὼ χώρα, τοῖν χώραιν — τὼ τιμά, τοῖν τιμαῖν.
τὼ θεώ, τοῖν θεοῖν — τὼ ἀνθρώπω, τοῖν ἀνθρώποιν.
τὼ θῆρε, τοῖν θηροῖν — τὼ φύλακε, τοῖν φυλάκοιν.
τὼ ἄνδρε, τοῖν ἀνδροῖν — τὼ γυναῖκε, τοῖν γυναικοῖν.
τὼ χεῖρε, τοῖν χεροῖν — τὼ ὦτε, τοῖν ὤτοιν (50, 12; 36, 7. c.)
τὼ πόλει, τοῖν πολέοιν — τὼ σκέλει, τοῖν τειχοῖν.

Anm. Vom Artikel wird meist τώ, τοῖν statt τά, ταῖν gebraucht.

2. **Der Dual in der Konjugation** hat ebenfalls nur zwei besondere Endungen für die 2. u. 3. Person, während die 1. Person des Duals immer mit der 1. Person Pl. zusammenfällt.

Die Endungen sind

		i. Akt. u. Aor. Pass.	i. Med. u. Pass.
1. in den Haupttempora u. Konjunktiven	2. P.	-τον	-σθον
	3. P.	-τον	-σθον
2. in den Nebentempora u. Optativen od. den Augmentformen	2. P.	-τον	-σθον
	3. P.	-την	-σθην
3. in den Imperativen	2. P.	-τον	-σθον
	3. P.	-των	-σθων; also

Aktivum: Präs.	Ind.	παιδεύω	παιδεύε-τον	παιδεύε-τον
	Impf.	ἐπαίδευον	ἐπαιδεύε-τον	ἐπαιδευέ-την
	Konj.	παιδεύω	παιδεύη-τον	παιδεύη-τον
	Opt.	παιδεύοιμι	παιδεύοι-τον	παιδευοί-την
	Imp.	παίδευε	παιδεύε-τον	παιδευέ-των
Aor.	Ind.	ἐπαίδευσα	ἐπαιδεύσα-τον	ἐπαιδευσά-την
	Konj.	παιδεύσω	παιδεύση-τον	παιδεύση-τον
	Opt.	παιδεύσαιμι	παιδεύσαι-τον	παιδευσαί-την
	Imp.	παίδευσον	παιδεύσα-τον	παιδευσά-των
Aor. Pass.	Ind.	ἐπαιδεύθην	ἐπαιδεύθη-τον	ἐπαιδευθή-την
	Konj.	παιδευθῶ	παιδευθῆ-τον	παιδευθῆ-τον
	Opt.	παιδευθείην	παιδευθεῖ-τον	παιδευθεί-την
	Imp.	παιδεύθητι	παιδεύθη-τον	παιδευθή-των
Med.-Pass. Präs.	Ind.	παιδεύομαι	παιδεύε-σθον	παιδεύε-σθον
	Impf.	ἐπαιδευόμην	ἐπαιδεύε-σθον	ἐπαιδευέ-σθην
	Konj.	παιδεύωμαι	παιδεύη-σθον	παιδεύη-σθον
	Opt.	παιδευοίμην	παιδεύοι-σθον	παιδευοί-σθην
	Imp.	παιδεύου	παιδεύε-σθον	παιδευέ-σθων
Perf.	Ind.	πεπαίδευμαι	πεπαίδευ-σθον	πεπαίδευ-σθον
	Plqpf.	ἐπεπαιδεύμην	ἐπεπαίδευ-σθον	ἐπεπαιδεύ-σθην
	Imp.	πεπαίδευσο	πεπαίδευ-σθον	πεπαιδεύ-σθων
Aor. Med.	Ind.	ἐπαιδευσάμην	ἐπαιδεύσα-σθον	ἐπαιδευσά-σθην
	Konj.	παιδεύσωμαι	παιδεύση-σθον	παιδεύση-σθον
	Opt.	παιδευσαίμην	παιδεύσαι-σθον	παιδευσαί-σθην
	Imp.	παίδευσαι	παιδεύσα-σθον	παιδευσά-σθων.

Ebenso bei den Verba auf -μι.

96

§ 96. Übersicht der Tempusbildung

Präsens		Verbalstamm	Futurum	Aoristus Akt.
a. Verba vocalia.				
1. παιδεύω	erziehe	παιδευ-	παιδεύσω	ἐπαίδευσα
2. θηράω	jage	θηρᾱ- } § 79.	θηρᾱ́σω	ἐθήρᾱσα
3. τιμάω	ehre	τιμη-	τιμήσω	ἐτίμησα
4. ποιέω	thue	ποιη-	ποιήσω	ἐποίησα
5. δουλόω	knechte	δουλω-	δουλώσω	ἐδούλωσα
b. Verba muta.				
6. γυμνάζω	übe	γυμνᾰδ-	γυμνᾰ́σω	ἐγύμνᾰσα
7. ἁρμόττω	füge	ἁρμοτ-	ἁρμόσω	ἥρμοσα
8. πείθω	überrede	πειθ-	πείσω	ἔπεισα
9. πείθομαι	gehorche	πειθ-	πείσομαι	
10. ψεύδω	täusche	ψευδ-	ψεύσω	ἔψευσα
11. ψεύδομαι	lüge	ψευδ-	ψεύσομαι	ἐψευσάμην log
12. σπένδω	spende	σπενδ-	σπείσω § 13.	ἔσπεισα
13. πράττω	thue	πρᾱγ-	πρᾱ́ξω	ἔπρᾱξα
14. τάττω	ordne	τᾰγ-	τᾰ́ξω	ἔτᾰξα
15. ἄρχω	herrsche, beginne	ἀρχ-	ἄρξω	ἦρξα
16. ἄγω	führe	ἀγ-	ἄξω	ἤγαγον § 85, 3.
17. πέμπω	schicke	πεμπ-	πέμψω	ἔπεμψα
18. γράφω	schreibe	γρᾰφ-	γράψω	ἔγραψα
19. κόπτω	schlage	κοπ-	κόψω	ἔκοψα
20. βλάπτω	schade	βλᾰβ-	βλάψω	ἔβλαψα
21. θάπτω	begrabe	τᾰφ-	θάψω § 21, 2.	ἔθαψα
22. κλέπτω	stehle	κλεπ-	κλέψομαι	ἔκλεψα
23. τρέπω	wende	τρεπ-	τρέψω	ἔτρεψα § 86, 3. ἔτραπον Anm. 2.
24. τρέφω	nähre	τρεφ-	θρέψω § 21, 2.	ἔθρεψα
25. στρέφω	drehe	στρεφ-	στρέψω	ἔστρεψα

des regelmäßigen Verbums.

96

Perfektum Aktivi	Perf. Med. u. Pass.	Aoristus Passivi	Verbaladjektiva
πεπαίδευκα	πεπαίδευμαι	ἐπαιδεύθην	παιδευτός, -τέος
τεθήρᾱκα	τεθήρᾱμαι	ἐθηράθην	θηρᾱτός
τετίμηκα	τετίμημαι	ἐτιμήθην	τιμητός
πεποίηκα	πεποίημαι	ἐποιήθην	ποιητός
δεδούλωκα	δεδούλωμαι	ἐδουλώθην	δουλωτός
γεγύμνᾰκα	γεγύμνᾰσμαι	ἐγυμνάσθην	γυμναστός
ἥρμοκα	ἥρμοσμαι	ἡρμόσθην	ἁρμοστός
πέπεικα	πέπεισμαι	ἐπείσθην	πειστός
	πέπεισμαι	ἐπείσθην gehorchte	πειστέον
ἔψευκα	ἔψευσμαι	ἐψεύσθην wurde getäuscht	ψευστός
	ἔψευσμαι	ἐψεύσθην täuschte mich	
ἔσπεικα	ἔσπεισμαι	ἐσπείσθην	σπειστέον
πέπρᾱχα § 87, 3.	πέπρᾱγμαι	ἐπράχθην	πρᾱκτός
τέτᾰχα	τέτᾰγμαι	ἐτάχθην	τᾰκτός
ἦρχα	ἦργμαι	ἤρχθην	ἀρκτός
ἦχα	ἦγμαι	ἤχθην	ἀκτός
πέπομφα	πέπεμμαι	ἐπέμφθην	πεμπτός
γέγραφα	γέγραμμαι	ἐγράφην § 86, 3.	γραπτός
κέκοφα	κέκομμαι	ἐκόπην	κοπτός
βέβλαφα	βέβλαμμαι	ἐβλάβην	βλαπτός
τέταφα	τέθαμμαι	ἐτάφην	ἄ-θαπτος
κέκλοφα	κέκλεμμαι	ἐκλάπην	κλεπτός
τέτροφα	τέτραμμαι § 82, 4.	ἐτράπην	τρεπτός
		ἐτρέφθην	
τέτροφα	τέθραμμαι	ἐτράφην	θρεπτός
ἔστροφα	ἔστραμμαι	ἐστράφην	στρεπτός

96

Präsens		Verbalst.	Futurum	Aoristus Akt.
c. Verba liquida.				
26. μιαίνω	beflecke	μἄν-	μιανῶ, -εῖς	ἐμίᾱνα
27. καθαίρω	reinige	καθἄρ-	καθαρῶ, -εῖς	ἐκάθηρα
28. φαίνω	zeige	φἄν-	φανῶ, -εῖς	ἔφηνα
29. φαίνομαι	erscheine	φἄν-	φανοῦμαι, -ῇ } φανήσομαι }	
30. ἀγγέλλω	melde	ἀγγελ-	ἀγγελῶ, -εῖς	ἤγγειλα
31. δέρω	schinde	δερ-	δερῶ, -εῖς	ἔδειρα
32. στέλλω	sende	στελ-	στελῶ, -εῖς	ἔστειλα
33. σπείρω	säe	σπερ-	σπερῶ, -εῖς	ἔσπειρα
34. ἀπο-κτείνω	töte	κτεν-	ἀποκτενῶ, -εῖς	ἀπέκτεινα
d. Verba mit einzelnen Besonderheiten.				
35. νομίζω	glaube, halte für	νομιδ-	νομιῶ, -εῖς	ἐνόμισα
36. σπάω	ziehe	σπα(σ)-	σπᾰσω	ἔσπᾰσα
37. τελέω	vollende	τελεσ-	τελῶ, -εῖς	ἐτέλεσα
38. δέω	binde	δη-, δε-	δήσω	ἔδησα
39. χράομαι	gebrauche	χρη(σ)-	χρήσομαι	ἐχρησάμην
40. κελεύω	befehle	κελευ(σ)-	κελεύσω	ἐκέλευσα
41. ἀκούω	höre	ἀκου(σ)-	ἀκούσομαι	ἤκουσα
42. κλείω	schließe	κλει(σ)-	κλείσω	ἔκλεισα
43. χρῑω	salbe	χρῑ(σ)-	χρῑσω	ἔχρῑσα
44. καίω, κᾱω	brenne, tr.	καυ(σ)-, κᾱ	καύσω	ἔκαυσα
45. κλαίω, κλᾱω	weine	κλαυ(σ), κλᾱ	κλαύσομαι	ἔκλαυσα
46. σῴζω	rette	σῳδ-, σω-	σώσω	ἔσωσα
47. αἴρω	hebe auf	ἀρ-, (ἀερ-)	ἀρῶ, -εῖς	ἦρα (ἆραι)
48. κρῑνω	scheide, richte	κρῐν-, κρῐ-	κρῐνῶ, -εῖς	ἔκρῑνα
49. κλῑνω	lehne, neige	κλῐν-, κλῐ-	κλῐνῶ, -εῖς	ἔκλῑνα
50. τείνω	spanne	τεν-, τᾰ-	τενῶ, -εῖς	ἔτεινα
51. βάλλω	werfe	βᾰλ-, βλη-	βαλῶ, -εῖς	ἔβαλον
52. καλέω	rufe, nenne	καλ-ε-, κλη-	καλῶ, -εῖς	ἐκάλεσα

Perfektum Aktivi	Perf. Med. u. Pass.	Aoristus Passivi	Verbaladjektiva
μεμίαγκα	μεμίασμαι	ἐμιάνθην	ἀ-μίαντος
κεκάθαρκα	κεκάθαρμαι	ἐκαθάρθην	καθαρτός
πέφαγκα habe gezeigt	πέφασμαι	ἐφάνθην wurde gezeigt	ἄ-φαντος
πέφηνα bin erschienen		ἐφάνην erschien	
ἤγγελκα	ἤγγελμαι	ἠγγέλθην	ἀγγελτός
δέδαρκα	δέδαρμαι	ἐδάρην	δαρτός
ἔσταλκα	ἔσταλμαι	ἐστάλην	σταλτέον
ἔσπαρκα	ἔσπαρμαι	ἐσπάρην	σπαρτός
ἀπέκτονα	—	—	—
νενόμικα	νενόμισμαι	ἐνομίσθην	νομιστέος
ἔσπᾰκα	ἔσπασμαι	ἐσπάσθην	σπαστός
τετέλεκα	τετέλεσμαι	ἐτελέσθην	τελεστός
δέδεκα	δέδεμαι	ἐδέθην	δετός
	κέχρημαι	ἐχρήσθην	χρηστός
κεκέλευκα	κεκέλευσμαι	ἐκελεύσθην	κελευστός
ἀκήκοα	ἤκουσμαι	ἠκούσθην	ἀκουστός
κέκλεικα	κέκλειμαι	ἐκλείσθην	κλειστός
κέχρῑκα	κέχρῑμαι	ἐχρῐ́σθην	χρῑστός
κέκαυκα	κέκαυμαι	ἐκαύθην	ἄ-καυ(σ)τος
κέκλαυκα	κέκλαυμαι	ἐκλαύ(σ)θην	ἄ-κλαυ(σ)τος
σέσωκα	σέσωσμαι	ἐσώθην	ἄ-σωτος
ἦρκα	ἦρμαι	ἤρθην	ἀρτέον
κέκρῐκα	κέκρῐμαι	ἐκρῐ́θην	κρῐτός
κέκλῐκα	κέκλῐμαι	ἐκλῐ́θην	κλῐτός
τέτᾰκα	τέτᾰμαι	ἐτᾰ́θην	τᾰτός
βέβληκα	βέβλημαι	ἐβλήθην	βλητός
κέκληκα	κέκλημαι	ἐκλήθην	κλητός

B. Zweite Konjugation

1. Verba auf -μι

§ 97. Paradigma

97 τίθημι setze, Präsensst. τιθη-, τιθε-, Verbalst. θη-, θε-,
ἵημι sende, „ ἱη-, ἱε-, „ ἡ-, ἑ-,

1. Präsens und Imperfektum Aktivi.

St.	τιθη- u. τιθε-	ἱη- u. ἱε-	διδω- u. διδο-	ἱστη- u. ἱστᾰ-
Indikativ	τί-θη-μι τί-θη-ς τί-θη-σι(ν) τί-θε-μεν τί-θε-τε τι-θέ-ᾱσι(ν)	ἵ-η-μι ἵ-η-ς ἵ-η-σι(ν) ἵ-ε-μεν ἵ-ε-τε ἱ-ᾶσι(ν)	δί-δω-μι δί-δω-ς δί-δω-σι(ν) δί-δο-μεν δί-δο-τε δι-δό-ᾱσι(ν)	ἵ-στη-μι ἵ-στη-ς ἵ-στη-σι(ν) ἵ-στᾰ-μεν ἵ-στᾰ-τε ἱ-στᾶσι(ν)
Imperfekt	ἐ-τί-θη-ν ἐ-τί-θει-ς ἐ-τί-θει ἐ-τί-θε-μεν ἐ-τί-θε-τε ἐ-τί-θε-σαν	ἵ-ει-ν (ῑ!) ἵ-ει-ς ἵ-ει ἵ-ε-μεν ἵ-ε-τε ἵ-ε-σαν	ἐ-δί-δου-ν ἐ-δί-δου-ς ἐ-δί-δου ἐ-δί-δο-μεν ἐ-δί-δο-τε ἐ-δί-δο-σαν	ἵ-στη-ν (ῑ!) ἵ-στη-ς ἵ-στη ἵ-στᾰ-μεν ἵ-στᾰ-τε ἵ-στᾰ-σαν
Konjunktiv	τι-θῶ (aus τι-θέ-ω) τι-θῇς τι-θῇ τι-θῶ-μεν τι-θῆ-τε τι-θῶσι(ν)	ἱ-ῶ (aus ἱ-έ-ω) ἱ-ῇς ἱ-ῇ ἱ-ῶ-μεν ἱ-ῆ-τε ἱ-ῶσι(ν)	δι-δῶ (aus δι-δό-ω) δι-δῷς δι-δῷ δι-δῶ-μεν δι-δῶ-τε δι-δῶσι(ν)	ἱ-στῶ (aus ἱ-στά-ω) ἱ-στῇς ἱ-στῇ ἱ-στῶ-μεν ἱ-στῆ-τε ἱ-στῶσι(ν)
Optativ	τι-θείη-ν τι-θείη-ς τι-θείη τιθείημεν -θεῖμεν τιθείητε -θεῖτε τιθείησαν -θεῖεν	ἱ-είη-ν ἱ-είη-ς ἱ-είη ἱείημεν -εῖμεν ἱείητε -εῖτε ἱείησαν -εῖεν	δι-δοίη-ν δι-δοίη-ς δι-δοίη διδοίημεν -δοῖμεν διδοίητε -δοῖτε διδοίησαν -δοῖεν	ἱ-σταίη-ν ἱ-σταίη-ς ἱ-σταίη ἱσταίημεν -σταῖμεν ἱσταίητε -σταῖτε ἱσταίησαν -σταῖεν
Imper.	τί-θει τι-θέ-τω τί-θε-τε τι-θέ-ντων	ἵ-ει ἱ-έ-τω ἵ-ε-τε ἱ-έ-ντων	δί-δου δι-δό-τω δί-δο-τε δι-δό-ντων	ἵ-στη ἱ-στᾰ́-τω ἵ-στᾰ-τε ἱ-στά-ντων
Inf.	τι-θέ-ναι	ἱ-έ-ναι	δι-δό-ναι	ἱ-στᾰ́-ναι
Part.	τι-θείς, -θέντος τι-θεῖσα, -θείσης τι-θέν, -θέντος	ἱ-είς -έντος ἱ-εῖσα, -είσης ἱ-έν, -έντος	δι-δούς, -δόντος δι-δοῦσα, -δούσης δι-δόν, -δόντος	ἱ-στάς, -στάντος ἱ-στᾶσα, -στάσης ἱ-στᾰ́ν, -στάντος

Anm. 1. Seltenere Nebenformen sind die Ind. τιθεῖς, τιθεῖ, — ἱεῖς, ἱεῖ —

oder Verba auf -μι.
mit Präsensreduplikation.

der vier Verba

δίδωμι gebe, Präsensst. διδω-, διδο-, Verbalst. δω-, δο-. 97
ἵστημι stelle, „ ἱστη-, ἱστα-, „ στη-, στᾰ-.

2. Aoristus II. Aktivi.

St.	θη- u. θε-	ἡ- u. ἑ-	δω- u. δο-	στη- u. στᾰ-
Indikativ	— ἔ-θη-κα	— ἧ-κα	— ἔ-δω-κα	ἔ-στη-ν
	— ἔ-θη-κα-ς	— ἧ-κα-ς	— ἔ-δω-κα-ς	ἔ-στη-ς
	— ἔ-θη-κε(ν)	— ἧ-κε(ν)	— ἔ-δω-κε(ν)	ἔ-στη
	ἔ-θε-μεν	εἷ-μεν	ἔ-δο-μεν	ἔ-στη-μεν
	ἔ-θε-τε	εἷ-τε	ἔ-δο-τε	ἔ-στη-τε
	ἔ-θε-σαν	εἷ-σαν	ἔ-δο-σαν	ἔ-στη-σαν
Konjunktiv	θῶ (aus θέ-ω)	ὧ (aus ἕ-ω)	δῶ (aus δό-ω)	στῶ (aus στά-ω)
	θῇς	ᾗς	δῷς	στῇς
	θῇ	ᾗ	δῷ	στῇ
	θῶ-μεν	ὧ-μεν	δῶ-μεν	στῶ-μεν
	θῆ-τε	ἧ-τε	δῶ-τε	στῆ-τε
	θῶσι(ν)	ὧσι(ν)	δῶσι-(ν)	στῶσι(ν)
Optativ	θείη-ν	εἵη-ν	δοίη-ν	σταίη-ν
	θείη-ς	εἵη-ς	δοίη-ς	σταίη-ς
	θείη	εἵη	δοίη	σταίη
	θείη-μεν θεῖ-μεν	εἵη-μεν εἷ-μεν	δοίη-μεν δοῖ-μεν	σταίη-μεν σταῖ-μεν
	θείη-τε θεῖ-τε	εἵη-τε εἷ-τε	δοί-τε δοῖ-τε	σταίη-τε σταῖ-τε
	θείη-σαν θεῖε-ν	εἵη-σαν εἷε-ν	δοίη-σαν δοῖε-ν	σταίη-σαν σταῖε-ν
Imper.	θέ-ς	ἕ-ς	δό-ς	στῆ-θι
	θέ-τω	ἕ-τω	δό-τω	στή-τω
	θέ-τε	ἕ-τε	δό-τε	στῆ-τε
	θέ-ντων	ἕ-ντων	δό-ντων	στά-ντων
Inf.	θεῖ-ναι	εἷ-ναι	δοῦ-ναι	στῆ-ναι
Part.	θείς, θέντος	εἵς, ἕντος	δούς, δόντος	στάς, στάντος
	θεῖσα, θείσης	εἷσα, εἵσης	δοῦσα, δούσης	στᾶσα, στάσης
	θέν, θέντος	ἕν, ἕντος	δόν, δόντος	στάν, στάντος

und Pluralf. mit κα: ἔθηκαν, ἐδώκαμεν. § 98, 3.

97 3. Präsens und Imperfekt Medii und Passivi.

Stämme		τι-θε-	ἱ-ε-	δι-δο-	ἱ-στᾰ-
Indikativ	S. 1.	τί-θε-μαι	ἵ-ε-μαι	δί-δο-μαι	ἵ-στᾰ-μαι
	2.	τί-θε-σαι	ἵ-ε-σαι	δί-δο-σαι	ἵ-στᾰ-σαι
	3.	τί-θε-ται	ἵ-ε-ται	δί-δο-ται	ἵ-στᾰ-ται
	P. 1.	τι-θέ-μεθα	ἱ-έ-μεθα	δι-δό-μεθα	ἱ-στά-μεθα
	2.	τί-θε-σθε	ἵ-ε-σθε	δί-δο-σθε	ἵ-στα-σθε
	3.	τί-θε-νται	ἵ-ε-νται	δί-δο-νται	ἵ-στα-νται
Imperfekt	S. 1.	ἐ-τι-θέ-μην	ἱ-έ-μην (ῑ!)	ἐ-δι-δό-μην	ἱ-στά-μην (ῑ!)
	2.	ἐ-τί-θε-σο	ἵ-ε-σο	ἐ-δί-δο-σο	ἵ-στᾰ-σο
	3.	ἐ-τί-θε-το	ἵ-ε-το	ἐ-δί-δο-το	ἵ-στᾰ-το
	P. 1.	ἐ-τι-θέ-μεθα	ἱ-έ-μεθα	ἐ-δι-δό-μεθα	ἱ-στά-μεθα
	2.	ἐ-τί-θε-σθε	ἵ-ε-σθε	ἐ-δί-δο-σθε	ἵ-στα-σθε
	3.	ἐ-τί-θε-ντο	ἵ-ε-ντο	ἐ-δί-δο-ντο	ἵ-στα-ντο
Konjunktiv	S. 1.	τι-θῶ-μαι	ἱ-ῶ-μαι	δι-δῶ-μαι	ἱ-στῶ-μαι
	2.	τι-θῇ	ἱ-ῇ	δι-δῷ	ἱ-στῇ
	3.	τι-θῆ-ται	ἱ-ῆ-ται	δι-δῶ-ται	ἱ-στῆ-ται
	P. 1.	τι-θώ-μεθα	ἱ-ώ-μεθα	δι-δώ-μεθα	ἱ-στώ-μεθα
	2.	τι-θῆ-σθε	ἱ-ῆ-σθε	δι-δῶ-σθε	ἱ-στῆ-σθε
	3.	τι-θῶ-νται	ἱ-ῶ-νται	δι-δῶ-νται	ἱ-στῶ-νται
Optativ	S. 1.	τι-θεί-μην	ἱ-εί-μην	δι-δοί-μην	ἱ-σταί-μην
	2.	τι-θεῖ-ο	ἱ-εῖ-ο	δι-δοῖ-ο	ἱ-σταῖ-ο
	3.	τι-θεῖ-το	ἱ-εῖ-το	δι-δοῖ-το	ἱ-σταῖ-το
	P. 1.	τι-θεί-μεθα	ἱ-εί-μεθα	δι-δοί-μεθα	ἱ-σταί-μεθα
	2.	τι-θεῖ-σθε	ἱ-εῖ-σθε	δι-δοῖ-σθε	ἱ-σταῖ-σθε
	3.	τι-θεῖ-ντο	ἱ-εῖ-ντο	δι-δοῖ-ντο	ἱ-σταῖ-ντο
Imper.	S. 2.	τί-θε-σο	ἵ-ε-σο	δί-δο-σο	ἵ-στᾰ-σο
	3.	τι-θέ-σθω	ἱ-έ-σθω	δι-δό-σθω	ἱ-στά-σθω
	P. 2.	τί-θε-σθε	ἵ-ε-σθε	δί-δο-σθε	ἵ-στα-σθε
	3.	τι-θέ-σθων	ἱ-έ-σθων	δι-δό-σθων	ἱ-στά-σθων
Inf.		τί-θε-σθαι	ἵ-ε-σθαι	δί-δο-σθαι	ἵ-στα-σθαι
Partic.		τι-θέ-μενος, -η, -ον	ἱ-έ-μενος, -η, -ον	δι-δό-μενος, -η, -ον	ἱ-στά-μενος, -η, -ον

Anm. 2. σ in -σαι und -σο bleibt im Präs. u. Impf. (außer Konj. u. Opt.), also τίθεσαι, ἐτίθεσο, τίθεσο — δίδοσαι, ἐδίδοσο, δίδοσο,

Anm. 3. Seltenere Nebenformen sind die Opt. mit οι: τιθοῖτο, συνθοῖτο, und Konj. u. Opt. mit abweichender Betonung: τίθηται,

Aoristus II. Medii. 97

Stämme		θε-	ἑ-	δο-	
Indikativ	S. 1.	ἐ-θέ-μην	εἵ-μην	ἐ-δό-μην	
	2.	ἔ-θου	εἷ-σο	ἔ-δου	
	3.	ἔ-θε-το	εἷ-το	ἔ-δο-το	
	P. 1.	ἐ-θέ-μεθα	εἵ-μεθα	ἐ-δό-μεθα	
	2.	ἔ-θε-σθε	εἷ-σθε	ἔ-δο-σθε	
	3.	ἔ-θε-ντο	εἷ-ντο	ἔ-δο-ντο	
Konjunktiv	S. 1.	θῶ-μαι	ὧ-μαι	δῶ-μαι	
	2.	θῇ	ᾗ	δῷ	
	3.	θῆ-ται	ἧ-ται	δῶ-ται	
	P. 1.	θώ-μεθα	ὥ-μεθα	δώ-μεθα	
	2.	θῆ-σθε	ἧ-σθε	δῶ-σθε	
	3.	θῶ-νται	ὧ-νται	δῶ-νται	
Optativ	S. 1.	θεί-μην	εἵ-μην	δοί-μην	
	2.	θεῖ-ο	εἷ-ο	δοῖ-ο	
	3.	θεῖ-το	εἷ-το	δοῖ-το	
	P. 1.	θεί-μεθα	εἵ-μεθα	δοί-μεθα	
	2.	θεῖ-σθε	εἷ-σθε	δοῖ-σθε	
	3.	θεῖ-ντο	εἷ-ντο	δοῖ-ντο	
Imper.	S. 2.	θοῦ	οὗ	δοῦ	
	3.	θέ-σθω	ἕ-σθω	δό-σθω	
	P. 2.	θέ-σθε	ἕ-σθε	δό-σθε	
	3.	θέ-σθων	ἕ-σθων	δό-σθων	
Inf.		θέ-σθαι	ἕ-σθαι	δό-σθαι	
Partic.		θέ-μενος, -η, -ον	ἕ-μενος, -η, -ον	δό-μενος, -η, -ον	

schwindet aber in allen Aoristformen außer in εἷσο.
aber ἔθου, θοῦ — οὗ — ἔδου, δοῦ.
ἐπιθοίμεθα, ἐφιοῖμεν, παριοῖτε, προσιοῖεν, προοῖτο, προοῖντο
πρόσθηται, πρόηται, ἐπίθωνται, τίθοιτο, σύνθοιτο, πρόοιντο, ἀφίοιεν.

§ 98. Bemerkungen zum Paradigma.

98 1. Im **Präsens**, **Imperf.** und **Aor. II.** treten die Moduszeichen und Personalendungen **ohne Bildevokal** unmittelbar an den Stamm.

2. Lang ist der Stammvokal im Sing. des Ind. Akt. der drei Temp.

3. Der Sing. des Ind. **Aor.** Akt. lautet (statt ἔθην, ἧν, ἔδων) **immer** ἔθηκα, ἧκα, ἔδωκα. Entsprechende Pluralformen (ἔθηκαν, ἐδώκαμεν, ἧκαντο) sind seltener; über ἔστην § 101.

4. Der **Accent tritt** auch hier (§ 71, 11. 12) im **Simplex** wie **in den Kompositis möglichst weit**, doch **nie über das Augment zurück**; **Konjunktive** sind stets auf der **Kontraktionssilbe**, **Optative** auf der Silbe des **Moduszeichens** betont.

5. Accent des Imper. Aor.: ἄφες, ἀντίθες, ἐπίθες, παράθες, ἀπόδος — ἀφοῦ, προσθοῦ (od. πρόσθου), ὑπόθου.

§ 99. Die übrigen Tempora.

99 1. Bei sonst regelmäßiger Bildung tritt nur in einigen Formen entweder **kurzer** Stammvokal ein: δέδομαι, ἐδόθην, στᾰτός, oder **langer** in unregelmäßiger Gestalt: εἶ-μαι (aus ἕ-ε-μαι).

Fut. Akt. Med.	θή-σω θή-σομαι	ἥ-σω ἥ-σομαι	δώ-σω δώ-σομαι
Perf. Akt. M.-P.	τέ-θη-κα (κεῖμαι)	εἶ-κα εἶ-μαι	δέ-δω-κα δέ-δο-μαι
Aor. Pass. Fut. Pass.	ἐ-τέ-θην τε-θή-σομαι	εἵ-θην ἑ-θή-σομαι	ἐ-δό-θην δο-θή-σομαι
Adj. verb.	θε-τός, -τέος	ἑ-τός, -τέος	δο-τός, -τέος

2. Ἵστημι hat neben dem intrans. Aor. II. ἔστην, **trat**, noch einen trans. Aor. I. ἔστησα **stellte**; die andern Tempora sind teils transitiv, teils intransitiv, und zwar sind folgendes die

Bedeutungen von ἵστημι.

	Transitiv			Intransitiv
	Akt. stelle	Med. stelle für mich	Pass. werde gestellt	stelle mich = trete
Präs.	ἵστημι	ἵστᾰμαι	ἵστᾰμαι	ἵστᾰμαι
Fut.	στήσω	στήσομαι	στᾰθήσομαι	στήσομαι, werde tr.
Aor.	ἔστησα	ἐστησάμην	ἐστάθην	ἔστην, trat, § 101.
Perf.	—	—	—	ἕστηκα, stehe
Plqpf.	—	—	—	εἱστήκειν, stand
Fut. ex.	—	—	—	ἑστήξω, werde stehen

Die intransitiven Formen vertreten auch die entsprechenden des Passivs.

§ 100. Verba, deren Flexion ἵστημι folgt.

Nach ἵστημι flektieren im Präsens und Imperf. folgende sechs 100
Verba, deren drei letzte Deponentia ohne Präsensreduplikation sind.

Präsens	St.	Futurum	Aoristus	Perfektum	Bem.
1. ὀνίνημι nütze, fördere	ὀνη ὀνᾰ	ὀνήσω ὀνήσομαι	ὤνησα ὠνήθην	— —	Impf. ὠφέλουν
2. πίμπλημι fülle an, tr.	πλη πλᾰ	πλήσω πλησθήσομαι	ἔπλησα ἐπλήσθην	πέπληκα πέπλησμαι	Nbf. πλήθω intr., bin voll
3. πίμπρημι verbrenne, tr.	πρη πρᾰ	πρήσω πρησθήσομαι	ἔπρησα ἐπρήσθην	πέπρηκα πέπρησμαι	Nbf. πρήθω intr., brenne
4. ἄγαμαι bewundere	ἀγᾰ(σ)	ἀγάσομαι	ἠγάσθην	— ἀγαστός	
5. δύνᾰμαι kann	δυνη δυνᾰ	δυνήσομαι	ἐδυνήθην ἐδυνάσθην	δεδύνημαι	
6. ἐπίσταμαι verstehe	ἐπιστη ἐπιστᾰ	ἐπιστήσομαι	ἠπιστήθην	—	

Anm. 1. Nach dem Imperf. und Präs. dieser Deponentia flektiert auch der Aorist ἐπριάμην, kaufte, Inf. πρίασθαι (Präs. ὠνοῦμαι § 111, 18).

Anm. 2. Abweichend von ἵστημι ziehen diese Deponentia (und ἐπριάμην) im Konj. und Opt. den Accent zurück;

also Konj. δύνωμαι, ἐπίστωμαι, πρίωμαι,
Opt. δύναιο, ἐπίσταιτο, πρίαισθε, ἄγαιντο.

§ 101. Primitive oder Wurzel-Aoriste (ἔστην u. ähnl.).

1. Ἔστην und die Aoriste einiger Verba, deren Präsens großenteils 101
der Konjugation auf -ω folgt, sind unmittelbar aus dem Verbalstamm (der Wurzel) gebildet. Sie haben alle

langen Vokal im Ind., Imper. (außer 3. Pl.) und Inf.,
kurzen dagegen vor Vokalen und vor -ντ.

2. Die gebräuchlichsten dieser Verba sind folgende:

a) Stämme auf *A*-Laut (ᾱ, η : ᾰ).

1. ἀπο-διδράσκω entlaufe	δρᾱ, δρᾰ	ἀπ-έδρᾱν	§ 109, 9.
2. βαίνω gehe, schreite	βη, βᾰ	ἔβην	
3. φθάνω komme zuvor	φθη, φθᾰ	ἔφθην	§ 108, 2.

b) Stamm auf *E*-Laut (η : ε).

4. ῥέω fließe	ῥυ-η, -ε	ἐρρύην	

c) Stämme auf O-Laut (ω : ο).

5. γιγνώσκω erkenne	γνω, γνο	ἔγνων	§ 109, 11.
6. ἁλίσκομαι werde gefangen	ἁλω, ἁλο	ἑάλων	§ 109, 4.
7. (βιόω) ζάω lebe	βιω, βιο	ἐβίων	§ 111, 13.

d) Stämme auf Y-Laut (ῡ : ῠ).

8. δύομαι tauche ein, intr.	δῡ, δῠ	ἔδῡν	Akt. § 90, 6. 92.
9. φύομαι entstehe	φῡ, φῠ	ἔφῡν	Akt. φύω erzeuge. § 92.

3. Paradigma.

St.	στη-, στᾰ-	ῥυη-, ῥυε-	γνω-, γνο-	δῡ-, δῠ-
Indikativ	ἔ-στη-ν	ἐρ-ρύη-ν	ἔ-γνω-ν	ἔ-δῡ-ν
	ἔ-στη-ς	ἐρ-ρύη-ς	ἔ-γνω-ς	ἔ-δυ-ς
	ἔ-στη	ἐρ-ρύη	ἔ-γνω	ἔ-δυ
	ἔ-στη-μεν	ἐρ-ρύη-μεν	ἔ-γνω-μεν	ἔ-δυ-μεν
	ἔ-στη-τε	ἐρ-ρύη-τε	ἔ-γνω-τε	ἔ-δυ-τε
	ἔ-στη-σαν	ἐρ-ρύη-σαν	ἔ-γνω-σαν	ἔ-δυ-σαν
Konjunktiv	στῶ (aus στά-ω)	ῥυῶ	γνῶ	δύω
	στῇς	ῥυῇς	γνῷς	δύῃς
	στῇ	ῥυῇ	γνῷ	δύῃ
	στῶ-μεν	ῥυῶ-μεν	γνῶ-μεν	δύω-μεν
	στῆ-τε	ῥυῆ-τε	γνῶ-τε	δύη-τε
	στῶσι(ν)	ῥυῶσι(ν)	γνῶσι(ν)	δύωσι(ν)
Optativ	σταίη-ν	ῥυείη-ν	γνοίη-ν	
	σταίη-ς	ῥυείη-ς	γνοίη-ς	
	σταίη	ῥυείη	γνοίη	
	σταῖ-μεν[1])	ῥυεῖ-μεν[2])	γνοῖ-μεν[3])	
	σταῖ-τε	ῥυεῖ-τε	γνοῖ-τε	
	σταῖε-ν	ῥυεῖε-ν	γνοῖε-ν	
Imper.	στῆ-θι		γνῶ-θι	δῦ-θι
	στή-τω		γνώ-τω	δύ-τω
	στῆ-τε		γνῶ-τε	δῦ-τε
	στά-ντων		γνό-ντων	δύ-ντων
Inf.	στῆ-ναι	ῥυῆ-ναι	γνῶ-ναι	δῦ-ναι
Part.	στᾱ́ς, στάντος	ῥυείς, -έντος	γνούς, γνόντος	δῡ́ς, δύντος
	στᾶσα, στάσης	ῥυεῖσα, -είσης	γνοῦσα, γνούσης	δῦσα, δύσης
	στάν, στάντος	ῥυέν, -έντος	γνόν, γνόντος	δύν, δύντος

[1]) od. σταίη-μεν u. s. f. [2]) od. ῥυείη-μεν u. s. f. [3]) od. γνοίη-μεν u. s. f.

4. Allen diesen Aoristen steht ein mediales Futurum und ein Perfektum I. zur Seite; z. B.

a) βήσομαι,	ἔβην,	βέβηκα	bin geschritten,
b) ῥυήσομαι,	ἐρρύην,	ἐρρύηκε(ν)	ist geflossen,
c) βιώσομαι,	ἐβίων,	βεβίωκα	habe gelebt,
d) φύσομαι,	ἔφῡν,	πέφῡκα	bin von Natur.

§ 102. Gemischte Perfekta (mit und ohne -κα).

1. Neben ἕστηκα, stehe, finden sich oft Formen ohne -κα, un- 102
mittelbar aus dem reduplicierten Verbalstamm ἑ-στᾰ- gebildet; so bes.

Pf. Ind. ἕστᾰ-μεν, ἕστᾰ-τε, ἑστᾶσι(ν). Plqpf. ἕστᾰ-σαν.
Inf. ἑστά-ναι. Part. ἑστώς, ἑστῶσα, ἑστώς
ἑστῶτος, ἑστώσης, ἑστῶτος.

2. Ebenso neben τέθνηκα bin tot (Präs. § 109, 7)

Pf. Ind. τέθνᾰ-μεν, τέθνᾰ-τε, τεθνᾶσι(ν). Plqpf. ἐτέθνᾰ-σαν.
Inf. τεθνᾰ́-ναι. Part. τεθνεώς, τεθνεῶσα, τεθνεός
τεθνεῶτος, τεθνεώσης, τεθνεῶτος.

3. Ebenso neben δέδοικα fürchte (St. δει-, δι-, Aor. ἔδεισα)

Pf. Ind. δέδῐα, -ας, -ε(ν), δέδι-μεν, δέδι-τε, δεδί-ᾱσι(ν).
Plqpf. ἐδέδι-σαν. Inf. δεδιέναι. Part. δεδι-ώς, -υῖα, -ός
-ότος, -υίας.

4. Hieran schließt sich als defektives Perfekt mit Präsensbedeutung:
οἶδα weiß
(eig. ich habe gesehen, von εἰδ-, ἰδ-, (ϝιδ-), vid-eo. Aor. εἶδον, sah, § 111, 6).
Präs. und Aor. werden durch γιγνώσκω (§ 109, 11) ersetzt.

Perfekt (Präsens)	Plusqpfkt. (Imperf.)	Modi, Inf., Part.
οἶδ-α weiß	ᾔδ-ειν (-η) wußte	Konj. εἰδῶ, -ῇς
οἶσθα	ᾔδ-εις (-εισθα)	Opt. εἰδείην
οἶδ-ε(ν)	ᾔδ-ει	Imp. ἴσ-θι, ἴστω u. s. f.
ἴσ-μεν	ᾖσ-μεν	Inf. εἰδ-έ-ναι
ἴσ-τε	ᾖσ-τε	Part. εἰδ-ώς, -υῖα, -ός
ἴσᾱσι(ν)	ᾔδ-ε-σαν	-ότος, -υίας
Fut. εἴ-σομαι werde wissen u. werde erfahren.		

2. Vereinzelte Bildungen der Verba auf -μι.

§ 103. 1. φημί sage, behaupte, St. φη-, φᾰ-, lat. fā-ri, 103
Nebenform φάσκω.

Präs. Ind.	Imperf.	Konj.	Opt.	Imper.
φη-μί	ἔ-φη-ν	φῶ	φαίη-ν	
φῄς (φής)	ἔ-φη-σθα	φῇ-ς	φαίη-ς	φᾰ́-θι
φη-σί(ν)	ἔ-φη	φῇ	φαίη	φᾰ́-τω
φα-μέν	ἔ-φᾰ-μεν	φῶ-μεν	φαῖ-μεν	
φᾰ-τέ	ἔ-φᾰ-τε	φῆ-τε	φαῖ-τε	φᾰ́-τε
φᾱσί(ν)	ἔ-φᾰ-σαν	φῶσι(ν)	φαῖε-ν	φά-ντων
Inf. φᾰ́-ναι		Fut. φή-σω		
Part. (φᾱ́ς) od. φάσκων		Aor. ἔ-φη-σα		

108 Anm. 1. Der ganze Ind. Präs. außer φῄς (φῇς) ist enklitisch.
2. φάναι und das Imperf. haben auch Aoristbedeutung.
3. φημί bedeutet a) sage, Fut. ἐρῶ, λέξω, Aor. εἶπον, ἔφην.
b) behaupte, bejahe, Fut. φήσω, Aor. ἔφησα.
οὔ φημι = nego: verneine, weigere mich, leugne.

2. εἶμι werde gehen, St. εἰ-, ἰ-, lat. i-re, i-ter.

Präs. Ind.	Imperf.	Konj.	Opt.	Imper.
εἶ-μι werde gehen	ᾖ-α ging	ἴ-ω gehe	ἴ-οι-μι	
εἶ	ᾔ-εις	ἴ-ῃ-ς	ἴ-οι-ς	ἴ-θι
εἶ-σι(ν)	ᾔ-ει	ἴ-ῃ	ἴ-οι	ἴ-τω
ἴ-μεν	ᾖ-μεν	ἴ-ω-μεν	ἴ-οι-μεν	
ἴ-τε	ᾖ-τε	ἴ-η-τε	ἴ-οι-τε	ἴ-τε
ἴ-ᾱσι(ν)	ᾖ-σαν	ἴ-ωσι(ν)	ἴ-οιε-ν	ἰ-ό-ντων
Inf. ἰ-έναι.	Part. ἰ-ών, ἰ-οῦσα, ἰ-όν. G. ἰ-όντος, ἰ-ούσης.		Adj. verb. ἰ-τέον.	

1. Der Ind. Präs. hat stets Futurbedeutung; Opt., Inf. und Part. haben sowohl Futur- als Präsensbedeutung.

2. Accent der Komposita: z. B. ἄπειμι, ἄπιμεν, ἄπιθι,
aber: ἀπῇα, ἀπῇμεν, ἀπῇσαν.

3. εἰμί bin, St. ἐσ-, lat. es-se.

Präs. Ind.	Imperf.	Konj.	Opt.	Imper.
εἰμί	ἦν (ἦ)	ὦ (aus ἔσ-ω)	εἴη-ν (aus ἐσ-ιη-ν)	
εἶ	ἦσθα	ᾖ-ς	εἴη-ς	ἴσ-θι
ἐσ-τί(ν)	ἦν	ᾖ	εἴη	ἔσ-τω
ἐσ-μέν	ἦμεν	ὦ-μεν	εἴη-μεν εἶ-μεν	
ἐσ-τέ	ἦτε (ἦσ-τε)	ἦ-τε	εἴη-τε	ἔσ-τε
εἰσί(ν)	ἦσαν	ὦσι(ν)	εἴη-σαν εἶε-ν	ἔσ-των
Inf. εἶναι (aus ἐσ-ναι) Part. ὤν, οὖσα, ὄν, G. ὄντος, οὔσης		Fut. ἔσομαι, ἔσῃ (ἔσει), 3. Sing. ἔσ-ται, sonst regelmäßig.		

1. Der ganze Ind. Präs. außer εἶ ist enklitisch als Kopula, aber orthotoniert in der Bedeutung „da sein, existieren, sich befinden".

2. Die 3. Pers. Sing. wird dann ἔστιν betont, und außerdem in der Bedeutung es ist erlaubt, möglich, sowie nach ὡς, οὐκ, εἰ, καί, und nach τοῦτ' und ἀλλ': ὡς ἔστιν, τοῦτ' ἔστιν, ἀλλ' ἔστιν.

3. Accent der Komposita: z. B. ἄπειμι, ἄπει, ἄπεστιν, ἄπισθι, 103
aber ἀπιῶ, ἀπεῖμεν, ἀπῆμεν, ἀπέσται.

4. χρή es ist nötig, man muß.

Zu χρή (sc. ἐστίν, opus est) werden durch Verbindung mit den entsprechenden Formen von εἰμί gebildet:

Impf. χρῆν und ἐχρῆν. Konj. χρῇ. Opt. χρείη.
Inf. χρῆναι. Part. τὸ χρεών.

5. κάθημαι sitze, St. ἡσ-, καθη(σ)-.
6. κεῖμαι liege, St. κει-.

Präsens	Imperf.	Imper.	Präsens	Imperf.	Imper.
κάθη-μαι	ἐ-καθή-μην		κεῖ-μαι	ἐ-κεί-μην	
κάθη-σαι	ἐ-κάθη-σο	κάθη-σο	κεῖ-σαι	ἔ-κει-σο	κεῖ-σο
κάθη-ται	ἐ-κάθη-το	καθή-σθω	κεῖ-ται	ἔ-κει-το	κεί-σθω
u. s. f.	u. s. f.	u. s. f.	u. s. f.	u. s. f.	u. s. f.
Inf. καθῆ-σθαι			Inf. κεῖ-σθαι		
Part. καθή-μενος			Part. κεί-μενος		
Fut. καθεδοῦμαι, -ῇ (§ 111, 14)			Fut. κείσομαι, -σῃ, -σεται u. s. f.		

1. Das Simplex ἧμαι, ἧσαι, ἧσται ist nur dichterisch. — Konj. und Opt. werden wie das Fut. durch καθέζομαι (§ 111, 14) ersetzt.

2. Κεῖσθαι dient als Simplex und in den Kompositis als Perf. Pass. von τίθημι (§ 99, 2); z. B.

ὑποτίθημι lege zu Grunde, — ὑπόκειται liegt zu Grunde;
od. νόμους τιθέασιν οἱ ἄρχοντες, — οἱ νόμοι κεῖνται,
θέσθαι τὰ ὅπλα ἐκέλευσεν, — τὰ ὅπλα ἔκειτο.

Anm. Zusammenstellung von gleich oder ähnlich lautenden Formen von
ἵημι, ἵστημι, οἶδα, εἰμί, εἶμι, κάθημαι
zur Einübung (die beigesetzten Zahlen bezeichnen mehrdeutige Formen).

παρέν, παρῆν, πάρες, πάρει 2, παρῇ, παρῇ 3, παρίῃ, παριῇ 2, παρείη 2, ἀφείη, ἀπείη, παρῄει.

παρείς, παρεῖεν 2, πάρεισιν 2, παρεῖσιν, ἀφεῖσιν, ἄπεισιν 2, παριᾶσιν, παρίασιν, παριοῦσιν, παροῦσιν.

ἴθι, ἴσθι 2, ἴτε 2, ἴστε 2, ἕτε, παρῆτε 3, παρῇτε, παρεῖτε 2, παρεῖται, παρεῖτο 3, παρείητε 2, ἧτε, ᾗτε, ᾖστε, ἧστε, ἧσθε 3.

ἑστέ, ἕστε, ἑστῃ, ἵστῃ 2, ἕσται, ἕσεσθαι, εἴσεσθε 2, εἴσεσθαι, εἰσέσθαι, εἰσεῖσθε 5, εἰσεῖσθαι, καθέσθαι, καθεῖσθαι, καθῆσθαι, ἥσεσθαι.

ἵστασαν, ἕστασαν, ἱστᾶσαν, ἑστῶσαν, παρίεσαν, παρεῖσαν 2, ᾖσαν, ἦσαν, καθῆσον, κάθησο.

Welche dieser Formen können noch zu andern als den oben genannten Verben gehören, und zu welchen?

3. Verba auf -νῡμι (-ννῡμι).

104 § 104. 1. Sie folgen der Flexion der Verba auf -μι nur im Präsens und Imperf. Akt. und Med.-Pass.; Konj. und Opt. werden immer, andere Formen zuweilen auf -ω gebildet; z. B. δεικνύει = δείκνῡσιν, ἐδείκνυε = ἐδείκνῡ u. a. m.

2. Das υ der Silbe -νῡ̆ ist lang im Sing. des Ind. Präs. und Imperf. Akt., sowie in der 2. P. Sing. Imper., sonst kurz.

3. Paradigma: δείκ-νῡμι zeige.
Verbalst. δεικ-, Präsensst. δεικ-νῡ̆-.

		Aktivum	Medium und Passivum
Präs. Ind.	S. 1.	δείκ-νῡ-μι	δείκ-νῠ-μαι
	2.	δείκ-νῡ-ς	δείκ-νῠ-σαι
	3.	δείκ-νῡ-σι(ν)	δείκ-νῠ-ται
	P. 1.	δείκ-νῠ-μεν	δεικ-νύ-μεθα
	2.	δείκ-νῠ-τε	δείκ-νῠ-σθε
	3.	δεικ-νύ-ᾱσι(ν)	δείκ-νῠ-νται
Imperf.	S. 1.	ἐ-δείκ-νῡ-ν	ἐ-δεικ-νύ-μην
	2.	ἐ-δείκ-νῡ-ς	ἐ-δείκ-νῠ-σο
	3.	ἐ-δείκ-νῡ	ἐ-δείκ-νῠ-το
	P. 1.	ἐ-δείκ-νῠ-μεν	ἐ-δεικ-νύ-μεθα
	2.	ἐ-δείκ-νῠ-τε	ἐ-δείκ-νῠ-σθε
	3.	ἐ-δείκ-νῠ-σαν	ἐ-δείκ-νῠ-ντο
Konj.	S. 1.	δεικ-νύ-ω	δεικ-νύ-ω-μαι
	2.	δεικ-νύ-ῃς	δεικ-νύ-ῃ
		u. s. f.	u. s. f.
Opt.	S. 1.	δεικ-νύ-οι-μι	δεικ-νυ-οί-μην
	2.	δεικ-νύ-οι-ς	δεικ-νύ-οι-ο
		u. s. f.	u. s. f.
Imper.	S. 2.	δείκ-νῡ	δείκ-νῠ-σο
	3.	δεικ-νύ-τω	δεικ-νύ-σθω
	P. 2.	δείκ-νῠ-τε	δείκ-νυ-σθε
	3.	δεικ-νύ-ντων	δεικ-νύ-σθων
Inf.		δεικ-νύ-ναι	δείκ-νῠ-σθαι
Part.		δεικ-νύς, -νῦσα, -νύν G. -νύντος, -νύσης	δεικ-νύ-μενος, -μένη, -μενον
Futurum	Akt. δείξω.	Med. δείξομαι,	Pass. δειχ-θήσομαι
Aorist	„ ἔ-δειξα,	„ ἐδειξάμην.	„ ἐ-δείχ-θην
Perfekt	„ δέ-δειχ-α,	δέ-δειγ-μαι	

§ 105. Die übrigen Verba auf -νῡμι. 105

Präsentia	St.	Futura	Aoriste	Perfekta
a) Stämme mit A-Laut.				
1. κεράννῡμι mische (mit: τινί)	κερᾰ(σ) κρᾱ	κερῶ, -ᾷς κρᾱθήσομαι	ἐκέρᾰσα ἐκράθην	— κέκρᾱμαι
2. κρεμάννῡμι hänge	κρεμᾰ(σ)	κρεμῶ, -ᾷς κρεμασθήσομαι	ἐκρέμᾰσα ἐκρεμάσθην	— κρέμαμαι, hange
3. πετάννῡμι breite aus	πετᾰ(σ) πτᾰ	πετῶ, -ᾷς πετασθήσομαι	ἐπέτᾰσα ἐπετάσθην	— πέπτᾰμαι
4. σκεδάννῡμι zerstreue	σκεδᾰ(σ)	σκεδῶ, -ᾷς σκεδασθήσομαι	ἐσκέδᾰσα ἐσκεδάσθην	— ἐσκέδασμαι
b) Stämme mit O-Laut.				
5. ῥώννῡμι stärke	ῥω(σ)	ῥώσω ῥωσθήσομαι	ἔρρωσα ἐρρώσθην	— ἔρρωμαι
6. στρώννῡμι breite aus	στρω	στρώσω στρωθήσομαι	ἔστρωσα ἐστρώθην	— ἔστρωμαι
c) Stämme auf -γ.				
7. ζεύγνῡμι verbinde	ζευγ	ζεύξω ζευχθήσομαι	ἔζευξα ἐζεύχθην	— ἔζευγμαι
8. μίγνῡμι mische (mit: τινί)	μῑγ	μῖξω μῑχθήσομαι	ἔμῑξα ἐμίχθην	— μέμῑγμαι
9. πήγνῡμι befestige πήγνῡμαι werde fest	πηγ πᾰγ	πήξω πᾰγήσομαι	ἔπηξα ἐπάγην	— πέπηγα bin fest
10. ῥήγνῡμι zerreiße Med. intr. reiße	ῥηγ ῥᾰγ	ῥήξω ῥᾰγήσομαι	ἔρρηξα ἐρράγην	— ἔρρωγα
d) Stämme auf eine Liquida.				
11. ἀπ-όλλῡμι tr. perdo richte zu Grunde ἀπ-όλλῡμαι intr. pereo gehe zu Grunde	ὀλ-ε	ἀπολῶ, -εῖς ἀπολοῦμαι, -ῇ	ἀπώλεσα ἀπωλόμην	ἀπολώλεκα ἀπωλωλέκειν ἀπόλωλα ἀπωλώλειν
12. ὄμνῡμι schwöre	ὀμ-ο	ὀμοῦμαι, -ῇ	ὤμοσα	ὀμώμοκα ὠμωμόκειν

C. Unregelmäßige Konjugation.

§ 106. Vorbemerkung.

106 Die unregelmäßigen Verba haben teils andere als die in § 75 genannten Präsensverstärkungen, teils bilden sie ihre Formen aus mehreren, meist wesentlich verschiedenen Stämmen.

Danach ergeben sich fünf weitere Präsensklassen, § 107—111.

§ 107. Vierte oder Dehnklasse.

107 Gegenüber dem Präsens mit langem oder gedehntem Stammvokal haben diese Verba im Aor. II. allermeist kurzen od. schwachen, im Perf. II. zum Teil abgelauteten Stammvokal, dessen Schwächung und Ablaut (§ 11) vielfach in der Wortbildung zu Tage treten. Z. B.

φεύγω fliehe, Aor. II. ἔφῠγον, vgl. ἡ φυγή, ὁ φυγάς,
λείπω lasse, Perf. II. λέλοιπα, vgl. λοιπός u. a. m.

Anm. Hierher gehören auch vier Verba auf -έω, nämlich
πλέω schiffe, (Fut. πλεύ-σομαι), χέω gieße (τὸ χεῦ-μα Guß),
πνέω hauche, (τὸ πνεῦ-μα Hauch), ῥέω fließe (τὸ ῥεῦ-μα Fluß).
Aus πλεύω ward πλέϝω, dann πλέω; über die Formen von ῥέω § 101, 4. b.

Präsentia	St.	Futura	Aoriste	Perfekta
1. τήκω schmelze, tr. τήκομαι zerschmelze, intr.	τηκ τᾰκ	τήξω τᾰκήσομαι	ἔτηξα ἐτάκην	— τέτηκα
2. πλήττω schlage (§ 111, 15) Pass.	πληγ	πλήξω πληγήσομαι	ἔπληξα ἐπλήγην	— πέπληγμαι
ἐκ-πλήττω erschrecke, tr. ἐκ-πλήττομαι erschrecke, intr.	πληγ πλᾰγ	ἐκ-πλήξω ἐκ-πλᾰγήσομαι	ἐξ-έπληξα ἐξ-επλάγην	— ἐκ-πέπληγμαι bin bestürzt
3. τρίβω reibe Pass.	τρῑβ τρῐβ	τρίψω τρῐβήσομαι	ἔτρῑψα ἐτρίβην	τέτρῑφα τέτρῑμμαι
4. λείπω lasse Pass.	λειπ λῐπ	λείψω λειφθήσομαι	ἔλῐπον ἐλείφθην	λέλοιπα λέλειμμαι
5. πείθω überrede	πειθ πῐθ	(regelmäßig, s. § 96, 8. 9, außer)		πέποιθα vertraue πιστός, πίστις
6. φεύγω fliehe	φευγ φῠγ	φεύξομαι	ἔφυγον	πέφευγα
7. πλέω schiffe	πλευ	πλεύσομαι	ἔπλευσα	πέπλευκα
8. πνέω hauche	πνευ	πνεύσομαι	ἔπνευσα	πέπνευκα
9. χέω gieße Pass.	χευ χῠ	χέω χῠθήσομαι	ἔχεα ἐχύθην	κέχῠκα κέχῠμαι

§ 108. Fünfte oder Nasal-Klasse.

Das Präsens ist durch ein nasales Element erweitert. 108

Präsentia	St.	Futura	Aoriste	Perfekta
a) Präsens auf -νω				
1. τινω büße, bezahle, τῐνομαι bestrafe, räche mich (an jem. τινά)	τῑ τῐ	τίσω τίσομαι	ἔτισα ἐτισάμην	τέτικα τέτισμαι
2. φθάνω komme zuvor (jmd. τινὰ ποιῶν τι)	φθᾰ φθη	φθήσομαι	ἔφθην ἔφθᾰσα	— ἔφθᾰκα
3. κάμνω ermüde, intr. (πορευόμενος)	κᾰμ κμη	καμοῦμαι, -ῇ	ἔκαμον	κέκμηκα
4. τέμνω schneide	τεμ τμη	τεμῶ, -εῖς τμηθήσομαι	ἔτεμον ἐτμήθην	τέτμηκα τέτμημαι
5. ἐλαύνω treibe, intr. ziehe	ἐλαυ ἐλᾰ	ἐλῶ, -ᾷς ἐλαθήσομαι	ἤλᾰσα ἠλᾰ́θην	ἐλήλᾰκα ἐλήλᾰμαι
b) Präsens auf -νέο-μαι.				
6. ἱκ-νέο-μαι komme (gew. ἀφ- komme an)	ἱκ	ἀφίξομαι	ἀφῑκόμην	ἀφῖγμαι
c) Präsens auf -άνω.				
7. αἰσθάνομαι merke, empfinde (τινός u. τί)	αἰσθ-η	αἰσθήσομαι	ᾐσθόμην (αἰσθέσθαι)	ᾔσθημαι (ᾐσθῆσθαι)
8. ἁμαρτάνω sündige (τί); fehle, verfehle (τινός)	ἁμαρτ-η	ἁμαρτήσομαι ἁμαρτηθήσεται	ἥμαρτον ἡμαρτήθην	ἡμάρτηκα ἡμάρτημαι
9. αὐξάνω, αὔξω vermehre	αὐξ-η	αὐξήσω αὐξήσομαι	ηὔξησα ηὐξήθην	ηὔξηκα ηὔξημαι
d) Präsens auf -άνω mit Nasal in der Stammsilbe.				
10. λαγχάνω erlose (etw. τινός)	λᾰχ ληχ	λήξομαι	ἔλᾰχον	εἴληχα
11. λαμβάνω nehme	λᾰβ ληβ	λήψομαι ληφθήσομαι	ἔλᾰβον ἐλήφθην	εἴληφα εἴλημμαι
12. λανθάνω bin verborgen (vor τινά) ἐπι-λανθάνομαι vergesse (etw. τινός)	λᾰθ ληθ	λήσω ἐπι-λήσομαι	ἔλᾰθον ἐπ-ελᾰθόμην	λέληθα ἐπι-λέλησμαι
13. μανθάνω lerne	μᾰθ-η	μαθήσομαι	ἔμᾰθον	μεμάθηκα
14. πυνθάνομαι erfrage erfahre (τινός τι)	πῠθ πευθ	πεύσομαι	ἐπυθόμην	πέπυσμαι
15. τυγχάνω treffe (etw. τινός); erlange (von jem. etw. τινός τινος)	τῠχ-η τευχ	τεύξομαι	ἔτῠχον	τετύχηκα

§ 109. Sechste oder Inchoativ-Klasse.

109 Das Präsens ist durch -σκο, -σκε (-ισκο, -ισκε) erweitert.

Präsentia	St.	Futura	Aoriste	Perfekta
a) Ohne Präsensreduplikation.				
1. γηρᾱ́σκω altere	γηρᾱ	γηρᾱ́σομαι	ἐγήρᾱσα	γεγήρᾱκα
2. ἡβάσκω, ἡβάω werde, bin mannbar	ἡβα ἡβη	ἡβήσω	ἥβησα wurde m.	ἥβηκα
3. ἀρέσκω gefalle	ἀρε	ἀρέσω	ἤρεσα	—
4. ἁλίσκομαι werde gefangen	ἁλ-ω	ἁλώσομαι	ἑάλων ἥλων	ἑάλωκα ἥλωκα
5. ἀνᾱλίσκω ἀνᾱλόω wende auf, verzehre	ἀν-ᾱλ-ω	ἀνᾱλώσω ἀνᾱλωθήσομαι	ἀνήλωσα ἀνηλώθην	ἀνήλωκα ἀνήλωμαι
6. εὑρίσκω finde	εὑρ-η εὑρ-ε	εὑρήσω εὑρεθήσομαι	εὗρον εὑρέθην	εὕρηκα εὕρημαι
7. ἀπο-θνήσκω sterbe	θᾰν θνη	ἀπο-θανοῦμαι	ἀπ-έθανον Fut. ex.	τέθνηκα bin tot τεθνήξω werde tot sein
8. διδάσκω lehre Med. (sich) belehren lassen	διδᾰχ	διδάξω διδαχθήσομαι διδάξομαι	ἐδίδαξα ἐδιδάχθην ἐδιδαξάμην	δεδίδᾰχα δεδίδαγμαι διδακτός
b) Mit Präsensreduplikation.				
9. ἀπο-διδρᾱ́σκω entlaufe	δρᾱ	ἀπο-δρᾱ́σομαι	ἀπ-έδρᾱν	ἀπο-δέδρᾱκα
10. μιμνήσκω erinnere (gew. ἀνα-, ὑπο-) (jem. an τινά τι) μιμνήσκομαι erinnere mich, gedenke; erwähne (τινός)	μνη μνη(σ)	ἀνα-μνήσω μνησθήσομαι	ἀν-έμνησα ἐμνήσθην	— μέμνημαι memini μεμνήσομαι meminero
11. γιγνώσκω erkenne	γνω(σ)	γνώσομαι γνωσθήσομαι	ἔγνων ἐγνώσθην	ἔγνωκα ἔγνωσμαι γνωστός
12. τιτρώσκω verwunde	τρω	τρώσω τρωθήσομαι	ἔτρωσα ἐτρώθην	τέτρωκα τέτρωμαι τρωτός

§ 110. Siebente oder E-Klasse.

Der Verbalstamm ist durch einen E-Laut erweitert, 110
entweder im Präsens oder in andern Tempora.

Präsentia	St.	Futura	Aoriste	Perfekta
a) Der erweiterte Stamm ist der Präsensstamm.				
1. γαμέω heirate (vom Mann, γυναῖκα) Med. (von der Frau, nubo, ἀνδρί)	γαμ-ε γαμ-η	γαμῶ, -εῖς γαμοῦμαι, -ῇ	ἔγημα ἐγημάμην	γεγάμηκα γεγάμημαι
2. δοκέω scheine; glaube δοκεῖ videtur	δοκ-ε	δόξω δόξει	ἔδοξα ἔδοξε(ν)	— δέδοκται ist beschlossen
3. ὠθέω stoße Impf. ἐώθουν, § 88, 1. A.	ὠθ-ε	ὤσω ὠσθήσομαι	ἔωσα ἐώσθην	ἔωκα ἔωσμαι
b) Der kürzere Stamm ist der Präsensstamm.				
4. ἐθέλω (θέλω) will	ἐθελ-η	ἐθελήσω	ἠθέλησα	ἠθέληκα
5. μέλλω habe vor; zaudere	μελλ-η	μελλήσω	ἐμέλλησα	
6. ἐρ- (ἐρωτάω) frage	ἐρ-η	ἐρήσομαι	ἠρόμην	
7. γίγνομαι werde, entstehe	γεν-η	γενήσομαι	ἐγενόμην Pf. II.	γεγένημαι γέγονα
8. ἄχθομαι ärgere mich (über τινί, ἐπί τινι)	ἀχθ-εσ	ἀχθέσομαι	ἠχθέσθην	
9. βούλομαι will	βουλ-η	βουλήσομαι	ἐβουλήθην	βεβούλημαι
10. δεῖ es ist nötig	δε-η	δεήσει	ἐδέησε	δεδέηκε
11. δέομαι bedarf (τινός) bitte (τινός τι)	δε-η	δεήσομαι	ἐδεήθην	δεδέημαι
12. μέλει μοι mir liegt woran (τινός)	μελ-η	μελήσει	ἐμέλησε	μεμέληκε
13. ἐπι-μέλομαι, -μελοῦμαι sorge (für τινός, daß ὅπως)	μελ-η	ἐπιμελήσομαι	ἐπεμελήθην	ἐπιμεμέλημαι
14. οἴομαι (οἶμαι) meine, glaube	οἰ-η	οἰήσομαι	ᾠήθην	
15. μάχομαι kämpfe (gegen τινί)	μαχ-ε(σ), -η	μαχοῦμαι, -ῇ	ἐμαχεσάμην	μεμάχημαι

§ 111. Achte oder Mischklasse.

111 Verba mit (wesentlich verschiedenen) Nebenstämmen.

Präsentia	Stämme	Futura	Aoriste	Perfekta
1. αἱρέω nehme Med. n. für mich; wähle Pass. (zum Akt. u. Med.)	αἱρη, ἑλ, αἱρε	αἱρήσω αἱρήσομαι αἱρεθήσομαι	εἷλον εἱλόμην ᾑρέθην	ᾕρηκα ᾕρημαι ᾕρημαι
2. ἔρχομαι gehe, komme (Impf. ᾖα)	ἐρχ, ει, ἰ, ἐλ(υ)θ	εἶμι	ἦλθον	ἐλήλυθα ἥκω bin da
3. ἐσθίω, βιβρώσκω esse, verzehre	ἐσθι, ἐδ, φαγ, βρω	ἔδομαι κατα-βρωθήσομαι	ἔφαγον κατ-εβρώθην	κατα-βέβρωκα κατα-βέβρωμαι
4. ἕπομαι sequor, folge Impf. εἱπόμην § 88, 1	ἑπ, σεπ (σπ)	ἕψομαι	ἑ-σπόμην K. σπῶμαι-ἐπίσπωμαι O. σποῖτο-ἐπίσποιτο Imp. σποῦ-ἐπίσπου	
5. ἔχω habe, halte (Nbf. ἴσχω) Impf. εἶχον § 88, 1 Med. Komposita, z. B. a) παρ-έχω gewähre Med. gew. von mir aus b) ἀν-έχομαι halte aus Impf. ἠνειχόμην § 88, 7 c) ὑπ-ισχ-νέο-μαι verspreche	ἐχ, σεχ, σχ-η	ἕξω σχήσω ἕξομαι σχήσομαι παρ-έξω παρα-σχήσω παρ-έξομαι παρα-σχήσομαι ἀν-έξομαι ὑπο-σχήσομαι	ἔσχον K. σχῶ O. σχοίην I. σχές, σχέτω ἐσχόμην K. σχῶμαι O. σχοίμην I. σχοῦ, σχέσθω παρ-έσχον K. παράσχω O. παράσχοιμι I. παράσχες παρ-εσχόμην K. παράσχωμαι O. παράσχοιτο I. παράσχου ἠν-εσχόμην K. ἀνάσχωμαι u. s. f. ὑπ-εσχόμην K. ὑπόσχωμαι u. s. f.	ἔσχηκα ἔσχημαι παρ-έσχηκα παρ-έσχημαι ἠν-έσχημαι ὑπ-έσχημαι
6. ὁράω sehe Impf. ἑώρων § 88, 3	ὁρα (Ϝορα) ὀπ, ἰδ (Ϝιδ)	ὄψομαι ὀφθήσομαι	εἶδον ὤφθην	ἑώρᾱκα, ὄπωπα ἑώρᾱμαι, ὦμμαι
7. πάσχω leide	πασχ, πᾰθ, πενθ	πείσομαι	ἔπαθον	πέπονθα
8. πίνω trinke	πῑν, πι, πω, πο	πίομαι ποθήσομαι	ἔπῐον ἐπόθην	πέπωκα πέπομαι
9. πίπτω falle	πετ, πεσ, πτω	πεσοῦμαι, -ῇ	ἔπεσον	πέπτωκα

Präsentia	Stämme	Futura	Aoriste	Perfekta
10. τρέχω laufe θέω (nur Pr. u. Impf.)	τρεχ, δραμ-η	δραμοῦμαι, -ῇ	ἔδραμον	δεδράμηκα
11. φέρω trage	φερ, οἰ, ἐνε(γ)κ	οἴσω	ἤνεγκον ἤνεγκα	ἐνήνοχα
Med. trage für mich Pass. werde getragen		οἴσομαι ἐνεχθήσομαι	ἠνεγκάμην } ἠνέχθην } P.=A.	ἐνήνεγμαι οἰστέον
φέρομαι eile, stürze		ἐνεχθήσομαι	ἠνέχθην	ἐνήνεγμαι
12. ἀγορεύω } rede λέγω } spreche φημί } sage	ἀγορευ, λεγ, φη, φᾰ, Ϝεπ, Ϝερ, ῥη	ἐρῶ, -εῖς λέξω, φήσω	εἶπον, εἰπέ εἶπα ἔλεξα, ἔφησα	εἴρηκα
Pass.		ῥηθήσομαι λεχθήσομαι	ἐρρήθην ἐλέχθην	εἴρημαι λέλεγμαι
Komposita, z. B. a) ἀπ-αγορεύω versage 1. verbiete. 2. ermüde.		ἀπ-ερῶ	ἀπ-εῖπον	ἀπ-είρηκα
b) δια-λέγομαι unterrede mich (mit jem. τινί)		δια-λέξομαι	δι-ελέχθην	δι-είλεγμαι
aber λέγω „lese" (mit σύν-, ἐκ-, κατα-)		συλ-λέξω συλ-λεγήσομαι	συν-έλεξα συν-ελέγην	συν-είλοχα συν-είλεγμαι
13. ζάω, βιόω lebe	ζη, βιω	βιώσομαι	ἐβίων	βεβίωκα
14. καθίζω tr. setze u. intr. setze mich	ἱδ	καθιῶ, -εῖς	ἐκάθισα	—
καθίζομαι setze mich	—	—	—	—
καθέζομαι intr. sitze u. setze mich	ἑδ, ἡ(σ)	καθεδοῦμαι, -ῇ	ἐκαθεζόμην mit Impf.- u. Aorist-bedeutung, considebam u. consedi	κάθημαι sitze § 103, 5
15. παίω, τύπτω, πατάσσω, πλήττω } schlage	παι, τυπ, παταγ, πληγ	παίσω	ἔπαισα	πέπαικα
Pass.		πληγήσομαι	ἐπλήγην	πέπληγμαι
Dagegen merke (§ 107, 2): ἐκ-πλήττω erschrecke, tr.	πληγ,	ἐκ-πλήξω	ἐξ-έπληξα	—
intr.	πλᾰγ	ἐκ-πλαγήσομαι	ἐξ-επλάγην	ἐκ-πέπληγμαι
16. πωλέω, πιπράσκω, ἀποδίδομαι verkaufe (ὀλίγου, πολλοῦ)	πωλη, δω, δο, πρᾱ	πωλήσω ἀποδώσομαι πρᾱθήσομαι	ἐπώλησα ἀπεδόμην ἐπράθην	πεπώληκα πέπρᾱκα πέπρᾱμαι
17. σκοπέω u. -έομαι σκέπτομαι spähe, schaue	σκοπε, σκεπ	σκέψομαι	ἐσκεψάμην	ἔσκεμμαι
18. ὠνέομαι kaufe (um τινός: ὀλίγου, πολλοῦ)	ὠνη, πρια	ὠνήσομαι ὠνηθήσομαι	ἐπριάμην ἐωνήθην	ἐώνημαι ἐώνημαι

§ 112. Seltener vorkommende Unregelmäßigkeiten zur Verbalflexion der attischen Prosa, zum Nachschlagen.

112 *ἄγνυμι* breche, tr.; (*ϝαγ-*): *κατ-άξω, κατ-έαξα* (Augm. 88, 1. A.);
ἄγνυμαι breche, intr.: Pf. *κατ-έᾱγα* bin zerbrochen; Aor. P. *ἐάγην*.
ἄγω: 96, 16; dazu Aor. A. *ἦξα*.
αἰνέω: 90, 5; F. auch *ἐπαινέσω* u. *παραινέσομαι*. Pf. P. *ᾔνημαι*.
ἀκροάομαι höre; *ἀκροάσομαι, ἠκροασάμην*, vgl. *βοήσομαι* u. 79.
ἀλαλάζω erhebe den Kriegsruf; Aor. *ἠλάλαξα*: 75, 3. b. A.
ἀλείφω salbe; Pf. P. *ἐξ-αλήλιμμαι* mit att. Red.: 88, 5.
ἀλέξω wehre ab (bes. poet.); *ἀλεκ-, ἡ ἀλκ-ή*): F. *ἀλεξήσω*.
Med. *ἀλέξομαι*, F. *ἀλεξήσομαι* u. *ἀλέξομαι*. Aor. *ἠλεξάμην*.
ἀλέω mahle; Pf. P. *ἀλήλε(σ)μαι*, vgl. 88, 5 u. 90, 4.
ἅλλομαι springe, F. *ἁλοῦμαι*, Aor. I. *ἡλάμην, ἅλασθαι* (wie *ἆραι* 89, 3, statt *ἥλασθαι* nach 83, 2). Aor. II. *ἡλόμην, ἁλέσθαι*.
ἀπ-αμείβομαι antworte (meist poet.), Dep. Med.; selten auch *ἀπημείφθη*.
ἀμφιγνοέω bin ungewiß; augm. *ἠμφιγν.* od. *ἠμφεγν.*, vgl. 88, 6 u. 7.
ἀμφισβητέω bin uneinig; augm. *ἠμφισβ.* od. *ἠμφεσβ.*, vgl. 88, 7.
ἀνᾱλίσκω: 109, 5; (unrichtig) auch *ἀνᾱ́λισκον* u. s. f. ohne Augm.
ἁνδάνω gefalle; (*ἁδ-, σϝαδ-, ἡδύς*): F. *ἁδήσω*. Aor. *ἕαδον, ἁδεῖν*. Pf. *ἕᾱδα*.
ἀνύτω neben *ἀνύω* (*ἁνύω*) vollende; *ἀνῠ́σω, ἤνῠσα, ἤνῠκα, ἤνυσμαι, ἠνύσθην, ἀνυστός* vgl. 75, 2. A. u. 82, 1.
ἀποδημέω bin außer Landes; augm. *ἀπεδήμησα*, red. *ἀποδεδήμηκα*.
ἀραρίσκω füge; (*ἀρ-*, vgl. 109, b.): Aor. *ἤρᾰρον*. Pf. *ἄρᾱρα* passe.
αὑαίνω trockne; augmentiert nicht immer: *αὐαίνετο* u. *ηὑαίνετο*.
βαίνω: 101, 4. a.; Pass. Pf. (*ξυμ-, παρα-*) *-βέβᾰμαι*. Aor. *-εβάθην*.
βιόω: 111, 13; Aor. Opt. auch *βιῴη* neben *βιοίη*, u.
Part. auch *βιώσας* neben *βιούς*.
βιώσκομαι, ἀνα-: 1. lebe wieder auf; 2. belebe wieder. Aor. *βιώσασθαι*.
βλαστάνω sprosse: (*βλαστ-η*, 108, c.): *βλαστήσω, ἔβλαστον, βεβλάστηκα*.
βλώσκω gehe; (*μολ-, μλω-*, 15): *μολοῦμαι, ἔμολον*; vgl. *ὁ αὐτόμολος*.
βούλομαι: 110, 9; hat als Augm. zuweilen *ἠ-* (*ἠβουλόμην, ἠβουλήθην*).
γηθέω freue mich; Pf. *γέγηθα* mit Präsensbedeutung.
γηράσκω: 109, 1; Inf. Aor. auch *γηρᾶναι*, vom poet. *ἐγήραν*, nach 101, 2. a.
δάκνω beiße; (*δηκ-: δᾰκ-*, 108, a.): *δήξομαι, ἔδακον, δέδηγμαι, ἐδήχθην*.
δαρθάνω schlafe; (*δαρθ-η*, 105, c.): *κατ-έδαρθον, κατα-δεδάρθηκα*.
δει-, δι-: 102, 3; Plqpf. 3. Pl. auch *ἐδεδίεσαν*.
διαιτάομαι lebe; augm. *διῃτώμην, διῃτήθην*, u. red. *ἐδεδιῄτητο*.

δίδημι, Nbf. zu δέω binde; Pr. 3. P. Pl. διδέασιν. 112
διψάω dürste; kontr. wie ζάω 90, 2: διψῇς, διψῇ, ἐδίψη, διψῆν.
δράω thue; Pf. P. δέδραμαι. Aor. P. ἐδράσθην. V.=A. δραστέος.
δύναμαι: hat als Augm. zuweilen ἠ- (ἠδυνάμην, ἠδυνήθην) und im Impf. auch ἐδύνω statt ἐδύνασο.
δύω: 90, 6; Pf. ἀπο-δέδυκα ist ganz vereinzelt auch trans.: πολλούς.
ἐγγυάω verpfände; augm. u. red. ἠγγ. (od. ἐνεγύων ἐγγεγύηκα).
ἐγείρω wecke; F. ἐγερῶ, -εῖς. A. ἤγειρα. A. P. ἠγέρθην wurde geweckt u. erwachte.
ἐγείρομαι erwache; A. ἠγρόμην (§ 14), nach 85; Pf. ἐγρήγορα, Plqpf. ἐγρηγόρειν bin, war wach; vgl. 88, 5.
ἐγκωμιάζω lobe; F. -άσω u. -άσομαι. Impf. ἐνεκωμ. Pf. ἐγκεκωμ.
εἰμί: 103, 3; V.=A. συν-εστέον. (Impf. ἤμην.)
εἶμι: 103, 2; Nbf. Impf. Sg. 1. ᾔειν, 2. ᾔεισθα, 3. ᾔειν, Pl. 3. ᾔεσαν. Opt. auch ἰοίην. V.=A. auch ἰτητέον (vom att. ungebr. ἰτάω).
ἐκκλησιάζω stimme ab; augm. ἐξεκλησίαζον od. ἠκκλησίαζον u. s. f.
ἐλέγχω überführe; reg., nur Perf. mit att. Redupl. (88, 5): ἐλήλεγκται.
ἑλίσσω wälze; daneben εἱλίσσω, augm. εἵλισσον, εἵλιγμαι u. s. f., nach 88, 1.
ἐναντιόομαι: 88, 6; auch ἐν-ηντιούμην, ἐν-ηντιώθην, ἐν-ηντίωμαι.
ἕννυμι, ἀμφι- bekleide: ἀμφιῶ, -εῖς, ἠμφίεσα, ἠμφίεσμαι.
ἐνοχλέω belästige; augm. ἠνώχλουν, -ησα, -ημαι, nach 88, 7.
ἐπίσταμαι: 100, 6; hat auch ἐπίστω f. ἐπίστασο u. ἠπίστω f. ἠπίστασο.
ἐργάζομαι arbeite; augm. εἰργ. (100, 1) und ἠργ.
ἕρπω u. ἑρπύζω krieche, serpo; augm. εἷρπον, εἵρπυσα, nach 88, 1.
ἔρχομαι: 111, 2; F. ἐλεύσομαι (fast nur poet. und ionisch).
ἐσθίω: 111, 3; Perf. ἐδήδοκα, ἐδήδεσμαι (vgl. 88, 5). V.=A. ἐδεστέον.
ἑστιάω bewirte; augm. εἱστίων, εἱστίασα, εἱστίακα u. s. f., nach 88, 1.
εὕδω schlafe, gew. καθ-; s. καθεύδω S. 94.
εὐεργετέω thue wohl; augm. εὐεργ. od. εὐηργ.
ἀπ-εχθάνομαι werde verhaßt; (ἐχθ-η, nach 108, c.): ἀπ-εχθήσομαι, ἀπ-ηχθόμην, ἀπ-ήχθημαι.
ἔχω: 111, 5; ἀμπ-έχω u. -ίσχω umhülle; Impf. ἤμπισχον.
ἀμπέχομαι habe um mich gehüllt; augm. ἠμπειχόμην, nach 111, 5. b.
ζώννυμι gürte, nach 105, b: ζώσω, ἔζωσα, ἔζω(σ)μαι.
ἧμαι, κάθημαι: 103, 5. Impf. auch καθήμην, καθῆσο, καθῆστο u. s. f. Konj. καθώμεθα. Opt. καθήμην oder καθοίμην.
ἠμί sage; Impf. ἦν δ' ἐγώ u. ἦ δ' ὅς (sagte ich, sagte er), vgl. 103, 1.
θέω laufe, Präs. und Impf. 90, 3; (aus θεύω, θέϝω, wie πλέω 107. A.); Fut. θεύσομαι, nach 107, A.
θιγγάνω berühre; (θιγ-, 108, d): θίξομαι, ἔθιγον.
θνήσκω, ἀπο-: 109, 7; besser θνῄσκω (d. i. θνη-ίσκω). Pf. Opt. τεθναίην, Imper 3. Sg.: τεθνάτω.
θρύπτω, zerbreche, verweichliche; Pf. P. τέθρυμμαι von τρυφ-, nach 21, 2.
ἱδρόω schwitze, reg.; neben ἱδροῦντι auch ἱδρῶντι τῷ ἵππῳ.

112 ἵζω, s. καθίζω.

ἵημι: 97—99; ἀφίημι: Impf. auch ἠφίειν, augm. nach 88, 7.

ἱλάσκομαι versöhne; St. ἱλα(σ): ἱλάσομαι, ἱλασάμην.

ἵστημι: neben τὸ ἑστώς (102, 1) auch τὸ ἑστός, τὸ καθεστός.

καθεύδω: 88, 6; augm. neben ἐκάθευδον selten auch καθηῦδον; Fut. καθευδήσω.

καθίζω: 111, 14; augm. neben ἐκάθισα (88, 6) auch καθῖσα.

καίνω: 85, 3; Pf. κατα-κέκονα, nach 87, 3.

καίω: 91, 2, vgl. 75, 3. A.; Aor. A. auch (ἔκηα), ἔκεα (poet.); Aor. Pass. auch ἐκάη (poet. u. ion.).

καλέω: 91, 6; Opt. Pf. Pass. κεκλῇο (ohne Umschreibung).

κεῖμαι: 103, 6; Konj. κέηται, κέωνται. Opt. κέοιτο, κέοιντο.

κεράννυμι: 105, 1; Pass. Pf. κεκέρασμαι. Aor. ἐκεράσθην.

κερδαίνω gewinne; Aor. neben ἐκέρδηνα auch ἐκέρδᾱνα, gegen 83, 2.

κλάω breche; (κλᾰ(σ)-): κλάσω, ἔκλασα, κέκλασμαι, ἐκλάσθην, nach 90, 4.

κλέπτω stehle; κλέψομαι u. κλέψω, ἔκλεψα, κέκλοφα (87, 3. d), κέκλεμμαι, ἐκλάπην (86, 3), κλεπτέος 96, 22.

κλίνω: 96, 49; P. auch ἐκλῐνην (u. ἐκλίνθην), κλινῶσομαι.

κνάω kratze; Med. κνῆται, κνῆσθαι, kontr. wie ζῆν u. s. f. 90, 2.

κορέννυμι sättige; (κορεσ): κορέσω, ἐκόρεσα, κεκόρεσμαι, ἐκορέσθην.

κρούω stoße: κέκρουμαι, ἐκρούσθην, κρουστός, wie κλείω 90, 7.

κτάομαι erwerbe, reg.; Opt. Perf. κεκτῴμεθα (ohne Umschreibung).

κτίννυμι, ἀπο- töte; Nbf. zu ἀπο-κτείνω (κτείνυμι).

λαμβάνω: 108, 11; Imper. Aor. II. λαβέ (wie εἰπέ 71, 12, d).

λέγω „lese“ in ἐκ-, κατα-, συλ-λέγω: 111, 12; P. Pf. auch -λέλεγμαι. Aor. συν-ελέχθην (bes. ion.).

λεύω, gew. κατα- steinige; Aor. P. κατελεύσθην nach 90, 7.

λούω wasche (λόϝω lavo), reg.; daneben auch λοῦται, ἐλοῦτο, ἐλοῦντο, λοῦσθαι u. ähnl.

μεθύσκω mache trunken: ἐμέθυσα.

μεθύσκομαι u. μεθύω bin trunken: ἐμεθύσθην.

μέλλω: 110, 5; hat als Augm. zuweilen ἠ- (ἤμελλον, ἠμέλλησα).

μένω bleibe, F. u. A. reg.; Pf. μεμένηκα. V.-A. μενετός, μενετέον.

μερ- zuteilen (τὸ μέρος, μερίζω — μόρος, μοῖρα): Pf. Pass. εἵμαρται es ist durchs Los bestimmt; ἡ εἱμαρμένη Schicksal, Verhängnis.

μίγνυμι: 105, 8; richtiger μείξω, ἔμειξα, μέμειγμαι, ἐμείχθην.

μιμνήσκω: 109, 10; (auch μιμνῄσκω u. ἐμνῄσθην geschr.); bildet vom Pf. Pass. (ohne Umschreibung) K. μεμνῴμεθα. O. μεμνῇο, μεμνῇτο, μεμνῄμεθα (od. μεμνῷο, μεμνῴμεθα).

μνημονεύω erinnere mich; redupl. ἀπ-εμνημόνευκα, vgl. 73, 2. 3.

νέμω teile zu; Fut. u. Aor. reg.; dann νενέμηκα, νενέμημαι, ἐνεμήθην nach 110, b.

νέω schwimme, nach 107, A. wie πλέω, 107, 7: νεύσομαι, ἔνευσα, νένευκα.

οἴγω, ἀν-: 88, 2; auch ἤνοιγεν u. ἤνοιξεν. F. ex. P. ἀνεῴξεται. 112

οἶδα: 102, 4; Nbf. Pr. οἶδας. Impf. ᾔδης u. ᾔδησθα. F. εἰδήσω. V.=A. ἰστέον man muß in Erfahrung bringen.

οἰκτείρω bemitleide, reg.; besser οἰκτῑ́ρω (75, 3. d), οἰκτῑρῶ, ᾤκτῑρα.

οἴχομαι gehe, bin fort; F. οἰχήσομαι. Pf. οἴχωκα (ᾤχωκα u. ᾤχημαι).

ὄμνυμι: 105, 12; Pass. ὀμώμο(σ)ται, ὠμό(σ)θησαν — ἀπώμοτος.

ὁράω: 111, 6; Imper. Aor. A. auch ἰδέ (wie εἰπέ 71, 12, d); Aor. auch med.: εἰδόμην.

ὀρύττω grabe; reg. nur Pf. mit att. Redupl. (88, 5): ὀρώρυγμαι, Plqpf. ὠρωρύγμην.

ὀφείλω schulde: ὤφελον 85, 3; ὀφειλήσω, ὠφείλησα, ὀφειληθείς.

ὀφλισκάνω: schulde; (ὀφλ-η): ὀφλήσω, ὦφλον (unrichtig betont ὀφλεῖν u. ὀφλών) u. ὤφλησα, ὤφληκα.

πάομαι (dor.) = κτάομαι u. πέπαμαι = κέκτημαι.

παρανομέω handle gesetzwidrig; παρενόμουν, παρανενόμηκα.

παροινέω handle übermütig; augm. ἐπαρῴνησα, wie 88, 7.

παύω mache aufhören; reg., nur παυστέον, ἄπαυστος (Her. auch ἐπαύσθην) mit σ.

πείθω: 96, 8. 9.; Pf. II. πέποιθα 107, 5. Aor. M. ἐπιθόμην.

πεινάω hungere; kontr. wie ζάω 90, 2: πεινῇς, πεινῇ, ἐπείνη, πεινῆν.

πειράομαι, Dep. Pass. 94, 2; daneben auch Aor. Med. ἐπειρασάμην.

πέτομαι fliege; Fut. πτήσομαι. Aor. ἐπτόμην (nach 85) oder ἐπτάμην (nach 100) oder ἔπτην (nach 101).

πήγνυμι: 105, 9; Opt. Präs. πηγνῦτο (s. πηγνυῖτο).

πίμπλημι u. πίμπρημι werden nach ἐμ- auch ohne μ geschrieben: ἐμπίπλημι, ἐμπίπρημι, ἐμπιπρᾶσιν u. ähnl., doch stets ἐνεπίμπλην u. ä. ἐνεπίμπρων, Nbf. zu ἐνεπίμπρασαν.

πλέκω flechte: πλέξω, ἔπλεξα, πέπλεγμαι, ἐπλάκην, 86, 3.

πλέω: 107, 7; F. auch πλευσοῦμαι (sog. Fut. doricum); ferner πεπλευσμένος (befahren), ἄπλευστος (noch nicht befahren) und πλευστέον.

πλήττω: 107, 2. 111, 15; fraglich πεπληγέναι = πεπλῆχθαι.

πνῑ́γω ersticke (tr.), erwürge (wie τρῑ́βω 11, 1 u. 107, 3): πνίξω, ἔπνιξα. M.=P. ersticke (intr.), ertrinke: πνῑγήσομαι, ἐπνίγην, πέπνιγμαι.

ποθέω ersehne, wünsche; reg.; selten auch ποθέσομαι, ἐπόθεσα.

πορ- schaffen (πορίζω, πορσύνω): A. II. ἔπορον gab; Pf. P. πέπρωται ist vom Schicksal bestimmt; ἡ πεπρωμένη und τὸ πεπρωμένον fatum.

πράττω: 96, 13; außerdem πέπρᾱγα es ist mir ergangen, befinde mich.

ῥιγόω friere, reg.; daneben auch K. ῥιγῷ, Inf. ῥιγῶν, Part. ῥιγώντων.

σαλπίζω trompete; (σαλπιγγ-: 75, 3. b. Anm.): ἐσάλπιγξεν (ὁ σαλπιγκτής).

σβέννυμι lösche (ἀπο-, κατα-), tr.: σβέσω, ἔσβεσα, ἔσβεσμαι, ἐσβέσθην.
σβέννυμαι erlösche, intr.: σβήσομαι, ἔσβην, ἔσβηκα, vgl. 101, 4.

σείω erschüttere; Pass. mit σ: σέσεισμαι, ἐσείσθην, σειστός nach 90, 7.

112 *σήπω* mache faulen; *ἀπο-, κατασήπομαι*, intr., verfaule (wie *τήκομαι* 107, 1): *σαπήσομαι, ἐσάπην, ἀπο-σεσηπώς* verfault.

στάζω tropfe (*σταγ-*, stagnum): *στάξω, ἔσταξα, ἐν-έστακται* } vgl.
στηρίζω stütze (*στηριγ-*): *ἐστήριξα, ἐστήρικτο, στηριχθείς* } 75, 3. b.
στίζω steche (*στιγ-*): *στίξω, ἔστιξα, ἔστιγμαι, στικτός* } Anm.

τάττω: 96, 14; vereinzelt *τετάχαται* u. *ἐτετάχατο* (gegen 82, 2 ohne Umschreibung, in ion. Weise).

τίθημι: 97 — 99; Pf. auch *τέθεικα* (berechtigt erst bei Spätern).

τίνω: 108, 1; richtiger *τείσω, ἔτεισα* u. s. f. (*τει-*: *τι-*, 107).

τιτράω (*τετραίνω*) bohre: *ἔτρησα, τέτρημαι*.

τρέω zittere; Aor. *ἔτρεσα*, nach 90, 4.

τρίβω reibe (*τρῑβ*: *τρῐβ*, 11, 1); *τρίψω, ἔτρῑψα, τέτρῐφα, τέτρῑμμαι, ἐτρίφθην* u. *ἐτρίβην*. 107, 3.

φεύγω: 107, 6; F. auch *φευξοῦμαι* (sog. Fut. doricum).

φημί: 103, 1; Nbf. *ἔφης* zu *ἔφησθα* u. *φαθί* zu *φάθι*.

φθείρω, gew. *δια-*; reg. nach *σπείρω* 96, 33; daneben auch Pf. II. A. *διέφθορα*, trans. u. intrans.; Pf. P. 3. Pl. auch *ἐφθάραται*, wie *τετάχαται* in ion. Weise ohne Umschreibung.

φρέω (nur in Kompos.) lasse: *δια-φρήσω, εἰσ-φρήσομαι* (bei sich einlassen); Inf. Aor. M. *ἐπ-εισ-φρέσθαι* (noch dazu mit sich hineinlassen), vgl. *θέσθαι*.

χαίρω freue mich; *χαιρήσω, ἐχάρην, κεχάρηκα*, nach 101, 2. b.

χαλάω lasse los: *χαλάσω, ἐχάλασα, ἐχαλάσθην*, nach 90, 4.

χόω schütte auf, errichte: *κέχωσμαι, ἐχώσθην, χωστός*, nach 90, 7.

χράω gebe Orakel: *χρήσω, ἔχρησα*; Med. befrage das Orakel: *χρήσομαι, ἐχρησάμην*; Pass. *κέχρησται, ἐχρήσθη* das Or. wurde erteilt.

χράω leihe, gewähre: kontr. *χρῇς, χρῇ, χρῆν* (90, 2); und bildet (90, 1) *ἔχρησα, ἐχρήσατο* lieh sich. —
(Ebenso *ἀπο-, ἐκ-, καταχράω* genüge.)
Ferner *ἀπόχρη* es genügt, *ἀπέχρη, ἐξέχρη* (u. *κατέχρα*, Her.).

φείδομαι: 96, 10. 11; F. 2. Sg. *φευσεῖ* in dorischem Text (sog. Fut. doricum; vgl. 111, 9, u. in 112 u. *πλέω, φεύγω*).

Dritter Teil: Syntax.

I. Kongruenz.

§ 113. 1. Ist das Subjekt ein **Neutrum Pluralis**, so steht das 113
Verbum finitum gewöhnlich im **Singular**, das Prädikatsnomen aber stets im Plural.

Τὰ μεγάλα δῶρα τῆς τύχης ἔχει φόβον.

Πάντα τὰ δίκαια καλά ἐστιν.

2. Ein **Dual** als Subjekt oder **zwei Subjekte** haben das Prädikat bald im Dual, bald im Plural bei sich.

Δύο καλώ τε κἀγαθὼ ἄνδρε τέθνατον od. *τεθνᾶσιν.*

3. **Männliche und weibliche Appellativa** als Subjekt haben oft das Prädikat im **Neutrum** Sing. (als Substantiv) bei sich; vgl. *triste senex miles.*

Ἀθάνατον ἡ ψυχή **etwas Unsterbliches** ist die Seele.

Οὐκ ἀγαθὸν πολυκοιρανίη εἷς κοίρανος ἔστω.

4. **Pronominales** Subj. oder Obj. richtet sich im Genus und Numerus nach dem **substantiv. Prädikat**; vgl. *ea firma amicitia est.*

Αὕτη ἄλλη πρόφασις ἦν: **das** war ein anderer Vorwand.

Πάντες οὗτοι νόμοι εἰσίν: **alles das** sind Gesetze.

Daneben wie im Deutschen: *Ἔγωγέ φημι ταῦτα φλυαρίας εἶναι.*

Anm. Bei **Definitionen** steht das Pronomen, welches alsdann nicht Subjekt, sondern Prädikat ist, im **Neutrum**. Z. B. *Τί φῂς ἀρετὴν εἶναι;*

5. Nähere Bestimmungen des **Orts**, der **Zeit**, der **Art und Weise**, der **Reihenfolge** und des **Gemütszustandes**, welche im Deutschen adverbial ausgedrückt werden, schließen sich im Griechischen als **Adjektiva** an ihr Beziehungswort (Subjekt oder Objekt) an; vgl.

Socrates primus hoc docuit — Socrates venenum laetus hausit.

Σκηνοῦμεν ὑπαίθριοι ἐν τῇ τάξει (unter freiem Himmel).

Τριταῖοι ἐκ Σπάρτης ἐγένοντο ἐν τῇ Ἀττικῇ (am dritten Tage).

Κατέβαινον εἰς τὰς κώμας ἤδη σκοταῖοι (in der Dunkelheit).

Ἐπύαξα προτέρα Κύρου εἰς Ταρσοὺς ἀφίκετο.

Ἑκοῦσαι αἱ πόλεις χρήματα συνεβάλλοντο.

II. Der Artikel.

114 § 114. Der Artikel *ὁ, ἡ, τό* der, die, das, zeigt seine ursprüngliche Natur als Pronomen demonstrativum noch

1. in *ὁ μέν — ὁ δέ* der eine — der andere (in allen Kasus);
   in *τὸ μέν — τὸ δ'* / *τὰ μέν — τὰ δέ* } adverbial: teils — teils, bald — bald;
   in *πρὸ τοῦ*: vordem, vormals, u. ähnl.;
2. in *ὁ δέ, ἡ δέ, τὸ δέ* der aber, die aber, das aber,
   im Acc. c. Inf. *τὸν δέ, τὴν δέ, τοὺς δέ* der aber, die aber,
   und *καὶ τόν, καὶ τήν, καὶ τούς*, und der, und die (Nom. *καὶ ὅς* § 126, 1. A. 2).

Οἱ μὲν ἐτόξευον, οἱ δ' ἐσφενδόνων.

Κῦρος δίδωσι Κλεάρχῳ μυρίους δαρεικούς· ὁ δὲ λαβὼν τὸ χρυσίον στράτευμα συνέλεξεν.

115 § 115. **Der Gebrauch des Artikels** entspricht im allgemeinen demjenigen des bestimmten Artikels der deutschen Sprache. Er steht also

1. **individuell**, indem er einen bestimmten einzelnen Gegenstand hervorhebt und von andern unterscheidet:

   Τῶν ἑπτὰ σοφῶν σοφώτατος ἦν Σόλων.
   Ὁ σοφὸς ἐν αὑτῷ περιφέρει τὴν οὐσίαν (seine Habe).
   Ξέρξης ἡττηθεὶς τῇ μάχῃ ἐκ τῆς Ἑλλάδος ἀπεχώρει (in der bekannten Schlacht).

   Κῦρος ὑπισχνεῖτο δώσειν τρία ἡμιδαρεικὰ τοῦ μηνὸς τῷ στρατιώτῃ (distributiv: ***singulis mensibus singulis militibus***).
2. **generell**, indem er einen einzelnen Gegenstand zum Vertreter der ganzen Gattung macht:

   Νικᾷ ὁ μείων τὸν μέγαν δίκαι' ἔχων.
   Δεῖ τὸν στρατιώτην φοβεῖσθαι μᾶλλον τὸν ἄρχοντα ἢ τοὺς πολεμίους.

Anmerkung 1. Unterscheide:

πολλοί	viele,	und	*οἱ πολλοί*	die meisten, die große Menge;
ὀλίγοι	wenige,	und	*οἱ ὀλίγοι*	die Oligarchen;
πλείονες	mehrere,	und	*οἱ πλείονες*	die Mehrzahl;
πλεῖστοι	sehr viele,	und	*οἱ πλεῖστοι*	die Meisten;
ἄλλοι	*alii*	und	*οἱ ἄλλοι*	*ceteri*;

ἐμὸς φίλος ein Freund von mir u. *ὁ ἐμὸς φίλος* mein Freund;
τοιοῦτος ἀνήρ ein solcher Mann, u. *ὁ τοιοῦτος ἀνήρ* der so beschaffene Mann.

Anmerkung 2. Merke:

ὁ βουλόμενος jeder, der will;
ὁ τυχών jeder beliebige, der erste beste;
ὁ τολμήσων ein solcher, der es wagen kann od. wird (qualitativ).

§ 116. Abweichend vom Deutschen steht der Artikel bei be- 116
stimmt bezeichneten Dingen:

1. bei Einführung der Apposition nach dem Personalpronomen, selbst bei fehlendem Pronomen:
   ἡμεῖς οἱ Ἕλληνες wir Griechen, ἐγὼ ὁ τλήμων —
2. bei Kardinalzahlen, bes. wenn sie einen bestimmten Teil eines bekannten Ganzen angeben, also auch bei Bruchzahlen:
   τὰ δύο μέρη zwei Drittel;
   Ἀπῆσαν τῶν λόχων δώδεκα ὄντων οἱ τρεῖς.
3. bei ἄμφω, ἀμφότερος u. ἑκάτερος (uterque), oft auch bei ἕκαστος:
   τὼ παῖδε ἀμφοτέρω — ἐπὶ τῶν πλευρῶν ἑκατέρων,
   ἕκαστον τὸ ἔθνος od. ἕκαστον ἔθνος, ἑκάστης (τῆς) ἡμέρας.
4. ferner bei den possessiven Gen. οὗ, ἧς, ὧν dessen, deren:
   ἀπέθανεν ὁ φίλος, οὗ τὸν υἱὸν παιδεύω, § 66, 3,

sowie bei den Possessiva § 64, 3; Demonstrativa, § 65, 4; u. πᾶς, § 121.

Anm. Bei Dichtern fehlt der Artikel auch oft, wo ihn der prosaische Sprachgebrauch nach den obigen Regeln verlangen würde.

§ 117. Abweichend vom Deutschen fehlt der Artikel, ob- 117
gleich von einem bestimmten Gegenstand die Rede ist:

1. beim Prädikatsnomen:
   Πολλῶν ὁ καιρὸς γίγνεται διδάσκαλος (der Lehrer).
   Αἱ δεύτεραί πως φροντίδες σοφώτεραι (die weiseren).
2. bei persönlichen Begriffen (θεός, στρατηγός, ἄνθρωπος u. ä.) wenn sie als Gattungsnamen generell gebraucht sind:
   Πάντων μέτρον ἄνθρωπός ἐστιν aller Dinge Maß ist der Mensch.
3. bei Gattungsnamen, welche in ihrer Anwendung Eigennamen gleich oder nahe kommen; z. B.
   βασιλεύς der Perserkönig, μέγας βασιλεύς der Großkönig,
   ἐν ἄστει in der Stadt (Athen), — ἐπὶ θάνατον zum Tode, u. a.

Anm. 1. Soll das Prädikatsnomen als ganz bestimmt, schon genannt oder allgemein bekannt hervorgehoben werden, so hat es den Artikel; so besonders substantivierte Participien, ὁ αὐτός derselbe, u. a.
Αὕτη ἡ πολιτεία ἔκειτο τὰ ἆθλα (der festgesetzte K.).
Οὗτός ἐστιν ὁ σώφρων, οὗτος ὁ ἀνδρεῖος (der wahrhaft Weise).
Οἱ ἄνδρες εἰσὶν οἱ ποιοῦντες, ὅ, τι ἂν ἐν ταῖς μάχαις γίγνηται.
Ἐγὼ μὲν ὁ αὐτός εἰμι, ὑμεῖς δὲ μεταβάλλετε.

Anm. 2. Eigennamen bedürfen an und für sich des Artikels nicht; soll eine Person als schon genannt oder bekannt bezeichnet werden, so wird zu deren Namen, oder, falls eine Apposition hinzutritt, zu dieser der Artikel hinzugefügt; z. B. ὁ Σωκράτης, oder Σωκράτης ὁ Ἀθηναῖος
der bekannte Sokrates (aus Athen).

118 § 118. **Zur attributiven Wortstellung** (§ 64, 2. Anm.) merke:

ὁ ἀγαθὸς ἀνήρ der gute Mann,
oder: ὁ ἀνὴρ ὁ ἀγαθός der Mann (und zwar) der gute.
So: ἡ τῶν Περσῶν ἀρχή — ὁ δῆμος ὁ τῶν Ἀθηναίων — ὁ παρὼν καιρός — κατὰ τοὺς νόμους τοὺς κειμένους.
Δέδοικα, μὴ ἐπιλαθώμεθα τῆς οἴκαδε ὁδοῦ.
Ὁ τόπος οὗτος ἐκαλεῖτο Ἀρμενία ἡ πρὸς ἑσπέραν.

Durch die attributive Stellung erhalten Adverbia und adverbiale Ausdrücke die Geltung von Attributen; z. B.
τὴν ἄνω ὁδόν den Hinaufmarsch; οἱ τότε ἄνθρωποι — τοὺς οἴκοι στασιώτας — τὸ ἐν Πλαταιαῖς ἔργον u. s. w.

Anm. Der attributive Genetiv von Substantiven ist nicht streng an die attributive Stellung gebunden: außer ἡ τῶν Περσῶν ἀρχή auch τῶν Περσῶν ἡ ἀρχή und ἡ ἀρχὴ τῶν Περσῶν.

119 § 119. **Zur prädikativen Wortstellung** (§ 64, 2. Anm.) merke:

ἀγαθὸς ὁ ἀνήρ oder ὁ ἀνὴρ ἀγαθός (sc. ἐστίν oder ὤν),
der Mann ist gut, od.
der Mann als guter (sofern er gut ist).

Εἶχον πάντες τὰς ἀσπίδας ἐκκεκαλυμμένας.
Ἅμα τῷ ἡλίῳ δυομένῳ εἰς τὰς ἐγγυτάτω κώμας κατεσκήνωσεν.

120 § 120. Manche Wörter haben bei verschiedener Stellung auch verschiedene Bedeutung. Insbesondere merke:

1. ὁ αὐτὸς βασιλεύς derselbe König, idem rex;
   ὁ βασιλεὺς αὐτός / αὐτὸς ὁ βασιλεύς } der König selbst, rex ipse: § 68.
2. ἡ μέση πόλις die mittlere Stadt (zwischen zwei andern);
   ἡ πόλις μέση / μέση ἡ πόλις } die Mitte der Stadt.
3. τὸ ἄκρον ὄρος der hohe, spitze Berg;
   τὸ ὄρος ἄκρον / ἄκρον τὸ ὄρος } die Spitze des Berges.
4. ἡ ἐσχάτη νῆσος die äußerste (von mehreren) Inseln;
   ἡ νῆσος ἐσχάτη / ἐσχάτη ἡ νῆσος } das Ende, der Rand der Insel.

§ 121. *Πᾶς* (*ἅπας, σύμπας, ὅλος*) bedeuten: 121

1. bei dem **mit Artikel**, also *bestimmt* gebrauchten Substantiv:
   a) in *prädikativer* Stellung: *ganz*, Plur.: *alle*.

πᾶσα ἡ πόλις / *ἡ πόλις πᾶσα* } toute la ville, die ganze Stadt;

πᾶσαι αἱ πόλεις / *αἱ πόλεις πᾶσαι* } toutes les villes, alle Städte;

   b) in *attributiver* Stellung: *gesamt*, *zusammen*:

ὁ πᾶς ἀριθμός die Gesamtzahl, Totalsumme;
ἡ πᾶσα πόλις die gesamte Stadt (auf allen Punkten);
αἱ πᾶσαι πόλεις der Städtebund;

daher *οἱ πάντες, τὰ σύμπαντα* bei Zahlen „*im ganzen*".

2. bei dem **ohne Artikel**, also *unbestimmt* gebrauchten Substantiv:
   jeder, alle; ganz, völlig, lauter.

πᾶσα πόλις / od. *πόλις πᾶσα* } eine ganze Stadt, jede (beliebige) Stadt;

πᾶσαι πόλεις ganze Städte, alle (denkbaren) Städte.

Πᾶσαν ὑμῖν τὴν ἀλήθειαν ἐρῶ. — Τὴν πᾶσαν νῆσον τειχιοῦμεν.
Εἰς πάντας τοὺς θεοὺς καὶ εἰς ἅπασαν τὴν πόλιν ἡμαρτήκασιν.
Εἴ που διακοπείη ἡμῶν ἡ φάλαγξ, τῇ ὅλῃ φάλαγγι κακὸν ἔσται.
Ναῦς διέφθειρον τὰς πάσας ἐς διακοσίας.
Τῷ γὰρ καλῶς πράσσοντι πᾶσα γῆ πατρίς.

Πάσῃ τέχνῃ καὶ μηχανῇ auf jede Art und Weise;
παντὶ σθένει mit ganzer, mit voller Kraft;
πάντες ἄνθρωποι alles, was Mensch heißt, alle Welt;
πᾶν ἀγαθόν lauter Gutes; *ἐν πάσῃ ἀπορίᾳ* in völligem Mangel.

§ 122. Durch **Vorsetzung des Artikels** kann jedes beliebige Wort (Adj., Part., Adv., Inf.), ja selbst ein Satzteil und ein ganzer Satz *substantiviert* werden. 122

τὸ ἀγαθόν, οἱ πολλοί, οἱ πλείονες, οἱ παρόντες,
οἱ νῦν, οἱ πάλαι, τὸ ὅπως, τὸ γνῶθι σαυτόν.
Νέοις τὸ σιγᾶν κρεῖττόν ἐστι τοῦ λαλεῖν.

Anm. Hierher gehören Verbindungen wie die folgenden:
τὰ οἴκοι: die *Lage* zu Hause, die heimatlichen Zustände;
τὰ τῶν φίλων κοινά: das *Eigentum* der Freunde;
τὰ πρὸς τὸν πόλεμον: die *Dinge, Vorbereitungen* für den Kr.;
οἱ περὶ Κῦρον, οἱ ἀμφὶ Ἀριαῖον Cyrus, Ariäus und seine Leute;
τὰ τοῦ Δημοσθένους, vgl. *illud Ciceronis.*

III. Das Pronomen.

123 § 123. 1. Das Reflexivpronomen steht

a) als **direktes** Reflexivum, bezogen auf das Subjekt des **eigenen** Satzes: *σύνοιδα ἐμαυτῷ — γνῶθι σαυτόν* u. a.

Ὁ σοφὸς ἐν αὑτῷ περιφέρει τὴν οὐσίαν.

b) als **indirektes** Reflexivum in abhängigen Sätzen, bezogen auf das Subjekt des **regierenden** Satzes.

Ὀρέστης φεύγων ἔπεισεν Ἀθηναίους ἑαυτὸν κατάγειν.

2. Statt des indirekten Reflexivums der 3. Person können eintreten

a) die **Casus obliqui** von *αὐτός*, vom **Standpunkt des Schriftstellers aus gedacht:**

Λέγουσι Ξενοφῶντι, ὅτι μεταμέλοι αὐτοῖς (*se paenitere*).

b) die **Formen** *οἷ* (od. enkl. *οἱ*) und *σφίσιν* (seltener *σφῶν, σφᾶς*): *Κῦρος ἠξίου ἀδελφὸς ὢν βασιλέως δοθῆναι οἷ* (*sibi*) *ταύτας τὰς πόλεις.* — (*ἐρίζοντά οἱ*: An. 1, 2, 8.)

124 § 124. Über die Bezeichnung des possessiven Verhältnisses s. § 64, 3.

Σοὶ δὲ τοῦτο δίδωμι, ὅτι μου τὴν μητέρα τιμᾷς.

Καὶ ὑμεῖς ἅπαντες τοὺς ὑμετέρους παῖδας ἀγαπᾶτε.

Κἀπὶ τοῖς σαυτῆς κακοῖσι κἀπὶ τοῖς ἐμοῖς γελᾷς.

Ἀστυάγης τὴν ἑαυτοῦ θυγατέρα μετεπέμψατο καὶ τὸν παῖδα αὐτῆς.

Μᾶλλον πιστεύετε τοῖς ὑμετέροις αὐτῶν ὀφθαλμοῖς ἢ τοῖς τούτου λόγοις (vgl. *vestra ipsorum opera*).

§ 125. Von den Demonstrativpronomina weist *ὅδε* (**der da, der hier**) gewöhnlich auf gerade Vorliegendes, **Folgendes**, dagegen *οὗτος* (**dieser**) auf schon Genanntes, Besprochenes, **Vorhergehendes**.

Ἥδε ἡ ἡμέρα: der **heutige** Tag.

Τεκμήριον δὲ τούτου (für das Gesagte) *καὶ τόδε.*

Ταῦτα μὲν δὴ σὺ λέγεις, παρ' ἡμῶν δὲ ἀπάγγελλε τάδε.

Wie *ὅδε* und *οὗτος*, so unterscheiden sich auch *τοιόσδε* und *τοιοῦτος*, *τοσόσδε* und *τοσοῦτος*, *ὧδε* und *οὕτως* u. ä.

Κλέαρχος μὲν τοσαῦτα εἶπε· Τισσαφέρνης δὲ ὧδε ἀπεκρίνατο.

126 § 126. 1. Von den relativen Pron. und Adv. beziehen sich *ὅς*, **welcher**, und die andern **einfachen** Relativa (*οἷος, ὅσος, οὗ, ὅτε, ὡς*) auf einen bestimmten Gegenstand (**individuell**), dagegen *ὅστις*, **wer irgend**, und die andern **zusammengesetzten** Relativa (*ὁπ . . .*) auf die Eigenschaft oder Gattung (**generell**).

Ἔστιν Δίκης ὀφθαλμός, ὃς τὰ πάνθ' ὁρᾷ.

Μακάριος, ὅστις οὐσίαν καὶ νοῦν ἔχει.

Anm. 1. Merke die formelhaften Verbindungen:
ἔστιν ὅστις mancher, ἔστιν ὅτε bisweilen, ἔστιν οὗ da und dort,
ἔστιν ᾧ manchem, ἔστιν οἵ und εἰσὶν οἵ manche.

Anm. 2. ὅς steht demonstrativ in καὶ ὅς und er, ἦ δ' ὅς sagte er.
Οὐδεὶς ἀντέλεγε, καὶ ὃς ἡγεῖτο.
ὅσπερ weist auf Bekanntes zurück: *qui quidem*. An. 3, 2, 10.
ὅσγε giebt zugleich einen Grund an: *quippe qui*. An. 1, 6, 5.

2. Ein Relativpronomen, welches im Accusativ stehen sollte und sich auf einen Genetiv oder Dativ bezieht, tritt oft in diesen Kasus (Assimilation oder Attraktion des Relativs).

Ist das Beziehungswort ein Demonstrativpronomen, so bleibt es weg; ist es ein Substantiv, so kommt es, meist ohne Artikel, an das Ende des Relativsatzes zu stehen.

Ἄξιοι ἔσεσθε τῆς ἐλευθερίας, ἧς κέκτησθε.
Οἱ χρησμῳδοὶ ἴσασιν οὐδὲν ὧν λέγουσιν.
Νῦν ἐπαινῶ σε ἐφ' οἷς λέγεις τε καὶ πράττεις.
Τούτοις ἄρχοντας ἐποίει ἧς κατεστρέφετο χώρας.
Ἡρακλείδας ἐπορεύετο σὺν ᾗ εἶχε δυνάμει.

Anm. Viel seltener assimiliert sich ein Nomen oder Pronomen dem darauf folgenden Relativum (Assimilatio inversa).
Ἀνεῖλεν αὐτῷ ὁ Ἀπόλλων θεοῖς οἷς ἔδει θύειν.

3. Wenn zwei (oder mehr) Relativsätze aneinandergereiht werden und das zweite Relativum in einem andern Kasus stehen müßte als das erste, so wird dasselbe entweder weggelassen, oder es tritt dafür αὐτός (seltener οὗτος und ἐκεῖνος) oder ein Personalpronomen ein.

Ἀριαῖος, ὃν ἡμεῖς ἠθέλομεν βασιλέα καθιστάναι, καὶ (sc. ᾧ) ἐδώκαμεν καὶ (sc. παρ' οὗ) ἐλάβομεν πιστά, ἡμᾶς κακῶς ποιεῖν πειρᾶται.

Ποῦ δὴ ἐκεῖνός ἐστιν ὁ ἀνήρ, ὃς συνεθήρα ἡμῖν, καὶ σὺ μάλα ἐθαύμαζες αὐτόν;

Καὶ νῦν τί χρὴ δρᾶν; ὅστις ἐμφανῶς θεοῖς
ἐχθαίρομαι, μισεῖ δέ μ' Ἑλλήνων στρατός.

§ 127. Von den interrogativen Pronomina und Adverbia stehen 127
τίς, ποῖος, πόσος, ποῦ, πότε, πῶς sowohl direkt als indirekt, ὅστις, ὁποῖος, ὁπόσος, ὅπου, ὁπότε, ὅπως nur indirekt fragend.

Τίς τε καὶ πόθεν πάρει;
Μάθε πρῶτον, τίνες εἰσίν. — Οὐκ ἴστε, ὅ, τι ποιεῖτε.

Anm. Statt des indirekten Fragewortes steht auch ὅς, ἥ, ὅ.
Ἀκούσατε, ᾧ τρόπῳ ἡμῖν ἡ δημοκρατία κατελύθη. — Vgl. § 176, 1.

IV. Vom Gebrauch der Kasus.

128 § 128. Das Griechische hatte ursprünglich wie die verwandten Sprachen **acht** Kasus, hat aber davon **drei** verloren, nämlich den **Ablativ** (woher?), den **Lokativ** (wo? wann?) und den **Instrumentalis** (mit wem? womit?). Dieselben werden teils durch den **Genetiv**, teils durch den **Dativ** ersetzt.

A. Der Accusativ.

129 § 129. Der Accusativ ist der Kasus des sog. direkten oder näheren Objekts. Dieses ist entweder ein **äußeres**, d. h. außerhalb der Handlung liegendes, von ihr betroffenes (*ἐνίκησαν τοὺς πολεμίους*), oder ein **inneres**, in der Handlung schon enthaltenes (z. B. *τίνα νίκην ἐνίκησας;*).

1. Der Accusativ des äußern Objekts.

130 § 130. Abweichend vom Deutschen sind Transitiva die meisten Verba, welche bedeuten

1. **nützen und schaden**: *ὀνίνημι, ὠφελέω, βλάπτω τινά.*
   wohl od. **übel thun**: *εὖ (κακῶς) ποιέω, εὐεργετέω, κακουργέω τινά.*
   unrecht thun: *ἀδικέω τινά.*
   Μέμνησο πλουτῶν τοὺς πένητας ὠφελεῖν.
   Anm. *Συμφέρει* es nützt, und *λυσιτελέω* nütze, regieren den **Dat.**
2. **fliehen, entfliehen, entkommen**: *φεύγω, ἀπο-(ἐκ-) φεύγω τινά.*
   verborgen sein, zuvorkommen: *λανθάνω, φθάνω τινά.*
   schwören, falsch schwören bei: *ὄμνυμι, ἐπιορκέω τινά.*
   Οὐδεὶς ποιῶν πονηρὰ λανθάνει θεόν.
   Daher *νὴ Δία* ja beim Zeus; *οὐ μὰ τοὺς θεούς* nein, bei d. G.
3. **sich schämen, sich scheuen vor**: *αἰσχύνομαι, αἰδέομαί τινα.*
   sich hüten, in acht nehmen vor: *φυλάττομαί τινα.*
   sich fürchten, erschrecken vor: *φοβέομαι, ἐκπλήττομαί τινα.*
   sich wehren gegen, sich rächen an: *ἀμύνομαι, τιμωρέομαί τινα.*
   ἨΙσχύνθημεν καὶ θεοὺς καὶ ἀνθρώπους.
   Τὸν ἐπιόντα πολέμιον ὅσιόν ἐστιν ἀμύνασθαι.

131 § 131. Auch ursprüngliche **Intransitiva** werden **transitiv** gebraucht, bes. mit Präpositionen zusammengesetzte Verba der Bewegung.

Z. B. *μένω* bleibe, warte — *τινά, τὶ* warte auf jem., „erwarte",
σπεύδω, *σπουδάζω* } bin eifrig — *τινά* „fördere" jemand, — *τὶ* „beschleunige" etwas,
πλέω fahre zu Schiffe — *τὴν θάλατταν* „befahre" das Meer.

So: *διαβαίνω ποταμόν, ὑπερβαίνω τεῖχος, ὄρος, ὑφίσταμαι κινδύνους, παραβαίνω τοὺς νόμους, διέρχομαι τὴν χώραν, παραπλέω νῆσον,* u. a.

§ 132. **Einen doppelten Accusativ, des äußern Objekts und des Prädikats, haben bei sich die Verba, welche bedeuten:** 132

nennen, heißen, halten für:	*ὀνομάζω, λέγω, νομίζω*	τινά τι.
wozu machen, ernennen:	*ποιέω, ἀποδείκνυμι*	
wählen, einsetzen:	*αἱρέομαι, καθίστημι*	

Ἰδίας νόμιζε τῶν φίλων τὰς συμφοράς.

Δαρεῖος Κῦρον σατράπην ἐποίησε, καὶ στρατηγὸν δὲ ἀπέδειξεν.

Anm. Im Pass. werden beide Accusative zu Nominativen: *Κῦρος στρατηγὸς ἀπεδείχθη.*

§ 133. **Einen doppelten Accusativ des äußern Objekts, der Person und der Sache, haben die Verba, welche bedeuten:** 133

erinnern u. fragen:	*(ἀνα-) μιμνήσκω, ἐρωτάω*	τινά τι.
verlangen u. fordern:	*αἰτέω, ἀπαιτέω, πράττομαι*	
wegnehmen, berauben:	*ἀφαιρέομαι, ἀποστερέω*	

Ἀναμνήσω ὑμᾶς τοὺς τῶν προγόνων κινδύνους.
Κῦρον αἰτήσομεν πλοῖα καὶ ἡγεμόνα.
Τὸν πάντα δ' ὄλβον ἦμαρ ἕν μ' ἀφείλετο.

Anm. 1. Im Pass. wird der Acc. der Person zum Nom., der Acc. der Sache bleibt unverändert: *Λάχης ἀπεστέρητο τὴν ἀρχήν.*

Anm. 2. Über *ἀποστερέω τινά τινος* u. *ἀφαιρέομαί τινός τι*: § 144, 2. A. 2.

2. Der Accusativ des innern Objekts.

§ 134. **Der Accusativ des innern Objekts oder des Inhalts bei transitiven und intransitiven Verben ist** 134

1. **ein dem Verbum stamm- oder sinnverwandtes Substantiv, allermeist durch ein Attribut (oder einen Relativsatz) näher bestimmt:**
   ταύτην τὴν στρατηγίαν στρατηγεῖν — κάλλιστον ἔργον ἐργάσασθαι — δουλείας δουλεύειν, οἵας οὐδ' ἂν δοῦλος οὐδείς —
   Μέγιστα καὶ ἀνοσιώτατα ἁμαρτήματα ἁμαρτάνουσιν.
   πορεύεσθαι τοὺς πρώτους σταθμούς — τὸν ἱερὸν πόλεμον στρατεῦσαι — ἄπιμεν, ἥνπερ ἤλθομεν, ἢ ἄλλην τινὰ ὁδόν;
   Ζήσεις βίον κράτιστον, ἢν θυμοῦ κρατῇς.

   Anm. Das Attribut fehlt nur in gewissen festen Verbindungen wie *φυλακὰς φυλάττειν* Wachtposten stehen, *φόρον φέρειν* Tribut zahlen, u. ä.

2. **ein Attribut (bald ein Substantiv, bald das Neutrum eines Adjektivs oder Pronomens) zu dem wegbleibenden Substantiv:**
   Ὀλύμπια νικᾶν = Ὀλυμπικὴν νίκην νικᾶν,
   ἡδὺ γελᾶν herzlich lachen — *δεινὰ ὑβρίζειν* furchtbar freveln,
   πάντα νικᾶν, οὐδὲν φροντίζειν, τὰ ἄλλα ἐπιμελεῖσθαι u. a.
   Οὐκ ἔστιν ὅστις πάντ' ἀνὴρ εὐδαιμονεῖ.

135 § 135. Ein **doppelter Accusativ des innern und des äußern Objekts** findet sich bei vielen transitiven Verben (vgl. § 130).

Βασιλεὺς ἡμᾶς τὰ αἴσχιστα αἰκίζεται.
Λακεδαιμόνιοι πολλὰ τὴν πόλιν ἡμῶν ἠδικήκασι καὶ μεγάλα.

Anm. Im Passivum wird das äußere Objekt Nom., das innere bleibt unverändert: *ἄλλην εὐεργεσίαν εὐεργετηθείς — οὐδὲν ἀδικούμενος.*

3. Der freiere Accusativ.

136 § 136. In freierer Weise wird der Accusativ mit Verben, die einen Zustand bezeichnen, und ebenso mit Adjektiven verbunden, um genauer zu begrenzen, worauf sich der Begriff dieser Wörter erstreckt, in Beziehung worauf sie gesagt sein sollen (**Accusativ der Beziehung**, Acc. limitationis, Acc. graecus; vgl. *os umerosque deo similis*).

κάμνω τὴν κεφαλήν, τοὺς ὀφθαλμούς ich leide am Kopfe, an den Augen.
(*τὸ*) *ὄνομα, γένος, εἶδος* dem Namen, der Abstammung, dem Aussehen nach.
(*τὸ*) *εὖρος, ὕψος, βάθος, πλῆθος, κάλλος* an Breite, Höhe, Tiefe u. s. f.

Βέλτιόν ἐστι σῶμά γ' ἢ ψυχὴν νοσεῖν.
Τυφλὸς τά τ' ὦτα τόν τε νοῦν τά τ' ὄμματ' εἶ.

137 § 137. **Der Accusativ der Ausdehnung** in Raum und Zeit entspricht den Fragen: „wie weit? wie lange?"

Τῆς Ἑλλάδος οὐ μεῖον ἢ μύρια στάδια ἀπεῖχον.
Ψευδόμενος οὐδεὶς λανθάνει πολὺν χρόνον.

Anm. 1. Merke: *τριάκοντα ἔτη γεγονώς triginta annos natus*, und: *ἐνάτην ἡμέραν* seit acht Tagen.

Anm. 2. Der bloße Accusativ des Zieles („wohin?") ist nur dichterisch; die Prosa muß, auch bei Städtenamen, Präpositionen hinzufügen: *εἰς Ἀθήνας: Athenas.*

138 § 138. Sehr viele Accusative des Inhalts, der Beziehung und der Ausdehnung sind geradezu Adverbia geworden (**adverbialer Accusativ**).

Οὐδέν in keiner Weise, gar nicht —
τί in welcher Beziehung? warum?
πολύ bei weitem,
(*τὰ*) *πάντα* im ganzen, in allem,
(*τὸ*) *πρῶτον* } zuerst, anfangs,
(*τὴν*) *πρώτην* }
μακράν weit,
τίνα τρόπον; — τοῦτον τὸν τρόπον auf welche? — auf diese Weise,
τὸ πρίν, τὸ νῦν früher, jetzt,

τὶ irgendwie, einigermaßen,
τἆλλα im übrigen,
πολλά vielfach, oft,
τὰ πολλά meistenteils,
ἀρχήν überhaupt, von vornherein,
τὸ λοιπόν fürderhin, in Zukunft,
τὴν ταχίστην (*ὁδόν*) schleunigst,
τὸ κατ' ἐμέ, τὸ κατὰ τοῦτον was mich, was den betrifft (§ 195, 5),
πρόφασιν vorgeblich, u. a. m.

Anm. Über den absoluten Accusativ siehe § 199, 1.

B. Der Genetiv.

§ 139. Der griechische Genetiv ist **teils** eigentlicher Genetiv, **teils** 139 vertritt er den ursprünglichen **Woher-Kasus**, den Ablativ, und bezeichnet alsdann den **Ausgangspunkt** einer Handlung, sei es räumlich (Trennung, Vergleichung; Stoff) oder geistig (Ursache).

1. Der eigentliche Genetiv.

§ 140. Der **Genetivus possessoris** bezeichnet den **Besitzer** oder 140 Urheber bei Subst. und Adj., sowie bei *εἶναι, γίγνεσθαι* („gehören [zu], sich schicken für, zeugen von ....").

ἡ Κύρου στρατιά — τὸ τοῦ Σόλωνος, τὰ τῶν Ἑλλήνων u. ä.
ἱερὸς ὁ χῶρος τῆς Ἀρτέμιδος — Κίμων Μιλτιάδου, Περικλῆς ὁ Ξανθίππου — ἐν Ἅιδου (sc. τῇ οἰκίᾳ), εἰς Ἅιδου.
Πενίαν φέρειν οὐ παντός, ἀλλ' ἀνδρὸς σοφοῦ — doch *ἐμόν ἐστιν.*
vgl. *cuiusvis hominis est errare* — doch *meum est.*

§ 141. Der **Genetivus obiectivus** zur Bezeichnung des Gegen- 141 standes, auf welchen sich eine Handlung oder Empfindung bezieht, steht

1. bei **Verbalsubstantiven** (vgl. *cupiditas gloriae*):
ἡ τῆς πατρίδος σωτηρία — ἡ ἐπιθυμία ἡδονῶν.
τὸ μῖσος Παυσανίου der Haß gegen Pausanias (subj.: der Haß des P.);
βίᾳ πολιτῶν mit Gewalt gegen die B., zum Trotz den Bürgern.
δι' αἰσχύνην ἀλλήλων καὶ Κύρου aus Scham vor e. u. vor K.

2. bei den Verben, Subst. und Adj. des **gerichtlichen Verfahrens** zur Bezeichnung der **Schuld** und des **Vergehens**; so bei
beschuldigen, anklagen: *αἰτιάομαι, γράφομαί τινά τινος.*
überführen, ertappen: *αἱρέω τινά τινος — ἁλίσκομαί τινος.*
schuldig, unschuldig: *αἴτιος, ἀναίτιός τινος.*
Ἐάν τις ἁλῷ τῆς κακώσεως τῶν γονέων, δεδέσθω.

3. bei den Verben und Adj. mit folgenden Begriffen (u. deren Gegenteil):
begierig: *ἐπιθυμέω, ἐράω, ἐφίεμαι, ὀρέγομαί τινος.*
kundig: *ἔμπειρος, ἄπειρος, ἐπιστήμων τινός.*
eingedenk: *μέμνημαι, μνήμων — ἐπιλανθάνομαί τινος.*
besorgt: *ἐπιμέλομαι, φείδομαι, φροντίζω — ἀμελέω τινός, μέλει μοί τινος — ἐπιμελής, ἀμελής τινος.*
teilhaftig: *κοινωνέω, μετέχω — μεταδίδωμί τινος.*
mächtig: *ἄρχω, βασιλεύω — κύριος, ἐγκρατής τινος*, vgl. 145, 2.
voll: *ἐμπίμπλημι, πληρόω — πλήρης, μεστός, κενός τινος.*
Ὁ γραμμάτων ἄπειρος οὐ βλέπει βλέπων.
Ἄνθρωπος ὢν μέμνησο τῆς κοινῆς τύχης.

4. bei Verben, welche bedeuten:

etw. anfassen, berühren: *λαμβάνομαι, ἅπτομαί τινος.*
sich halten an, treffen: *ἔχομαι, τυγχάνω τινός.*
etw. erlangen, verfehlen: *λαγχάνω, ἁμαρτάνω τινός.*
sich täuschen; versuchen, erfahren: *ψεύδομαι, πειράομαί τινος.*

Ἔτ' ἔστι καὶ σοὶ τῶνδε συγγνώμης τυχεῖν.

Ἐσφάλημεν τῆς δόξης — πολλῶν κακῶν πεπειράμεθα.

Anm. Der Gen. obiectivus ist bei vielen der zu 3. und 4. gehörigen Verba zugleich partitiv.

142 § 142. 1. **Der Genetivus partitivus**, d. h. der Genetiv des geteilten Ganzen hat fast immer prädikative Stellung. Seine Anwendung ist häufiger als im Lateinischen und überall da zulässig, wo ein Gegensatz eines Ganzen zu seinen Teilen gedacht wird:

τῶν ἀνθρώπων οἱ σοφοί (aber nur *οἱ θνητοὶ ἄνθρωποι*) —
ὁ ἄριστος ἁπάντων — τίς ἡμῶν; — οὐδεὶς αὐτῶν —
Θῆβαι τῆς Βοιωτίας — ποῦ γῆς; ubi terrarum? —
ὀψὲ τῆς ἡμέρας — εἰς τοῦθ' ὕβρεως (vgl. *eo vecordiae*) u. ä.

Ἀριστεὺς ἤθελε καὶ αὐτὸς τῶν μενόντων εἶναι.

2. Der Genetivus partitivus kann also bei jedem Verbum stehen, wenn die Handlung nicht das ganze Objekt, sondern nur einen Teil desselben betrifft, und findet sich deshalb insbesondere

a) bei den Verben essen, trinken, kosten, genießen, wenn nur je ein Teil des Vorrats genossen wird.

Τῶν κηρίων ὅσοι ἔφαγον, πάντες ἄφρονες ἐγίγνοντο.

Ὀλίγοι σίτου ἐγεύσαντο — Σωκράτης τὸ φάρμακον ἔπιεν.

b) bei den Verben und Adj. des Anteils und der Fülle; s. § 141, 3.

Anm. 1. Man sagt nur *καινόν τι*: *aliquid novi* (nicht *καινοῦ τι*).
und *οὐδὲν ἀγαθόν*: *nil boni* (nicht *οὐδὲν ἀγαθοῦ*).

Anm. 2. In Ausdrücken wie unser zwei, deren viele, in welchen kein Teilverhältnis vorliegt, steht wie im Lateinischen kein Gen. part.
Ἔφυγον ἐς τὰς ναῦς, αἳ ἐφρούρουν δύο, vgl. *amici, quos multos habeo.*

Anm. 3. Das regierende numerale Adjektiv zeigt das Genus des abhängigen Subst.: *ὁ λοιπὸς τοῦ χρόνου — τῆς γῆς τὴν πολλήν — τοῦ σίτου τὸν ἥμισυν.*

143 § 143. **Der Genetivus qualitatis** steht fast nur da, wo die Größe oder das Alter durch einen Zahlbegriff genau bestimmt wird.

Τριῶν ἡμερῶν ὁδόν — τεῖχος εὖρος εἴκοσι ποδῶν, ὕψος δὲ ἑκατόν.

Πρόξενος ἦν, ὅτε ἀπέθνησκεν, ἐτῶν ὡς τριάκοντα.

Anm. Zur Angabe der Eigenschaft dient sonst der Acc. der Beziehung, § 136 fg.

2. Der ablativische Genetiv.

§ 144. **Der Genetivus separationis** findet sich 144

1. bei den Verben (und Adjektiven) von der Bedeutung:

trennen u. hindern: *ἀπέχω, εἴργω, κωλύω τινά τινος.*
entfernen, befreien: *ἀπαλλάττω, ἐλευθερόω — ἐλεύθερος.*
entfernt u. verschieden sein: *ἀπέχω, διέχω — διαφέρω τινός.*
weichen von, sich enthalten: *εἴκω — ἀπέχομαί τινος.*
vgl. *arcere, prohibere, liberare, abesse, abstinere.*

Τῶν πόνων ἀπηλλάχθαι νομίζοντες ἡδέως ἐκοιμήθησαν.
Ἀπέχει ἡ Πλάταια τῶν Θηβῶν σταδίους ἑβδομήκοντα.

2. bei den Verben (und Adjektiven) von der Bedeutung:

berauben: *στερέω, ἀποστερέω — στέρομαι* bin beraubt.
entbehren: *ἀπορέω, σπανίζω* habe Mangel an — *ἔρημος.*
ermangeln: *δέω, ἀπορέω — δεῖ μοί τινος* mir fehlt etwas.
bedürfen: *δέομαι, προσδέομαι* bedarf dazu — *ἐνδεής τινος.*
vgl. *privare, egere, carere.*

Ὁ μηδὲν ἀδικῶν οὐδενὸς δεῖται νόμου.

Anm. 1. *Δέομαί τινός τι* bitte jem. um etwas, bei neutralem Pron. od. Adj. der Sache, sonst gew. *αἰτέω τινά τι.* Z. B.

Ὑμῶν δεόμεθα ταῦτα, aber *Κῦρον ᾔτησαν μισθόν.*

† Anm. 2. Vgl. § 133. — *Ἀφαιρέομαι* hat auch die Konstruktion *τινός τι.*

3. bei den Verben des Anfangens und Aufhörens:

ἄρχω beginne (wenn andere fortsetzen): *τοῦ λόγου* die Besprechung.
ἄρχομαι beginne (wenn ich fortsetze): *τοῦ λόγου* meine Rede.
ἀπό, ἐκ τινος von, mit etw.: *ἀπὸ τῶν θεῶν.*
παύω mache aufhören, *τινά τινος* halte ab; entsetze (*ἀρχῆς*).
παύομαι, λήγω τινός höre auf mit, lasse ab von etw. (*ὀργῆς*).

Πειρᾶσθε σὺν τοῖς θεοῖς ἄρχεσθαι παντὸς ἔργου.

4. als persönliches Obj. bei den Verben der Wahrnehmung wie *ἀκούω, μανθάνω, αἰσθάνομαι, πυνθάνομαι,* vgl. *audio ex, ab aliquo.*

Ἀκούσεσθε ἐμοῦ πᾶσαν τὴν ἀλήθειαν.

Anm. Das sachliche Obj. steht gewöhnlich im Acc.; doch unterscheide *ἀκούω, αἰσθάνομαί τι*: höre, vernehme, merke, nehme etw. wahr, von *ἀκούω, αἰσθάνομαί τινος* (von Personen und Sachen): höre, horche, merke auf jem., etw.; beachte etw.; gehorche jem.

Ἀκούσαντες τὸν θόρυβον οὐχ ὑπέμειναν.
Ἄκουε πάντων, ἐκλέγου δ' ἃ συμφέρει.
Νέος ὢν ἀκούειν τῶν γεραιτέρων θέλε.

145 § 145. **Der Genetivus comparationis (comparativus)** steht
1. bei **Komparativen** gleich ἤ mit Nom., Acc., (Gen.) od. Dativ.
Σιγὴ ποτ' ἐστὶν αἱρετωτέρα λόγου — vgl. *luce clarius.*
Φιλεῖ δ' ἑαυτοῦ πλέον οὐδεὶς οὐδένα.
Προσήκει μοι μᾶλλον ἑτέρων ἄρχειν (= *ἢ ἑτέροις*).

2. bei den komparativen Verben und Adjektiven des **Übertreffens**: *περιγίγνομαι, στρατηγέω, ἡγέομαι* (vgl. § 111, 3), und **Nachstehens**: *ἡττάομαι* — *ὑστερέω* bin, komme später.
Ἄνθρωπος συνέσει ὑπερέχει τῶν ἄλλων.
Παυσανίας εἰς Ἁλίαρτον ὑστέρησεν Λυσάνδρου.

Anm. *Κρατέω τινός* beherrsche: *κρατοῦσι πάντων οἱ θεοί*, aber *κρατέω τινά* besiege: *ἐκρατήσαμεν μάχαις Συρακοσίους*, und *ἡγέομαί τινος* führe an, befehlige: *στρατεύματος*, *ἡγέομαί τινι* führe, zeige den Weg: *ναυσίν*.

146 § 146. **Der Genetivus materiae** bezeichnet den **Stoff** oder **Inhalt**, woraus etwas besteht oder gemacht ist (lat. *ex aliqua re*).
παράδεισος παντοίων δένδρων, γέρρα δασειῶν βοῶν.
Οἱ στέφανοι οὐκ ἴων ἢ ῥόδων ἦσαν, ἀλλὰ χρυσίου.

147 § 147. **Im Genetivus causae** steht die (persönliche oder sächliche) **Ursache** bei Verben und Adjektiven der **Gemütsstimmung** wie z. B.
εὐδαιμονίζω, μακαρίζω τινά τινος preise jem. glücklich wegen,
χαλεπαίνω, ὀργίζομαί τινι τινος zürne jem. wegen.
Εὐδαιμονίζω ὑμᾶς τῆς ἐλευθερίας, ἧς κέκτησθε.

148 § 148. **Im Gen. pretii** steht der **Preis** bei Verben und Adj. des **Kaufens** u. **Verkaufens**: *ὠνέομαι — πωλέω, ἀποδίδομαί τί τινος* des **Schätzens** u. **Würdigens**: *τιμάω, ἀξιόω — ἄξιος, ἀνάξιος.*
Τῶν πόνων πωλοῦσιν ἡμῖν πάντα τἀγάθ' οἱ θεοί.
Ἰητρὸς γὰρ ἀνὴρ πολλῶν ἀντάξιος ἄλλων (gleichviel wert wie).
So: *πολλοῦ magno* teuer, *ὀλίγου, μικροῦ parvo* billig, *πλείονος, ἐλαχίστου* u. ä. — *τιμᾶσθαί τι πολλοῦ magno aestimare,*
u. bes.: *περὶ πολλοῦ* (*πλείονος, πλείστου, παντός, οὐδενός*) *ποιεῖσθαι* hoch, höher, über alles hoch, nichts anschlagen.

149 § 149. **Der Genetivus temporis** steht
1. **ohne Attribut** auf die Frage **wann?** bei allgemeinen Zeitangaben:
νυκτὸς καὶ ἡμέρας — *θέρους aestate, χειμῶνος hieme,*
τοῦ ἐνιαυτοῦ quotannis, τοῦ μηνός monatlich (§ 115, 1. extr.).

2. **mit Attribut** auf die Fragen: **seit wann? innerhalb welcher Zeit?** vgl. *longo intervallo, decem annis, paucis diebus.*
πολλοῦ, πλείστου χρόνου seit langer, sehr langer Zeit,
πέντε, δέκα ἡμερῶν innerhalb fünf, zehn Tagen.

§ 150. Der Genetiv steht bei vielen Verben, welche mit Präpo- 150
sitionen zusammengesetzt sind, die den Genetiv regieren (§ 159, 3. 4); so besonders bei Kompositis mit

ἀπό: *ἀποτρέπω τινός* wende ab von, *ἀπογιγνώσκω τινός* verzweifle an,
§ 111 *ἀφίστημί τινος* mache abtrünnig, *ἀφίσταμαί τινος* falle ab von;
ἐκ (ἐξ): *ἐκβάλλω τινά τινος* vertreibe, *ἐκπίπτω τινός* werde vertrieben,
§ 141 *ἐξίστημί τινά τινος* entferne, *ἐξίσταμαί τινος* entferne mich;
κατά im Sinne von „gegen“, „ver —“:
καταγελάω τινός verlache jem., *καταφρονέω τινός* verachte jem.,
κατηγορέω rede gegen, verklage, *καταψηφίζομαι* stimme gegen, verurteile;
πρό: *προαιρέομαί τινος* ziehe vor, *προκρίνω τινός* praefero alicui,
§ 115 *προτίθημί τινος* antepono alicui, *προίστημί τινος* praeficio alicui, u. a. m.

Πολλῶν κατέγνωσαν θάνατον (κατεγνώσθη θάνατος) μηδισμοῦ.

C. Der Dativ.

§ 151. Der griechische Dativ ist teils **eigentlicher Dativ**, teils 151
vertritt er (wie der lat. Ablativ) den ursprünglichen Sociativus-**Instrumentalis**, sowie den **Lokativ** auf die Frage „wo?“

1. Der eigentliche Dativ.

§ 152. Wie im Lateinischen und Deutschen steht **der Dativ der** 152
beteiligten Person oder Sache bei vielen (transitiven und intransitiven) Verben und Adjektiven.

Ἡ μωρία δίδωσιν ἀνθρώποις κακά.

Νόμοις ἕπεσθαι τοῖς ἐπιχωρίοις καλόν.

Οὐκ ἔστιν οὐδείς, ὅστις οὐχ αὑτῷ φίλος.

Anm. *Κελεύω* heiße, befehle hat wie *iubeo* stets den Acc. c. Inf.; ferner merke: *εὔχομαί τινί τι* wünsche jmdm. etw.: *ὑμῖν ἀγαθά*.
εὔχομαι θεοῖς τι gelobe den G. etw. (*σωτήρια, δεκάτην*), od. flehe zu d. G. um etw. (*σωτηρίαν, σῴζειν*).
φθονέω τινί τινος beneide jem. um, wegen etw. (§ 147).

§ 153. **Der Dativ des Interesses** giebt an, für wen, zu wessen 153
Verfügung, Vorteil oder Nachteil etwas da ist, geschieht (bei *εἶναι*, *γίγνεσθαι* u. a.: Dativus commodi oder incommodi).

Ἐνταῦθα Κύρῳ βασίλεια ἦν καὶ παράδεισος.

Ἕκαστος οὐχὶ τῷ πατρὶ καὶ τῇ μητρὶ μόνον γεγένηται, ἀλλὰ καὶ τῇ πατρίδι.

154 § 154. Hieran schließen sich noch folgende Gebrauchsweisen:

1. Der **Dativus ethicus** zur Bezeichnung einer geistigen Teilnahme.
Μή μοι θορυβήσητε — οὕτως ἔχει σοι ταῦτα.

2. Der **Dativus auctoris** (der thätigen Person, des Urhebers): immer beim Adi. verb. auf *-τέος*: *ἡμῖν ποιητέον*. nobis f.; oft (statt *ὑπό* mit Gen.) beim Passiv, bes. beim Perf. Passivi:
τὰ ὑμῖν πεπραγμένα eure Thaten;
Ἐὰν ἐκεῖ νικῶμεν, πάνθ' ἡμῖν πεποίηται.

3. Der **Dativus relationis**: „für einen, der .....", „wenn man ....."; vgl. *in universum aestimanti.*
Διαβάντι, εἰσπλέοντι, προϊοῦσιν (An. 3, 5, 15; 6, 4, 1; 3, 2, 22).
Τῷ γὰρ καλῶς πράσσοντι πᾶσα γῆ πατρίς.
Ebenso *γίγνεταί μοι βουλομένῳ, ἡδομένῳ, ἀχθομένῳ*
es geschieht mir nach Wunsch, zur Freude zum Ärger.

Anm. Bei der Verbindung *ὄνομά μοί ἐστι* (*mihi nomen est*) steht der Name selbst im gleichen Kasus wie *ὄνομα*: *Ἐμοὶ δ' ὄνομα κλυτὸν Αἴθων.*

2. Der Dativ der Gemeinschaft.

155 § 155. Der **Dativus sociativus** oder comitativus, welchem im Lateinischen meist ein Ablativ mit Präposition entspricht, bezeichnet eine Gemeinschaft, ein Zusammentreffen oder Zusammenwirken in freundlichem oder feindlichem Sinne. Er steht

1. bei Verben, Adjektiven und Adverbien zur Bezeichnung der Person oder Sache, mit welcher eine Gemeinschaft (oder das Gegenteil) stattfindet; so bei

διαλέγομαί τινι unterrede mich mit, *ὁμιλέω τινί* verkehre mit,
μάχομαι, πολεμέω τινί kämpfe gegen, *σπένδομαί τινι* schließe ein Bündnis,
ὁμολογέω, ὁμονοέω stimme überein, *κεράννυμι, μίγνυμι* mische mit,
κοινωνέω, μετέχω, μεταδίδωμι (§ 141, 3), — *ἅμα, ὁμοῦ* zugleich mit.
Σοφοῖς ὁμιλῶν καὐτὸς ἐκβήσῃ σοφός.
Θεῷ μάχεσθαι δεινόν ἐστι καὶ τύχῃ.

Anm. *Πολεμεῖν* und *μάχεσθαι σύν τινι* oder *μετά τινος* heißt: „in Verbindung, verbündet mit jem. Krieg führen, kämpfen".

2. zur Bezeichnung begleitender Truppenkörper (meist ohne *σύν*):
ὀλίγῳ στρατεύματι ἐφέπεσθαι (*parva manu*),
δισχιλίοις ὁπλίταις στρατεύειν.

3. bei *αὐτός* „mitsamt", und *ὁ αὐτός τινι* „derselbe wie":
Μίαν ναῦν λαμβάνουσιν αὐτοῖς ἀνδράσιν.
Ἐν ταὐτῷ ἦσθα τούτοις (an demselben Ort wie diese).

4. oft näher bestimmt durch *σύν* (§ 160, 27): *σὺν τοῖς θεοῖς.*

3. Der instrumentale Dativ.

§ 156. Der Dativ als Vertreter des Instrumentals steht wie der lateinische Ablativ: 156

1. als **Dativus instrumenti** zur Bezeichnung des Mittels oder Werkzeugs, mit welchem etwas geschieht; bes. oft bei *χράομαι*.

Οὐδεὶς ἔπαινον ἡδοναῖς ἐκτήσατο.

Χρήσεται ἡμῖν βασιλεύς, ὅ, τι ἂν βούληται.

2. als **Dativus causae** zur Bezeichnung des Beweggrundes, der Ursache, besonders bei Verbis affectuum:

εὐνοίᾳ, ὕβρει, φθόνῳ, φόβῳ ποιεῖν τι aus Wohlw. u. s. f.

Ἀβουλίᾳ τὰ πολλὰ βλάπτονται βροτοί.

Χαλεπῶς ἔφερον οἱ στρατιῶται τοῖς παροῦσι πράγμασιν.

Anm. Verba affectuum haben beim Dat. causae oft *ἐπί*: „auf Grund von ..., ob, über, wegen", *θαυμάζειν ἐπὶ ποιήσει, μέγα φρονεῖν ἐπ' ἀρετῇ* u. a.

Χαίρειν ἐπ' αἰσχραῖς ἡδοναῖς οὐ χρή ποτε.

3. als **Dativus modi** zur Bezeichnung der Art und Weise, der begleitenden Umstände, gewöhnlich nur mit Attribut:

τούτῳ τῷ τρόπῳ, οὐδενὶ τρόπῳ auf diese, auf keine Weise,

τῇδε, ταύτῃ, δρόμῳ, βίᾳ, κραυγῇ, σιγῇ,

δημοσίᾳ publice, ἰδίᾳ privatim, κοινῇ gemeinsam;

τῷ ὄντι, ἔργῳ in der That, wirklich; *λόγῳ, προφάσει* vorgeblich;

παντὶ σθένει mit voller Kraft — *πάσῃ τέχνῃ καὶ μηχανῇ.*

4. als **Dativus mensurae et differentiae**, bei Komparativbegriffen das Maß, den Unterschied bezeichnend, „um wie viel":

πολλῷ (μακρῷ) κρεῖττον, ὀλίγῳ ἐλάττους τριακοσίων,

πολλοῖς ἔτεσιν ὕστερον, πόλει λογίμῃ ἀσθενέστερος.

ὅσῳ ... τοσούτῳ: *quo ... eo*, je ... desto.

Anm. Neben *πολλῷ* u. ä. häufig der adv. Acc.: *πολὺ χεῖρον, ὀλίγον πρότερον*, wie stets *οὐδέν, τί* und *τὶ* (nie *οὐδενί* u. ä.).

4. Der lokativische Dativ.

§ 157. Der lokativische Dativ, entsprechend dem lat. Ablativus loci et temporis, steht 157

1. als **Dativus loci** auf die Frage „wo?", in Prosa stets mit einer Präposition (*ἐν, παρά, ὑπό*) verbunden, abgesehen von den adverbialen *τῇδε, ταύτῃ, ᾗ*, — *κύκλῳ* — und den Lokativen *Μαραθῶνι, Ἀθήνησιν*.

2. als **Dativus temporis** auf die Frage „wann?“
ohne ἐν bei Angabe von **Daten** oder **Festnamen**:
ταύτῃ τῇ ἡμέρᾳ, τῇ ὑστεραίᾳ, τετάρτῳ ἔτει,
τῷ ἐπιόντι μηνί, Παναθηναίοις. —
mit ἐν = „während, innerhalb, im Verlauf“ (vgl. § 149, 2).
Ἐν ἔτεσιν ἑβδομήκοντα ἐξῆν σοι ἀπιέναι.
Ἐν νυκτὶ βουλὴ τοῖς σοφοῖσι γίγνεται.

Anm. Unterscheide τὴν ἡμέραν, ἡμέρας, τῆς ἡμέρας, τῇ ἡμέρᾳ und ἐν τῇ ἡμέρᾳ!

158 **§ 158. Der Dativ steht bei Verben, welche zusammengesetzt sind mit den Präpositionen:**

σύν: σύνειμι bin zusammen mit, συμμαχέω kämpfe im Bunde mit,
§ 155 συμπονέω erdulde, leide mit, συμπράττω arbeite mit, helfe;
ἐν: ἔνειμι bin bei etwas, ἐμμένω bleibe bei etwas,
§ 157 ἐμπίπτω gerate in etwas, ἐντυγχάνω treffe auf etwas;
ἐπί: ἐπιβουλεύω stelle nach, ἐπιδίδωμι gebe mit,
§ 155 ἐπιτίθεμαι setze zu, ἐπιτρέπω wende zu;
seltener bei Kompositis mit παρά, ὑπό: πάρειμι, ὑπόκειμαι.

V. Von den Präpositionen.

159 **§ 159. 1. Alle Präpositionen waren ursprünglich Adverbien;** als solche kommen noch viele derselben bei Homer, Herodot und den attischen Dichtern vor, während sich in der klassischen Prosa nur πρός (dazu) in πρὸς δέ, πρὸς δὲ καί dazu aber (auch), außerdem (auch), so findet.

2. Als **adverbiale Raumpartikeln** treten die Präpositionen vielfach zu den Casus obliqui, um deren lokale Bedeutung zu stützen oder genauer zu bestimmen. Im allgemeinen stehen Präpositionen
mit dem **Genetiv** auf die Fragen **woher? wovon?** (**Ausgang; Anteil**);
mit dem **Dativ** auf die Fragen **wo? womit?** (**Ruhe; Beisammensein**);
mit dem **Accus.** auf die Fragen **wohin? wie weit?** (**Ziel; Erstreckung**);
doch ist die griechische Anschauung oft von der deutschen verschieden.

3. Es giebt Präpositionen mit **einem**, mit **zwei** und mit **drei** Kasus.
Zum zweiten Kasus setz' ἐκ, πρό, ἀπό, ἀντί,
Zum vierten εἰς, ἀνά, zum **dritten** ἐν und σύν;
Zwei Kasus hat διά, κατά, ὑπέρ, μετά,
Drei πρός, ἀμφί, περί, ἐπί, ὑπό, παρά.

4. Gebrauch und Bedeutung der Präpositionen.

		Genetiv	Dativ	Accusativ
				159
mit einem Kasus	ἀντί	statt, anstatt, für		
	ἀπό	von, von — weg		
	ἐκ, ἐξ	aus, infolge		
	πρό	vor, für		
	ἐν		in, innerhalb	
	σύν		mit	
	εἰς			in, in — hinein
	ἀνά			auf, auf — hin
mit zwei Kasus	διά	durch		wegen
	κατά	von — herab; gegen		durch — hin, gemäß, nach
	μετά	mit		nach, *post*
	ὑπέρ	über, super; für, pro		über — hinaus
mit drei Kasus	ἀμφί	um, de	um, wegen	um
	ἐπί	auf	auf, auf Grund von, zum Zwecke	auf, auf — zu, gegen, nach
	παρά	von, von seiten, von — her	bei, neben	neben — hin, zu, an — vorbei, längs, gegen — während
	περί	über, de	um	um
	πρός	von seiten, von — her	bei, außer, noch dazu	zu, gegen — hin freundl. u. feindl.
	ὑπό	von unten her, unter, von, vor	unter, sub c. Abl.	unter — hin, sub c. Acc.

5. Mit dem Gen. stehen auch oft die präpositionalen Adv.:

ἄνευ ohne, *sine*, *ἄχρι* und *μέχρι* bis zu, *usque ad*,
ἐκτός außerhalb, *extra*, *ἔξω* aus — heraus, außerhalb,
ἐντός innerhalb, *intra*, *εἴσω* in — hinein, innerhalb,
μεταξύ zwischen, *inter*, *ἐγγύς* und *πλησίον* nahe, *prope*,
πλήν außer, *praeter*, *πόρρω* und *πρόσω* fern von,
πέραν jenseits, *trans*, *πέρᾱ* über — hinaus, *ultra*,
ἔμπροσθεν vorn, vor, *ἕνεκα* (*ἕνεκεν*) wegen, *causā*,
ὄπισθεν hinten, nach, *ἐναντίον* gegenüber, vor, *coram*,
ἑκατέρωθεν, *ἀμφοτέρωθεν*, *ἔνθεν καὶ ἔνθεν* von beiden Seiten, u. a.

160

§ 160. Zum Gebrauch der Präpositionen (in alphabetischer Ordnung).

1. **Ἀμφί c. Acc.** (Gen., Dat.) = περί c. Acc., **um.**
   a) örtlich: οἱ ἀμφὶ Ἀριαῖον § 122, A.
   b) zeitlich: ἀμφὶ μέσας νύκτας um Mitternacht.
   c) übertragen: ἀμφὶ τὰ πεντήκοντα ἔτη gegen, *circiter*.
2. **Ἀνά c. Acc.: auf, auf — hin, in** (Gegensatz κατά).
   a) örtlich: ἀνὰ τὸν ποταμόν, (ῥοῦν) stromaufwärts.
   ἀνὰ τὸ πεδίον, τὰ ὄρη über, durch — hin.
   b) zeitlich: ἀνὰ πᾶσαν τὴν ἡμέραν den ganzen Tag hindurch.
   c) übertragen: ἀνὰ κράτος nach Kräften, ἀνὰ λόγον verhältnismäßig.
   d) distributiv: ἀνὰ πέντε je fünf, ἀνὰ πᾶσαν ἡμέραν Tag für Tag.
3. **Ἀντί c. Gen.: statt, anstatt, für.**
   αἱρεῖσθαι τὸ χεῖρον ἀντὶ τοῦ βελτίονος,
   τιμωρώμεθα τοὺς ἄνδρας ἀνθ᾽ ὧν ὑβρίσθημεν.
4. **Ἀπό c. Gen.: von, von — weg.**
   a) örtlich: ἀφ᾽ ἵππου vom Pferde herab, ἀπὸ Σάρδεων ὡρμᾶτο.
   b) zeitlich: ἀπὸ τούτου τοῦ χρόνου von — an, seit.
   c) übertragen: καλεῖσθαι ἀπό τινος sich nach jem. nennen.
   Mittel: στράτευμα συλλέγειν ἀπὸ τῶν χρημάτων.
   Ursache: ἀπὸ τούτου τοῦ τολμήματος infolge.
5. **Διά c. Gen.: durch.**
   a) örtlich: *per*, διὰ μέσης τῆς πόλεως mitten durch d. St.
   inter, διὰ χειρῶν ἔχειν unter Händen haben.
   διὰ πέντε σταδίων in einer Entfernung von.
   b) zeitlich: διὰ πολλοῦ (ὀλίγου) lange (kurze) Zeit hindurch.
   c) instrumental: *per*, δι᾽ ἑρμηνέως διαλέγεσθαι durch einen D.
6. **Διά c. Acc.: wegen, vermittelst.**
   meist kausal: διὰ ταῦτα deswegen, διὰ προδοσίαν.
   δι᾽ ἡμᾶς durch unser Zuthun (Verdienst od. Schuld).
7. **Εἰς (ἐς) c. Acc.: in — hinein, nach, zu, gegen,** *in c. Acc.*
   a) örtlich: εἰς τὴν πόλιν in die St., εἰς πολεμίους ἰέναι gegen F.
   b) zeitlich, Ziel: εἰς τὴν ἑσπέραν auf den Abend.
   Erstreckung: εἰς τὸ λοιπόν für die Zukunft.
   c) übertragen, Zweck: διδόναι, χρῆσθαι εἴς τι zu etw.
   Zahl: εἰς (τοὺς) ἑκατόν gegen, an (die) hundert.
8. **Ἐκ (ἐξ) c. Gen.: aus,** *ex* (opp. εἰς).
   a) örtlich: ἐκ τῆς πόλεως φεύγειν, ἐκ τῆς γῆς φύεσθαι.
   b) zeitlich: ἐκ παίδων von Kindheit an, ἐκ παλαιοῦ von alters her,
   ἐκ τούτου hierauf, ἐξ οὗ *ex quo* seit.
   c) übertragen, Gemäßheit: ἐκ τῶν παρόντων nach der gegenw. Lage.
   Folge: ἐκ τούτων infolge davon.
   Art und Weise: ἐκ παντὸς τρόπου auf alle Weise.

9. Ἐν c. Dat.: in, auf, *in c. Abl.* 160

a) örtlich: ἐν Ἀθήναις, πεφευγέναι ἐν τοῖς ὀχυροῖς.
b) zeitlich: ἐν νυκτί, ἐν ταῖς σπονδαῖς während (§ 157, 2).
c) übertragen: ἐν φόβῳ εἶναι, ἐλπίδας ἔχειν ἔν τινι.

10. Ἐπί c. Gen.: auf.

a) örtlich, Ruhe: ἐφ' ἅρματος ὀχεῖσθαι, ἐπὶ τοῦ ὄρους.
Ziel: ἐπὶ Ἰωνίας, ἐπ' οἴκου ἀπιέναι auf — hin, nach.
b) zeitlich: ἐπὶ Κροίσου βασιλεύοντος unter, während der Reg. des K.
ἐπ' ἐμοῦ zu meinen Lebzeiten.
c) übertragen: ἐφ' ἑαυτοῦ für sich allein, ἐπὶ καιροῦ nach den Umst.
d) distributiv: ἐπὶ τεττάρων πορεύεσθαι vier Mann hoch.

11. Ἐπί c. Dat.: auf.

a) örtlich, Ruhe: ἐπὶ ναυσίν, πόλις ἐπὶ τῇ θαλάττῃ οἰκουμένη.
b) zeitlich, „gleich nach": ἐπὶ τῷ τρίτῳ σημείῳ, ἐπὶ τούτοις.
c) übertragen, Aufsicht: ὁ ἐπὶ τῷ στρατεύματι, ἐπὶ τῇ πόλει.
Abhängigkeit: ἐφ' ὑμῖν ἐστι *penes vos*, ἐπὶ βασιλεῖ γίγνεσθαι in die Gewalt des K. kommen.
Grund (bei Verbis affect.): χαίρειν ἐπ' αἰσχραῖς ἡδοναῖς.
Bedingung: ἐπὶ τούτοις unter diesen Bedingungen, ἐφ' ᾧτε unter der Bed., daß.
Zweck (zu): ἐπὶ θανάτῳ ἄγειν, ἐπὶ βλάβῃ.
zu Ehren von: ἐπὶ Πατρόκλῳ, ἐπὶ Λεωνίδᾳ.

12. Ἐπί c. Acc.: auf, auf — zu, gegen, nach.

a) örtlich: ἐφ' ἵππον ἀναβαίνειν, ὁδὸς ἐπὶ Σοῦσα φέρουσα.
ἰέναι, πορεύεσθαι ἐπί τινα freundlich und bez. feindlich.
b) zeitlich: ἐπὶ τρεῖς ἡμέρας, ἐπὶ πολὺν χρόνον.
c) übertragen, Zweck: ἐπὶ λείαν ἐξιέναι, ἐφ' ὕδωρ πέμπειν.

13. Κατά c. Gen.: von — herab, hinab.

a) örtlich: κατ' οὐρανοῦ, κατὰ τῶν ὀρῶν, τειχῶν ῥίπτεσθαι.
κατὰ γῆς unter der Erde, δῦναι κατὰ γῆς unter die Erde.
b) übertragen: auf — herab = gegen: λέγειν κατά τινος, vgl. § 150.

14. Κατά c. Acc.: längs — hin, durch — hin, gemäß, nach.

a) örtlich: κατὰ τὸν ποταμόν stromabwärts, κατ' ἀγρούς *ruri*, τοὺς καθ' αὑτούς die ihnen gegenüber stehenden.
b) zeitlich: κατ' ἐκεῖνον τὸν χρόνον zu, während jener Zeit.
c) übertragen, Beziehung, Rücksicht: τὰ κατὰ τὸν πόλεμον.
Gemäßheit: κατὰ δύναμιν nach Kräften; κατὰ τοὺς νόμους.
Art und Weise: κατὰ τάχος, καθ' ἡσυχίαν in Ruhe.
κατὰ μικρόν ein wenig; stückweise.
Bei Zahlangaben: ἀπέθανον κατὰ ἑξακισχιλίους ἄνδρας ungefähr.
d) distributiv: καθ' ἕνα je einer, κατ' ἄνδρα *viritim*,
καθ' ἡμέραν *cotidie*, κατ' ἔτος, κατ' ἐνιαυτόν alljährlich.

160 15. *Μετά* c. Gen.: **mit.**
Teilnahme: *μάχεσθαι μετά τινος* verbündet mit; *οἱ μετὰ Κύρου*. *εἶναι μετά τινος* auf jem. Seite stehen.
begleitende Umstände: *μετὰ δακρύων, κινδύνων* unter —.

16. *Μετά* c. Acc.: **nach,** *post*.
Zeit: *μετὰ τὴν μάχην, μετὰ ταῦτα, μεθ' ἡμέραν* bei Tagesanbruch.
Reihenfolge: *θειότατον μετὰ θεοὺς ἡ ψυχή*.

17. *Παρά* c. Gen.: **von seiten, von — her.**
örtlich: *ἥκειν παρὰ βασιλέως, αἰτεῖν, μανθάνειν παρὰ φίλων*.

18. *Παρά* c. Dat.: **bei, neben.**
örtlich, bes. bei persönl. Begriffen: *παρὰ Κλεάρχῳ εἶναι*.
παρὰ τῇ πόλει ὁρμίζεσθαι, παρὰ τῷ βωμῷ θύειν.

19. *Παρά* c. Acc.: **zu — hin, neben — hin.**
a) örtlich: *πέμπειν πρέσβεις παρὰ Φίλιππον*.
παρὰ τὴν θάλατταν πορεύεσθαι, οἰκεῖν längs.
b) zeitlich: *παρ' ὅλον τὸν βίον* per totam vitam, während, in.
c) übertragen,
an — vorbei, gegen: *παρὰ τοὺς νόμους, ὅρκους* (Gegens. *κατά*).
Unterschied, um: *παρ' ὀλίγον, παρὰ πολύ, παρὰ τοσοῦτον*.
im Vergleich zu, vor: *παρὰ τοὺς ἄλλους εὔτακτος*.
im Verhältnis zu wegen: *παρὰ τὴν ἑαυτοῦ ῥώμην*.

20. *Περί* c. Gen.: **um = in betreff, über, wegen,** *de*.
λέγειν περὶ τῆς εἰρήνης, ἐρίζειν, φοβεῖσθαι περὶ τῆς ἀρχῆς.
περὶ πολλοῦ, οὐδενός, παντὸς ποιεῖσθαι: § 148.

21. *Περί* c. Dat.: **um** (in Prosa selten).
a) örtlich: *στρεπτοὺς περὶ τοῖς τραχήλοις ἔχειν*.
b) übertragen: *δεδιέναι περὶ πάσῃ τῇ πόλει*.

22. *Περί* c. Acc.: **um.**
a) örtlich: *οἱ περὶ Κῦρον, περὶ τὰ ὅρια, περὶ τὴν πόλιν*.
b) zeitlich: *περὶ μέσας νύκτας, περὶ πλήθουσαν ἀγοράν*.
c) übertragen, gegen: *ἁμαρτάνουσι περὶ ἡμᾶς*.

23. *Πρό* c. Gen.: **vor,** *ante*, und **für,** *pro*:
a) örtlich: *πρὸ τῶν πυλῶν, τὰ πρὸ ποδῶν*.
b) zeitlich: *πρὸ τῆς μάχης, πρὸ ἡμέρας, οἱ πρὸ ἡμῶν*.
c) übertragen, Vorzug: *πρὸ πολλῶν αἱρεῖσθαι, τιμᾶσθαι*.
zum Schutze, für: *πρὸ τῆς πατρίδος μάχεσθαι* (s. *ὑπέρ*).

24. *Πρός* c. Gen.: **von seiten, von — her.**
a) örtlich: *ἔπαινον πρὸς ὑμῶν ἔχω, τὸ πρὸς ἑσπέρας τεῖχος, ἑστάναι πρὸς τοῦ ποταμοῦ* nach dem Fl. zu.
b) übertragen: *πρός τινος εἶναι* auf jemandes Seite sein.
bei Schwüren: *ὀμνύναι πρὸς θεῶν* bei den Göttern.

25. **Πρός c. Dat.: bei.** 160
a) örtlich: πρὸς Βαβυλῶνι, πρὸς ταῖς πηγαῖς, τῇ ἀγορᾷ am M.
b) übertragen: außer, noch dazu (vgl. § 159, 1): πρὸς τῷ ὑπάρχοντι πόνῳ — πρὸς τούτοις außerdem.

26. **Πρός c. Acc.: zu, gegen — hin, nach.**
a) örtlich: πρὸς μεσημβρίαν, ἰέναι πρὸς βασιλέα freundlich und feindlich, σπονδὰς ποιεῖσθαι πρός τινα mit.
b) zeitlich: πρὸς ἑσπέραν gegen Abend.
c) übertragen, Rücksicht: ἄθυμος πρὸς τὴν ἀνάβασιν.
Vergleich: οὐδὲν τὰ χρήματα πρὸς τὴν σοφίαν.
Ziel, Zweck: παιδεύεσθαι πρὸς ἀρετήν, λέγειν πρὸς χάριν.

27. **Σύν (ξύν) c. Dat.: mit, *cum*.**
Verbindung: } οἱ σὺν Φαλίνῳ die Begleiter d. Ph., σὺν τοῖς ὅπλοις.
Begleitung: } σὺν κραυγῇ — σὺν τῷ δικαίῳ.
Beistand: σὺν τοῖς θεοῖς mit Hülfe der Götter.

28. **Ὑπέρ c. Gen.: über, *super*, und für, *pro*.**
a) örtlich: ὑπὲρ τῆς γῆς, γήλοφος ὑπὲρ τῆς κώμης ἦν.
b) übertragen, im Interesse von: στρατηγεῖν ὑπὲρ Φιλίππου.
zum Schutze von: μάχεσθαι ὑπὲρ τῆς πατρίδος.
Ursache: ὀργίζεσθαι ὑπὲρ τῶν γεγενημένων.
(im Sinne von περί c. Gen. erst seit Demosthenes.)

29. **Ὑπέρ c. Acc.: über — hinaus, *supra*, *ultra*.**
a) örtlich: ὑπὲρ τὸν Ἑλλήσποντον οἰκεῖν.
b) zeitlich: ὑπὲρ τὰ πεντήκοντα ἔτη γεγονώς.
c) übertragen: ὑπὲρ δύναμιν *supra vires*.

30. **Ὑπό c. Gen.: unter.**
a) örtlich, unter — hervor: ὑπὸ γῆς ἦλθεν εἰς φῶς.
unter: ὑπὸ γῆς οἰκεῖν, οὔτ' ἐπὶ γῆς οὔθ' ὑπὸ γῆς.
b) übertragen („unter dem Einflusse von"), infolge von.
= *ab* beim Passivum: νικᾶσθαι ὑπὸ τῶν Ἑλλήνων, ἀποθνῄσκειν ὑπὸ φονέως, κακὰ πάσχειν ὑφ' ὧν οὐκ ἔδει.
Ursache: ὑπὸ λύπης vor Trauer, ὑπὸ λιμοῦ ἀπόλλυσθαι.
begleitende Umstände: ὑπὸ σάλπιγγος unter Trompetenschall.

31. **Ὑπό c. Dat.: unter, *sub c. Abl.***
a) örtlich: ὑπὸ τῷ οὐρανῷ, ὑπὸ τῇ ἀκροπόλει am Fuße d. A.
b) übertragen: ὑπὸ τυράννοις εἶναι, γίγνεσθαι.
ὑφ' ἑαυτῷ ποιεῖσθαι unter seine Gewalt bringen.

32. **Ὑπό c. Acc.: unter — hin, *sub c. Acc.***
a) örtlich: ὑπὸ τὰ δένδρα ἀπῆλθον, ὑπὸ τὸ λόφον *sub collem*.
b) zeitlich: ὑπὸ νύκτα *sub noctem*, ὑπὸ τοὺς αὐτοὺς χρόνους.

33. **Ὡς c. Acc.: zu (nur bei Personen).**
ἀνήχθησαν ὡς βασιλέα.

VI. Die Genera des Verbums.

§ 161. Aktivum.

161 1. Manche Verba werden bald transitiv, bald intransitiv gebraucht.

z. B.	ἄγειν	führen,	intr. ziehen, vorrücken.
	αἴρειν	heben,	intr. aufbrechen, absegeln.
	ἐλαύνειν	treiben,	intr. ziehen, fahren, reiten.
	καταλύειν	ausspannen,	intr. Halt machen.
	ὁρμᾶν	antreiben,	intr. aufbrechen.
	εἰς-, ἐμβάλλειν	hineinwerfen,	intr. einfallen.
	ἐξιέναι	heraussenden,	intr. sich ergießen.
	διαφέρειν	auseinandertragen,	intr. sich unterscheiden.
	ἔχειν	haben, halten,	mit Adv. sich verhalten.
	πράττειν	handeln, treiben,	mit Adv. sich befinden.

Anm. Über transit. und intransit. Tempora desselben Verbums s. § 92.

2. Einige Aktiva dienen als Passiva anderer Verba. So heißt

ἀποκτείνειν töten,	ἀποθνήσκειν (ὑπό τινος) getötet werden;
ἑλεῖν od. λαβεῖν nehmen,	ἁλῶναι genommen werden;
ἐκβάλλειν vertreiben,	ἐκπίπτειν od. φεύγειν vertrieben werden;
εὖ, κακῶς ποιεῖν τινα jem. wohl, übel thun,	εὖ, κακῶς πάσχειν (ὑπό τινος) von jem. Gutes, Übles erfahren; vgl. § 103, 6, 2.

3. Das Aktivum ist oft kausativ zu übersetzen: „lassen“.
Κῦρος ἐξέκοψε τὸν παράδεισον καὶ τὰ βασίλεια κατέκαυσεν.

§ 162. Medium.

162 1. Die im Medium liegende Zurückbeziehung auf das Subjekt ist dreifacher Art:

a) Accusativisch, d. h. das Subjekt handelt an sich, ist zugleich wieder als Accusativobjekt zu denken (direktes Medium).

λούω wasche,	λούομαι wasche mich;
γυμνάζω übe,	γυμνάζομαι übe mich;
ἐνδύω bekleide,	ἐνδύομαι bekleide mich, und ähnl.

Manche direkte Media gehen in die intransitive Bedeutung über;

z. B. ἵστημι stelle,	ἵσταμαι stelle mich, trete;
παύω mache aufhören,	παύομαι mache mich aufh., höre auf;
φαίνω zeige,	φαίνομαι zeige mich, erscheine.

Siehe die sog. Medialpassiva § 94, 3.

b) **Dativisch**, d. h. das Subjekt handelt für sich, in seinem Interesse (indirektes Medium od. Med. des Interesses, § 153).

αἱροῦμαι nehme für mich, wähle;
ἀμύνομαι wehre für mich ab, verteidige mich;
μεταπέμπομαι schicke für mich nach jem., lasse mir kommen;
φυλάττομαι bewache in meinem Interesse, nehme mich in acht vor;
ἄρχω fange etwas an (was andere fortsetzen), aber
ἄρχομαι fange mein Werk an, § 144, 3.
Ὁ νομοθέτης νόμους τίθησιν, ὁ δῆμος νόμους τίθεται.

c) **Dynamisch**, d. h. das Subjekt handelt aus sich, aus seinen eigenen Mitteln und Kräften.

παρέχομαι gewähre aus meinen Mitteln, von mir aus;
ἐπαγγέλλομαι kündige von mir aus an, anerbiete mich;
σκοποῦμαι betrachte genau, prüfe, spähe;
πολιτεύω bin Bürger, Med.: bethätige mich als Bürger;
πόλεμον ποιεῖν einen Krieg anstiften, bellum movere, aber
πόλεμον ποιεῖσθαι aus allen Kräften Krieg führen, b. gerere.

2. **Auch das Medium ist oft kausativ zu übersetzen.**

δανείζομαι lasse mir leihen, borge, entlehne;
δικάζομαι lasse mir Recht sprechen, prozessiere;
μισθοῦμαι lasse mir vermieten, miete, erkaufe;
ποιοῦμαι ὅπλα lasse mir Waffen anfertigen;
παρατίθεμαι δεῖπνον lasse mir ein Mahl vorsetzen.

§ 163. Passivum.

1. **Auch von intransitiven Verben wird ein persönliches** 163
Passivum gebildet; z. B.

ἄρχω τινός herrsche über jem.,	ἄρχομαι werde beherrscht;
καταφρονέω τινός verachte jem.,	καταφρονοῦμαι werde v.;
ἐπιβουλεύω τινί stelle jem. nach,	ἐπιβουλεύομαι mir wird n.;
πιστεύω τινί glaube, traue jem.,	πιστεύομαι man glaubt mir;
φθονέω τινί *invideo alicui*,	φθονοῦμαι *mihi invidetur*.

Anm. Ein unpersönliches Passivum von intransitiven Verben (vgl. itur, perventum est) kommt nicht vor, außer δέδοκται es ist beschlossen.

2. **Die handelnde Person beim Passivum steht allermeist im Gen. mit** ὑπό = *ab c. Abl.*, § 160, 30. b.

Anm. Selten sind dafür ἀπό, ἐκ, παρά und πρός c. Gen.; häufiger der Dativ des Urhebers beim Verbaladjektiv und beim Perf. Pass.: § 154, 2.

VII. Die Tempora des Verbums.

§ 164. Die Tempora im allgemeinen.

164 1. Die griechischen Verbalformen bestimmen die Handlung
a) nach der **Zeitstufe**, d. h. nach ihrem Verhältnis zur Gegenwart des Sprechenden (gegenwärtig, vergangen, zukünftig);
b) nach der **Zeitart**, d. h. nach ihrer Entwicklungsstufe oder Beschaffenheit (dauernd, eintretend, vollendet).

2. Eine bestimmte Zeitart drücken alle Verbalformen aus, und zwar bezeichnen die Formen
des Aoriststammes die Handlung an sich (ohne nähere Bestimmung), oder als eintretend (ingressiv, momentan);
des Präsensstammes die Handlung als dauernd (sich entwickelnd, unvollendet, wiederholt);
des Perfektstammes die Handlung als vollendet (abgeschlossen, in der Vollendung dauernd: Zustand).

Z. B. heißt *φυγεῖν* fliehen (schlechthin), oder sich auf die Flucht begeben,
φεύγειν fliehen, auf der Flucht sein, in der Verbannung leben,
πεφευγέναι entflohen, entkommen, in Sicherheit sein.

So *ἀποθνῄσκειν*	im Sterben liegen,	*καλεῖσθαι*	genannt werden,
ἀποθανεῖν	sterben,	*κληθῆναι*	einen Namen bekommen,
τεθνάναι	tot sein.	*κεκλῆσθαι*	heißen.
κτᾶσθαι	mit Erwerben beschäftigt sein,	*πίπτειν*	im Fallen begriffen sein,
κτήσασθαι	gewinnen,	*πεσεῖν*	fallen, ins Fallen geraten,
κεκτῆσθαι	besitzen.	*πεπτωκέναι*	da liegen.

3. Eine bestimmte Zeitstufe bezeichnen nur die **Indikative**, und zwar
die Gegenwart: Präsens u. Perfekt;
die Vergangenheit: Aor., Impf., Plqpf. (Augment! § 72, 1);
die Zukunft: Futurum u. Futurum exaktum.

Anm. Über die Nebenmodi s. § 166.

4. Übersichtstabelle über die Bedeutung der Tempora.

Zeitarten	Zeitstufen			gebildet vom
Die Handlung wird dargestellt	Vergangenheit	Gegenwart	Zukunft	
1. a) bloß faktisch, b) als eintretend	Ind. Aor. *ἀπέθανεν* *ἐβασίλευσε*	— Präs. wie *γηράσκει*	Futurum *ἀποθανεῖται* *βασιλεύσει*	Aoriststamm außer dem Fut. und den Ind.
2. als dauernd	Imperf. *ἀπέθνῃσκεν*	Präsens *ἀποθνῄσκει*	Futurum *βασιλεύσει*	Präsensstamm außer dem Fut.
3. als vollendet	Plusquamp. *ἐτεθνήκει*	Perfektum *τέθνηκεν*	Fut. exakt. *τεθνήξει*	Perfektstamm

Anm. Das Tempus des übergeordneten Verbums beeinflußt **niemals** das Tempus des untergeordneten (keine consecutio temporum).

§ 165. Die Indikative.

1. **Der Indikativus Präsentis und das Imperfektum als die Tempora der sich entwickelnden, andauernden Handlungen stehen insbesondere** 165

a) in Beschreibungen von Zuständen, Sitten und Gebräuchen, bei wiederholten Handlungen, in allgemeinen Urteilen, bei Angabe von begleitenden Nebenumständen.

Πλοῖον ἐς Δῆλον Ἀθηναῖοι πέμπουσιν (alljährlich).

Ξενίας ὁ Ἀρκὰς τὰ Λύκαια ἔθυσε καὶ ἀγῶνα ἔθηκεν· ἐθεώρει δὲ τὸν ἀγῶνα καὶ Κῦρος.

b) bei erst begonnenen, noch nicht zum Abschluß gelangten, versuchten Handlungen (Praesens, Imperfectum conatus).

Ἔπειθον αὐτούς, καὶ οὓς ἔπεισα, τούτους ἔχων ἐπορευόμην.

Anm. 1. Auch das Griechische kennt das Praesens historicum; z. B.

Ἐπεὶ ἐτελεύτησε Δαρεῖος, Τισσαφέρνης διαβάλλει τὸν Κῦρον.

Anm. 2. Eine Anzahl Präsentia bezeichnen auch die andauernde Wirkung der Handlung, so daß sie wie Perfekta, und deren Imperf. wie Plusquamperf. übersetzt werden können (Perfektive Präsentia); z. B. *νικῶ* siege und bin Sieger, *ἡττῶμαι* werde und bin besiegt, *ἀδικῶ* thue U. u. bin im Unr., *μανθάνω* vernehme u. verstehe, u. a.

Immer sind perfektiv: *ἥκω* bin gekommen, bin da, *ἧκον* war da, und *οἴχομαι* bin gegangen, bin fort, *ᾠχόμην* war fort.

2. **Der Indikativus Aoristi** bezeichnet die Handlung an sich, oder die eintretende Handlung, in die Vergangenheit versetzt, und steht

a) historisch oder faktisch, als Tempus der Erzählung, ein einmaliges Faktum erzählend, entsprechend dem lat. Perfectum historicum, dem franz. Défini.

Ἦλθον, εἶδον, ἐνίκησα: veni, vidi, vici.

b) empirisch oder gnomisch, Erfahrungsthatsachen bezeichnend.

Οὐδεὶς ἔπαινον ἡδοναῖς ἐκτήσατο.

Vgl. *Omne tulit punctum, qui miscuit utile dulci.*

c) plusquamperfektisch, die Vorvergangenheit bezeichnend, besonders in temporalen und relativen Nebensätzen.

Ἐπεὶ ἐσάλπιγξε, προβαλόμενοι τὰ ὅπλα ἐπῇσαν.

Δαρεῖος Κῦρον μεταπέμπεται ἀπὸ τῆς ἀρχῆς, ἧς αὐτὸν σατράπην ἐποίησεν.

Anm. Das Imperfekt bei vorvergangenen Handlungen hebt deren Dauer oder Wiederholung hervor; z. B.

Κῦρος εἶδε τὰς σκηνάς, οὗ οἱ Κίλικες ἐφύλαττον (gew. hatten).

Οἵπερ πρόσθεν προσεκύνουν, καὶ τότε προσεκύνησαν.

d) ingressiv, den Eintritt der Handlung in der Verg. bezeichnend;
z. B. ἐβασίλευσα wurde König, ἠράσθην gewann lieb,
ἐνόσησα wurde krank, ἐθάρσησα bekam Mut,
ἐδάκρυσα brach in Thränen aus, ἐσίγησα verstummte.

Διὰ μικρὸν ἐπολεμήσατε (fingt Kr. an).
Πεισιστράτου τελευτήσαντος Ἱππίας ἔσχε τὴν ἀρχήν (bekam).

Anm. Alle diese Aoriste können auch die historische Bedeutung haben: ἐβασίλευσα war König, herrschte, ἐνόσησα war (einst) krank.

3. Der Indikativus Futuri versetzt sowohl die eintretende als die dauernde Handlung in die Zukunft; z. B. bedeutet

ἄρξω sowohl: ich werde zur Herrschaft gelangen,
als: ich werde herrschen.

Σκεπτέον μοι δοκεῖ εἶναι, ὅπως τὰ ἐπιτήδεια ἕξομεν (bekommen w.).
Ὁ δίκαιος ἀνὴρ εὖ βιώσεται, κακῶς δὲ ὁ ἄδικος.

Anm. Μέλλω mit Inf. Fut. oder Präs. oder Aor. bedeutet:
a) ich bin im Begriff, bin willens: μέλλω ὑμᾶς διδάξειν.
b) es steht zu erwarten, daß ich: ἀγορὰν οὐδεὶς ἔτι παρέξειν ἔμελλεν.

4. Die Ind. Perf., Plusqpf. und Fut. exakti bezeichnen die vollendete Handlung, den dadurch bewirkten Zustand in

Gegenwart,	Vergangenheit	und Zukunft; z. B.
ἕστηκα stehe,	εἱστήκειν stand,	ἑστήξω werde stehen,
τέθνηκα bin tot,	ἐτεθνήκειν war tot,	τεθνήξω werde tot sein,
μέμνημαι bin eingedenk,	ἐμεμνήμην war einged.,	μεμνήσομαι werde e. sein.

Ἀπολελοίπασιν ἡμᾶς Ξενίας καὶ Πασίων, ἀλλ' οὐκ ἀποπεφεύγασιν.
Ἀριαῖος ἐτύγχανεν ἐφ' ἁμάξης πορευόμενος, διότι ἐτέτρωτο.
Ἡμῶν ταῦτα ποιούντων εὐθὺς φίλος ἡμῖν οὐδεὶς λελείψεται.

Anm. Das Perf. ist also nie Perf. hist., das Plusqpf. bezeichnet nicht die Vorvergangenheit, und das Fut. exaktum entspricht dem lat. Fut. exaktum nur in Hauptsätzen; über die entsprechende Ausdrucksweise in Nebensätzen s. § 184, 1.

§ 166. Konjunktive, Optative, Imperative und Infinitive.

166 1. Sie bezeichnen nach § 164, 3 keine Zeitstufe, sondern nur die Zeitart, die Beschaffenheit der Handlung in der § 164, 2 angegebenen Weise; daher heißt z. B. εἴπωμεν ἢ σιγῶμεν; sollen wir das Wort ergreifen, oder im Stillschweigen verharren? u. s. f.

2. Ihre Zeitstufe wird durch das Tempus des übergeordneten Verbums angegeben; z. B.

λέγω ταῦτα,	ἵνα πεισθῆτε	damit ihr (jetzt) gehorchet;
εἶπον ταῦτα,		damit ihr (damals) gehorchtet;
ἐρῶ ταῦτα,		damit ihr (in Zuk.) gehorchet.

3. Dem entsprechend steht
der Imper. Aor. für einen einzelnen, gerade vorliegenden Fall,
der Imper. Präs. für andauernde, wiederholte Handlungen, in allgemeinen Lebensregeln.

Μεῖνον παρ' ἡμῖν καὶ συνέστιος γενοῦ.
Τοὺς μὲν θεοὺς φοβοῦ, τοὺς δὲ γονέας τίμα, τοῖς δὲ νόμοις πείθου.

4. Nur in oratio obliqua bezeichnen der Opt. und Inf. an sich eine Zeitstufe, weil sie dann die betr. Ind. vertreten, und zwar bezeichnen
Opt. und Inf. Aor. eine vergangene,
Opt. und Inf. Fut. eine zukünftige,
Opt. und Inf. Präs. eine gegenwärtige
od. (nach § 174, A.) eine vergangene Handlung.

Ἔλεγον, ὅτι δοίη (αὐτὸν δοῦναι) daß er gegeben habe (or. recta: *ἔδωκε*).
Ἔλεγον, ὅτι δώσοι (αὐτὸν δώσειν) daß er geben werde (or. recta: *δώσει*).
Ἔλεγον, ὅτι διδοίη (αὐτὸν διδόναι) daß er gebe (or. recta: *δίδωσιν*),
od. daß er gegeben habe (or. recta: *ἐδίδου*).

Anm. Der Opt. Fut. steht überhaupt nur in oratio obliqua für den Ind. Fut., hat also stets Futurbedeutung.

§ 167. Die Participia.

1. Sie bezeichnen immer das Zeitverhältnis der im Part. ausgedrückten Nebenhandlung zu der im übergeordneten Verbum finitum ausgedrückten Haupthandlung (relat. Zeitbedeutung). So bezeichnet 167

1) das Part. Präsentis eine mit der Haupthandlung gleichzeitige Nebenhandlung: „indem, während, wenn".
Σοφοῖς ὁμιλῶν καὐτὸς ἐκβήσῃ σοφός.

2) das Part. Aoristi eine der Haupthandlung vorausgegangene Nebenhandlung: „nachdem, als, wenn".
Δίκαια δράσας συμμάχους ἕξεις θεούς.

3) das Part. Perfekti eine im Verhältnis zur Haupthandlung vergangene Nebenhandlung, deren Ergebnis fortdauert.
Διαβεβηκόσι τοῖς Ἕλλησι φαίνεται ὁ Μιθραδάτης.
Ἐσκεμμένα καὶ παρεσκευασμένα πάντα λέγω.

4) das Part. Futuri eine der Hauptbdlg. nachfolgende Nebenhdlg.
Ὁ βάρβαρος ἐπὶ τὴν Ἑλλάδα δουλωσόμενος ἦλθεν.

2. Somit bestimmt das Hauptverbum die Zeitstufe des Part.;
z. B. *ταῦτα λέγων ἀκούει* während er das sagt, hört er;
ταῦτα λέγων ἤκουσε während er das sagte, hörte er;
ταῦτα λέγων ἀκούσεται w. er das sagen wird (sagt), wird er h.;
od. *ταῦτ' εἰπὼν ἀποβαίνει (ἀπέβη, ἀποβήσεται)*
nachdem er so gesprochen hat (g. hatte, g. haben wird) u. s. w.

VIII. Die Modi des Verbums.

§ 168. Vorbemerkungen.

168 1. Man unterscheidet **zwei Hauptarten** von Sätzen, nämlich **Urteilssätze** zum Ausdruck eines **Urteils**, einer **Behauptung**, (Negation: *οὐ*),
und **Begehrungssätze** zum Ausdruck eines **Willens** oder **Wunsches**, (Negation: *μή*).

2. In Urteils-(Aussage-)sätzen steht sehr oft, in Begehrungssätzen dagegen selten die Moduspartikel *ἄν* („etwa, wohl, vorkommenden Falls").

Anm. *Ἄν* steht gewöhnlich hinter seinem Verbum, schließt sich aber sonst gern an betonte Wörter, bes. Fragewörter, Negationen und Adverbien an; in relativen und konjunktionalen Nebensätzen, die das Verbum im Konjunktiv haben, steht *ἄν* unmittelbar hinter dem Relativum oder der Konjunktion, mit der es auch oft in ein Wort verschmilzt (*ἐάν, ὅταν, ἐπάν, ἐπειδάν*).

A. Die Modi im unabhängigen oder Hauptsatz.

169 § 169. **Der Gebrauch des Indikativs als Modus der Wirklichkeit** ist im wesentlichen derselbe wie im Deutschen.

Abweichend vom Deutschen steht der Ind. der Nebentempora in folgenden Fällen:

1. **Das Imperfekt ohne** *ἄν* bei den **unpersönlichen Ausdrücken des Könnens, Sollens und Müssens**, entsprechend dem deutschen **Konj.** Impf. und Plqpf.; z. B.

ἔδει, ἐχρῆν, προσῆκεν *oportet, decet* od. *oportebat, decebat,*
es wäre nötig, schicklich, oder es wäre nötig, schicklich gewesen;
ἐξῆν, εἰκός, δίκαιον, ἀναγκαῖον ἦν *aequum est, erat,*
es wäre möglich, billig u. s. f.,
od. es wäre möglich, billig u. s. f. gewesen;
παιδευτέον, προαιρετέον ἦν *praeferendum est, erat,*
man sollte erziehen, vorziehen,
od. man hätte erziehen, vorziehen sollen.

Der Gegensatz ist: es wäre nötig, geschieht aber nicht,
od. es wäre nötig gewesen, geschah aber nicht.

Τί σιγᾷς; οὐκ ἐχρῆν σιγᾶν, τέκνον (solltest).

Αἰσχρῶς κακὰ εἰργάσω τούτους, οὓς ἥκιστα ἔδει.

Anm. *Ἔδει* kann auch modus realis sein (es war nötig), also dreierlei bedeuten: es war nötig, es wäre nötig und es wäre nötig gewesen.

Bei wirklicher Irrealität steht nach § 169, 4 *ἔδει ἄν* (man müßte, hätte müssen).

2. **Der Ind. Aor. ohne** ἄν mit ὀλίγου, μικροῦ, *paene*, 169
oder ὀλίγου, μικροῦ ἐδέησα mit Inf. Aor., entsprechend dem deutschen beinahe, fast mit Konj. Plusquamperf.

Ὀλίγου ἐπελαθόμην *paene oblitus sum* fast hätte ich verg.
Ὀλίγου πληγὰς ἔλαβον, ὅτι ἐπελαθόμην.
Τὸ πῦρ τοὺς Πλαταιέας ἐλαχίστου ἐδέησε διαφθεῖραι.

3. **Der Ind. der Nebentempora ohne** ἄν, eingeleitet durch εἴθε, εἰ γάρ, ὡς, zum Ausdruck eines unerfüllbaren Wunsches, und zwar

das Imperfekt für die Gegenwart,
der Ind. Aor. für die Vergangenheit } (Neg. μή).

Εἴθ᾽ ἦσθα δυνατὸς δρᾶν, ὅσον πρόθυμος εἶ.
Εἴθ᾽ εὕρομέν σ᾽, Ἄδμητε, μὴ λυπούμενον.

Anm. Umschrieben werden diese Wunschpräterita durch ὤφελον (-ες, -εν) mit dem Inf. Präs. oder Aoristi:
Ἀλλ᾽ ὤφελε μὲν Κῦρος ζῆν (o daß doch K. lebte).
Ὡς ὤφελον πάροιθεν ἐκλιπεῖν βίον (verlassen hätte).

4. **Der Ind. der Nebentempora mit** ἄν zur Bezeichnung der Nichtwirklichkeit (Neg. οὐ: **Modus irrealis**), und zwar

a) das Imperfekt mit ἄν für die Gegenwart, entsprechend dem lat. Konj. Imperf.:
ἔλεγον ἄν *dicerem* ich würde sagen (sage aber nicht);

b) der Ind. Aor. mit ἄν für die Vergangenheit, entsprechend dem lat. Konj. Plusquamperf.:
ἔλεξα ἄν
εἶπον ἄν } *dixissem* ich hätte gesagt (sagte aber nicht).

Beispiele § 182.

5. **Der Ind. der Nebentempora mit** ἄν als Potentialis der Vergangenheit: ἔλεγεν (εἶπεν) ἄν τις *diceres* man hätte sagen können;
θᾶττον ἢ ὥς τις ἂν ᾤετο schneller, als man geglaubt hätte
Εἴ τις Κλεάρχῳ δοκοίη βλακεύειν, ἔπαισεν ἄν (konnte er wohl zuschlagen, schlug er manchmal zu: ἄν iterativum).

Anm. Die Indikative der Nebentempora drücken somit drei Modusverhältnisse aus: a) die Wirklichkeit in der Vergangenheit: § 164, 3;
b) die Nichtwirklichkeit: § 169, 4;
c) die Potentialität in der Vergangenheit: § 169, 5.

170 § 170. **Der Konjunktiv als Modus der Erwartung steht**

1. **adhortativ** (Neg. μή), meist in der 1. Person Pluralis.

Ἴωμεν, eamus: laßt uns gehen!

Φειδώμεθ' ἀνδρῶν εὐγενῶν, φειδώμεθα.

Anm. Für die 2. und 3. Person steht zur Aufforderung der Imperativ, § 172.

2. **dubitativ** oder **deliberativ** (Neg. μή) in zweifelnden Fragen, meist in der 1. Person.

Τί ποιῶμεν; quid faciamus? was sollen wir thun?

Εἴπωμεν ἢ σιγῶμεν; ἢ τί δράσομεν;

Πότερον βίαν φῶμεν ἢ μὴ φῶμεν εἶναι;

3. **prohibitiv**, mit μή (μήτε, μηδείς), im Verbot. Die 2. (und 3.) Person Konj. Aoristi steht statt des negativen Imper. Aor.

Μὴ ποιήσῃς, ne feceris: thue nicht!

Μηδὲν ἀθυμήσητε ἕνεκα τῶν γεγενημένων.

171 § 171. **Der Optativ als Modus des bloß Gedachten steht**

1. **ohne** ἄν zum Ausdruck eines erfüllbaren Wunsches, mit oder ohne einleitendes εἴθε, εἰ γάρ, ὡς: „o daß, wenn doch" (Neg. μή).

Ὦ παῖ, γένοιο πατρὸς εὐτυχέστερος.

Μή μοι γένοιθ' ἃ βούλομ', ἀλλ' ἃ συμφέρει.

Anm. Über den Ausdruck des unerfüllbaren Wunsches § 169, 3.

2. **mit** ἄν zum Ausdruck einer bloßen Möglichkeit („dürfte, könnte, möchte wohl"), einer bescheidenen Behauptung, eines subjektiven Urteils (Neg. οὐ: **Modus potentialis**).

Ἴσως ἂν τις εἴποι forsitan dixerit quispiam.

Ὥρα ἂν εἴη συσκευάζεσθαι (es dürfte wohl Zeit sein —).

Ὦ παῖ, γένοιο πατρὸς εὐτυχέστερος,
τὰ δ' ἄλλ' ὅμοιος, καὶ γένοι' ἂν οὐ κακός.

Anm. Über den Potentialis der Vergangenheit s. § 169, 5; unterscheide also εἴποι (λέγοι) ἄν τις *dixerit quispiam*
von εἶπεν (ἔλεγεν) ἄν τις *diceres*.

172 § 172. **Der Imperativ** bezeichnet bestimmt Verlangtes; die Negation ist μή. Beispiele § 166, 3.

Das Verbot bezeichnet μή mit Imper. Präs. od. Konj. Aor.:

μὴ ποίει od. μὴ ποιήσῃς,

μὴ ποιείτω od. μὴ ποιήσῃ,

in der dritten Person häufiger μὴ ποιησάτω.

B. Die Modi im abhängigen oder Nebensatz.

§ 173. Vorbemerkungen.

1. Für den Modus des abhängigen Verbums ist es maßgebend, ob 173
das regierende Verbum in einem Haupttempus oder in einem Nebentempus stehe.

2. Als Haupttempora gelten alle Zeitformen, welche sich auf die Gegenwart oder Zukunft beziehen, also die Indikative Präs., Perf. und Futuri, der Optativus potentialis, und die Konjunktive und Imperative aller Zeiten.

3. Als Nebentempora (historische Tempora, Präterita) gelten alle Zeitformen, welche sich auf die Vergangenheit beziehen, also der Indikativus Aoristi, das Imperf. und Plqpf., das Praesens historicum und der Potentialis der Vergangenheit.

4. Die Abhängigkeit wird durch den Modus oft gar nicht ausgedrückt. Soll sie überhaupt ausgedrückt werden, so kann es nur nach regierendem Nebentempus,
nur durch den Opt. ohne *ἄν* (Opt. obliquus),
und nur am (realen) Ind. und am Konj. geschehen,
aber nie am Irrealis od. Potentialis
und nie durch den Konjunktiv.

5. Das Subjekt des abhängigen Satzes wird häufig vorausgenommen und vom Verbum des Hauptsatzes abhängig gemacht (Anticipation oder Prolepsis).

Δέδοικα δ' αὐτήν, μή τι βουλεύσῃ νέον.
Ἠρώτων τὸν ἄνδρα τὸ στράτευμα, ὁπόσον εἴη.

§ 174. Abhängige Aussagesätze

werden, soweit deren Verbum nicht im Infinitiv oder Particip steht, 174
durch *ὅτι, ὡς* daß eingeleitet und haben
nach einem Haupttempus den Indikativ (bez. Pot., Irr.),
nach einem Nebentempus meist den Optativ (bez. Pot., Irr.),
seltener den Indikativ.

Die Negation ist *οὐ*.

Λέγει ὁ κατήγορος, ὡς ὑβριστής εἰμι καὶ βίαιος.
Κῦρος ἔλεγεν, ὅτι ἡ ὁδὸς ἔσοιτο πρὸς βασιλέα μέγαν.
Ἔλεγον, ὅτι Κῦρος μὲν τέθνηκεν, Ἀριαῖος δὲ πεφευγὼς ἐν τῷ σταθμῷ εἴη.

Anm. Der Satz *ἔλεγεν, ὅτι ἀδικοίην* kann zweierlei bedeuten, sowohl: „er sagte, daß ich Unrecht thue“ (direkt: *ἀδικεῖς*), als auch: „er sagte, daß ich U. gethan habe“ (dir.: *ἠδίκεις*), § 166, 4.

§ 175. Abhängige Kausalsätze

175 werden eingeleitet durch *ὅτι, διότι, ὡς* weil, *quod,*
ἐπεί da, *cum,* *ἐπειδή* da ja, *quoniam,*
(*ὅτε, ὁπότε* da nunmehr, *quando*),
und haben nach einem Haupttps. immer den Ind. (bez. Pot., Irr.),
nach einem Nebentps. den Indikativ (objektiver Grund),
oder den Optativ (subjektiver Grund).

Die Negation ist *οὐ*.

Ἀθηναῖοι ἐνόμισαν λελύσθαι τὰς σπονδάς, διότι ἐς χεῖρας ἦλθον.
Οἱ Ἀθηναῖοι Περικλέα ἐκάκιζον, ὅτι στρατηγὸς ὢν οὐκ ἐπεξάγοι.
Ἐθαύμαζον οἱ Ἕλληνες, ὅτι οὐδαμοῦ Κῦρος φαίνοιτο οὐδ' ἄλλος ἀπ' αὐτοῦ οὐδεὶς παρείη.
Δέομαί σου παραμεῖναι ἡμῖν· ὡς ἐγὼ οὐδ' ἂν ἑνὸς ἥδιον ἀκούσαιμι ἢ σοῦ.

§ 176. Abhängige Fragesätze.

176 1. Sie werden eingeleitet durch interrogative und relative Pronomina und Adverbia (§ 127), oder durch die Fragepartikeln:

εἰ ob, *num,*
πότερον — ἤ, εἰ — ἤ } ob — oder ob
πότερα — ἤ, εἴτε — εἴτε } *utrum — an,*

und haben nach einem Haupttps. den Indikativ (bez. Pot., Irr.),
nach einem Nebentps. meist den Opt., (seltener den Ind.).

Die Negation ist *οὐ*.

Συμβουλευόμεθά σοι, τί χρὴ ποιεῖν.
Ἐπήρετο τὸν Μηδοσάδην, εἰ ἀληθῆ ταῦτ' εἴη.
Οἵων ἂν ἐλπίδων ἐμαυτὸν στερήσαιμι, ταῦτα λέξω.
Ξενοφῶν οὐ τοῦτο πρῶτον ἠρώτα, πότερον λῷον εἴη αὐτῷ πορεύεσθαι ἢ μένειν, ἀλλὰ τοῦτ' ἐπυνθάνετο, ὅπως ἂν κάλλιστα πορευθείη.

Anm. 1. Beachte, daß *εἰ* ob nicht den beschränkten Gebrauch des lat. *si* hat.

Anm. 2. Im zweiten Glied abhängiger Doppelfragen ist die Neg. auch *μή*.

2. Abhängige dubitative Fragesätze haben (vgl. § 170, 2)
nach einem Haupttempus den Konjunktiv,
nach einem Nebentempus den Optativ oder Konjunktiv.

Die Negation ist immer *μή*.

Ὁρῶ σε ἀποροῦντα, ποίαν ὁδὸν ἐπὶ τὸν βίον τράπῃ.
Ὁ Θηβαῖος ἠπόρει, ὅ, τι χρήσαιτο τῷ πράγματι.

§ 177. Konsekutivsätze.

1. Sie werden eingeleitet durch ὥστε (ὡς) so daß, und es steht 177
bei thatsächlicher Folge ὥστε mit Ind. (bez. Pot. od. Irr.; Neg. οὐ),
bei bloß gedachter Folge ὥστε (ὡς) mit Inf. (Neg. μή).
(erwarteter, möglicher)

Ἦν ψῦχος δεινόν, ὥστε τὸ ὕδωρ ἐπήγνυτο.
Ἔχω τριήρεις ὥστε ἑλεῖν τὸ ἐκείνων πλοῖον (so daß ich e. kann).
Κραυγὴν πολλὴν ἐποίουν οἱ στρατιῶται καλοῦντες ἀλλήλους, ὥστε καὶ τοὺς πολεμίους ἀκούειν (es hören konnten, mußten)

2. Insbesondere steht der Infinitiv regelmäßig:

a) bei beabsichtigter Folge:
Πᾶν ποιοῦσιν ὥστε δίκην μὴ διδόναι.

b) nach Ausdrücken des Könnens, Bewirkens und der Fähigkeit:
Τὸ θεῖον τοιοῦτόν ἐστιν ὥστε πανταχοῦ παρεῖναι.
Προσπολεμῶν αὐτὸν ἐποίησα, ὥστε τούτῳ δόξαι τοῦ πρὸς ἐμὲ πολέμου παύσασθαι.
Τίς οὕτω δεινός ἐστι λέγειν ὥστε σε πεῖσαι;

c) nach einem Komparativ mit ἤ, oder einer Negation:
Βραχύτερα ἠκόντιζον ἢ ὡς ἐξικνεῖσθαι ἡμῶν.
Ταῦτα οὐ πάλαι ἐστὶ γεγενημένα, ὥστε ἀγνοεῖν ὑμᾶς.

d) wenn ὥστε bedeutet unter der Bedingung, daß, wofür gewöhnlicher ἐφ' ᾧ, ἐφ' ᾧτε mit Inf. (od. Ind. Fut. § 168, 3. c.) steht.
Πολλὰ Τιμασίωνι οἱ Ἡρακλεῶται ὑπισχνοῦντο ὥστε ἐκπλεῖν.
Ἔφασαν ἀποδώσειν τοὺς νεκρούς, ἐφ' ᾧ μὴ κάειν τὰς οἰκίας.

Anm. 1. Ὥστε führt auch Hauptsätze ein: und so, darum, daher.
Εἰς τὴν ὑστεραίαν οὐχ ἧκε Τισσαφέρνης· ὥσθ' οἱ Ἕλληνες ἐφρόντιζον.

Anm. 2. Über das Beziehungswort (Nom. oder Acc.) des Inf. § 193.

§ 178. Finalsätze.

1. In Finalsätzen, eingeleitet durch 178

ἵνα, ὡς, ὅπως, *ut*, damit,
negiert ἵνα μή, ὡς μή, ὅπως μή oder μή } *ne*, damit nicht,

steht nach einem Haupttempus immer der Konj. (Präs. od. Aor.),
nach einem Nebentempus meist der Opt. (Präs. od. Aor.),
seltener der Konjunktiv.

Μὴ φθόνει τοῖς εὐτυχοῦσι, μὴ δοκῇς εἶναι κακός.
Ταῦτ' εἰπὼν εὐθὺς ἀνέστη, ἵνα περαίνοιτο τὰ δέοντα.
Τὰ πλοῖα Ἀβροκόμας κατέκαυσεν, ἵνα μὴ Κῦρος διαβῇ.

178 2. In finalen Objektsätzen nach **Verba timendi** und andern Ausdrücken des **Fürchtens, Besorgtseins,**
eingeleitet durch *μή*, *ne*, daß,
neg. *μὴ οὐ*, *ne non*, daß nicht,
steht ebenso nach einem Haupttempus immer der Konjunktiv,
nach einem Nebentempus gewöhnlich der Optativ,
seltener der Konjunktiv.

Δέδοικα, μὴ ἐπιλαθώμεθα τῆς οἴκαδε ὁδοῦ.
Ἐφοβεῖτο, μὴ οὐ δύναιτο ἐκ τῆς χώρας ἐξελθεῖν.

Anm. 1. Ohne ein voraufgehendes Verbum timendi heißt daher
μή od. *ὅπως μή* mit Konj.: „daß nur nicht, wenn nur nicht, wohl";
μὴ οὐ mit Konj.: „wohl nicht";
οὐ μή mit Konj. (Aor.) od. Ind. Fut.: „gewiß nicht".
Μὴ λίαν πικρὸν εἰπεῖν ᾖ — ὅπως μὴ ποιήσητε, ὃ πολλάκις ὑμᾶς ἔβλαψεν.
Ἀλλὰ μὴ οὐ τοῦτ' ᾖ χαλεπόν, θάνατον ἐκφυγεῖν, ἀλλὰ πονηρίαν.
Τὸν ἄνδρ' ἐκεῖνον οὔ τι μὴ λίπω ποτέ.
Τοὺς πονηροὺς οὐ μή ποτε βελτίους ποιήσετε.

Anm. 2. In der Bedeutung „sich scheuen, Bedenken tragen" werden diese Verba wie *vereor, metuo, dubito* mit dem Inf. verbunden.

3. In finalen Objektsätzen nach **Verba curandi** und andern Ausdrücken von der Bedeutung **sorgen, sich bemühen, sich kümmern,** wie

ἐπιμέλομαι, φροντίζω sorge, *σκοπῶ, σκοποῦμαι* schaue darauf,
μέλει μοι es liegt mir daran, *σκεπτέον (ἐστίν)* man muß sehen,
βουλεύομαι überlege mir, *παρασκευάζομαι* bereite mich vor, u.ä.,
eingeleitet durch *ὅπως, ὡς* wie, daß,
neg. *ὅπως μή, ὡς μή* wie nicht, daß nicht,
steht entweder der Konjunktiv oder Optativ (nach § 178, 1), oder
gewöhnlich der Indikativus Futuri (nach § 188, 3. c).
Ὅπως ist dann Relativum, die Sätze finale Relativsätze.

Σκεπτέον μοι δοκεῖ, ὅπως ὡς ἀσφαλέστατα μενοῦμεν.
Κῦρος βουλεύεται, ὅπως μήποτε ἔσται ἐπὶ τῷ ἀδελφῷ.

Vgl. z. B. An. 3, 1, 38 mit 3, 1, 14. 16; 4, 6, 10 (bis) mit 1, 3, 11.

† Anm. *Μή* mit dem Indikativ nach Verba timendi oder curandi ist Fragewort („ob nicht") und bezeichnet das Befürchtete oft als sicher (eintretend oder schon eingetreten): „voraussichtlich, leider".
Φοβούμεθα, μὴ ἅμα ἀμφοτέρων ἡμαρτήκαμεν.
Ὅρα μή mit Ind.: sieh zu, ob nicht; z. B. *μὴ σκῆψιν οὐκ οὖσαν λέγεις.*
mit Konj.: gieb acht, daß nicht; z. B. *μὴ πῆμα νῦν σαυτῇ τιθῇς.*

Hypothetische oder Kondicionalsätze.

§ 179. Vorbemerkungen.

1. Kondicionalsätze werden eingeleitet durch 179
εἰ wenn, *ἐάν* (= *εἰ ἄν*, auch *ἄν*, *ἤν*) wenn allenfalls.

2. Der Bedingungssatz heißt Vordersatz, auch wenn er nachgestellt ist; der Hauptsatz heißt Nachsatz.

3. Die Negation des Vordersatzes ist immer *μή*, die Negation des Nachsatzes ist *οὐ* oder *μή*, je nachdem er ein Aussage- oder Begehrungssatz ist.

§ 180. Übersicht.

Die Bedingung und ihre Folge werden dargestellt 180

entweder 1. als wirklich, thatsächlich: realer Fall;
oder 2. als nicht wirklich, unmöglich: irrealer Fall;
oder 3. als möglich, doch ungewiß: potentialer Fall;
(subjektiv möglich)
oder 4. als erwartet, oft eintretend: allgemeiner Fall.
(objektiv möglich) (eventueller)

Je nach dem Willen und der Vorstellung des Sprechenden steht daher

	im Vordersatz	im Nachsatz
1. **real** (wirklich):	*εἰ* mit Indikativ,	Indikativ;
2. **irreal** (nicht wirkl.):	*εἰ* mit Ind. e. Nbtps.,	Ind. e. Nbtps. m. *ἄν*;
a) für Gegenw.:	*εἰ* mit Imperf.,	Imperf. mit *ἄν*;
b) für Vergang.:	*εἰ* mit Ind. Aor., (Plqpf.)	Ind. Aor. (Plqpf.) mit *ἄν*;
3. **potential:**	*εἰ* mit Opt.,	Optativ mit *ἄν*;
4. **allgemein** (fut.; iter.):		
a) für Zuk. u. Geg.:	*ἐάν* mit Konj.,	Ind. eines Hpttps.;
b) für die Verg.:	*εἰ* mit Opt.,	Ind. eines Nbtps.
Die Negation ist	*μή*,	*οὐ* (vgl. § 179, 3).

§ 181. Realer Fall oder Form der Wirklichkeit.

Die Folgerung wird als wirklich hingestellt, falls die Bedingung 181
eintritt; ob letzteres geschieht, bleibt unberücksichtigt.

Εἰ mit Ind. aller Tempora, Ind. aller Tempora.

Εἰ βούλει, δύνασαι: Si vis, potes.

Wenn Du willst, so kannst Du.

Εἰ θεοί τι δρῶσιν αἰσχρόν, οὐκ εἰσὶν θεοί.
Εἰ δεῖν' ἔδρασας, δεινὰ καὶ παθεῖν σὲ χρή.
Εἰ μὴ καθέξεις γλῶσσαν, ἔσται σοι κακά.

182 § 182. Irrealer Fall oder Form der Nichtwirklichkeit.

Bedingung und Folgerung werden als nicht wirklich hingestellt.

Εἰ mit Ind. e. Nbtps., Ind. eines Nbtps. mit *ἄν*.
für Gegenw.: Imperf., Imperf. mit *ἄν*;
für Vergang.: Ind. Aor., Ind. Aor. (Plqpf.) mit *ἄν*.
(Plqpf.)

a) **Gegenwart:** *Εἰ ἐβούλου, ἐδύνασο ἄν.*
Si velles, posses (sed non vis).
Wenn Du wolltest, so könntest Du (Du willst aber nicht).
Φῶς εἰ μὴ εἴχομεν, ὅμοιοι τοῖς τυφλοῖς ἂν ἦμεν.
Εἰ μὴ γὰρ ἦν Χρύσιππος, οὐκ ἂν ἦν στοά.

b) **Vergangenheit:** *Εἰ ἐβουλήθης, ἐδυνήθης ἄν.*
Si voluisses, potuisses (sed non voluisti).
Wenn Du gewollt hättest, so hättest Du gekonnt
(Du wolltest aber nicht).
Οὐκ ἂν ἐποίησεν Ἀγασίας, εἰ μὴ ἐγὼ ἐκέλευσα.
Εἰ τριάκοντα μόναι μετέπεσον τῶν ψήφων, ἀπεπεφεύγη ἄν.

c) **gemischt:**

Εἰ μὴ ὑμεῖς ἤλθετε, ἐπορευόμεθα ἂν ἐπὶ βασιλέα.
Εἰ γὰρ σὺ μὲν παῖς ἦσθ', ἐγὼ δὲ σὸς πατήρ,
ἔκτεινά τοί σ' ἂν κοὐ φυγαῖς ἐζημίουν.

† Anm. Ausnahmsweise bezeichnet in irrealen Bedingungssätzen das Imperf. die Dauer der vergangenen Handlung, und der Ind. Aor. das rasche Eintreten der gegenwärtigen Handlung.

Οὐκ ἂν Ἀγαμέμνων νήσων ἠπειρώτης ὢν ἐκράτει, εἰ μή τι καὶ ναυτικὸν εἶχεν (Ag. wäre nicht Herr gewesen, wenn er nicht besessen hätte). *Εἰ μὴ πατὴρ ἦσθ', εἶπον ἄν σ' οὐκ εὖ φρονεῖν.*

183 § 183. Potentialer Fall oder Form der Möglichkeit.

Bedingung und Folgerung werden ohne Rücksicht auf Verwirklichung einfach als Gedanken des Sprechenden bezeichnet.

Εἰ mit Optativ, Optativ mit *ἄν*.
Εἰ βούλοιο, δύναιο ἄν: *Si velis, possis.*
Wenn Du (allenfalls, etwa, vielleicht) wolltest,
so könntest Du wohl.
Εἴ τις ξυνελὼν ταῦτα φαίη, ὀρθῶς ἂν εἴποι.
Εἰ ἀναγκαῖον εἴη ἀδικεῖν ἢ ἀδικεῖσθαι, ἑλοίμην ἂν μᾶλλον ἀδικεῖσθαι ἢ ἀδικεῖν.

§ 184. Allgemeiner Fall oder Form der Erwartung.

Die **Bedingung** wird als **objektiv möglich**, als unter Umständen **erwartet**, die Folge als **sicher** bezeichnet. Diese Form dient besonders zum Ausdruck allgemein gültiger Gedanken und ist daher stehend in der Gesetzessprache. 161

Das Eintreten der Bedingung kann gedacht werden

1. **futurisch**: „wenn“.

Ἐάν mit Konj. (Präs. od. Aor.), Ind. Fut. od. Imper.

Ἐὰν βούλῃ (βουληθῇς), δυνήσῃ.

Si voles (volueris), poteris.

Wenn Du wollen (gewollt haben) wirst, wirst Du können.

Ἥξω παρὰ σὲ αὔριον, ἐὰν θεὸς ἐθέλῃ.

Νέος ἂν πονήσῃς, γῆρας ἕξεις εὐθαλές.

Ἐὰν δ' ἔχωμεν χρήμαθ', ἕξομεν φίλους.

Donec eris felix, multos numerabis amicos.

In diesen Sätzen steht

der Konj. Präs. im Sinne des lat.-(deutschen) Futurs,
der Konj. Aor. im Sinne des lat.-(deutschen) Fut. exakt.

2. **iterativ**, unbestimmt oft sich wiederholend: „so oft als“, „jedesmal wenn“; und zwar

entw. a) in der **Gegenwart**:

Ἐάν mit Konj. (Präs. od. Aor.), Ind. Präs.

Ἐὰν βούλῃ (βουληθῇς), δύνασαι.

Cum vis (voluisti), potes.

So oft Du willst, kannst Du.

Ἅπας λόγος, ἂν ἀπῇ τὰ πράγματα, μάταιος φαίνεται.

Ἂν ἐγγὺς ἔλθῃ θάνατος, οὐδεὶς βούλεται θνήσκειν.

oder b) in der **Vergangenheit**:

Εἰ mit Opt. (Präs. od. Aor.), Ind. e. Nbtps. (bes. Impf.).

Εἰ βούλοιο (βουληθείης), ἐδύνασο.

Cum volebas (volueras), poteras.

So oft Du wolltest (gewollt hattest), konntest Du.

Ξενοφῶν εἴ πού τι ὁρῴη βρωτόν, διεδίδου.

Εἴ τίς γέ τι Κύρῳ προστάξαντι καλῶς ὑπηρετήσειεν, οὐδενὶ πώποτε ἀχάριστον εἴασε τὴν προθυμίαν.

In solchen Sätzen der unbestimmten Wiederholung steht

der Opt. Präs. im Sinne des lat.-(deutschen) Imperf.,
der Opt. Aor. im Sinne des lat.-(deutschen) Plqperf.

Anm. Hiernach erklären sich die **allgemein hypothetischen Temporal- und Relativsätze** (§ 187, 3. u. 4. b; 188, 4. d)
mit ὅταν, ἕως ἄν, πρὶν ἄν — ὃς ἄν, ὅπως ἄν, ᾗ ἄν m. Konj. nach Hpttps.
und ὅτε, ἕως, πρίν — ὅς, ὅπως, ᾗ m. Opt. nach Nbtps.

185 § 185. 1. Die vier Formen werden oft gemischt; insbesondere steht der **potentiale** Nachsatz (als bescheidene Ausdrucksweise) oft beim **realen** und **allgemeinen** Vordersatz.

Δείξαιμι ἂν ταῦτα, εἴ μοί τινα βούλεσθε συμπέμψαι.
Οὐδέ, ἂν πολλαὶ γέφυραι ὦσιν, ἔχοιμεν ἄν, ὅποι σωθῶμεν.

2. Im einzelnen merke noch:

a) εἰ μή nach einer Negation (wie *nisi*) heißt: **außer**.
b) εἰ δὲ μή nach εἰ μὲν (μή), ἐὰν μὲν (μή) ohne Verbum als erstarrte Formel, heißt: **widrigenfalls, andernfalls, sonst**;
c) εἴπερ mit Ind.: *si quidem*, **wenn anders**;
d) εἰ μὴ ἄρα mit Ind. ist (wie *nisi forte, nisi vero*) meist **ironisch**: **wenn nicht etwa, es müßte denn**;
e) ὥσπερ ἂν εἰ mit Optativ (potential) od. mit Ind. c. Nbtps. (irreal) } **gleich als wenn**.

§ 186. Koncessivsätze

186 werden eingeleitet durch εἰ καί, ἐὰν καί **wenn auch**,
oder καὶ εἰ, καὶ ἐάν (κἄν) **auch wenn, selbst wenn**.

Sie folgen ganz den Bedingungssätzen; ihre Negation ist μή.

Κεἰ μὴ πέποιθα, τοὔργον ἔστ' ἐργαστέον.
Γελᾷ δ' ὁ μωρός, κἄν τι μὴ γελοῖον ᾖ.

Anm. Sätzen mit „**obgleich**" entspricht im Griech. das **Particip** mit vorgesetztem καί oder καίπερ (Neg. οὐ); s. § 199, 3. c.

§ 187. Temporalsätze.

187 1. Sie werden eingeleitet durch die Zeitpartikeln
ὅτε, ὁπότε, ἡνίκα, ὡς **als**, *cum* mit Ind.;
ἐπεί, ἐπειδή **als, nachdem**, *cum* mit Konj.;
ἐπεὶ (ἐπειδὴ) πρῶτον (τάχιστα) **sobald als**, *cum primum;*
ἀφ' οὗ, ἐξ οὗ **seit**, *ex quo*; ἐν ᾧ **während**, *dum;*
ἕως, ἔστε, μέχρι (οὗ) **solange als, bis**, *dum, quoad;*
πρίν **ehe, bevor**, *priusquam.*

2. Ist die **Zeitbestimmung** eine wirklich stattfindende oder schon eingetretene **Thatsache**, so steht der **Indikativ** (Neg. οὐ).

Ἐπεὶ πάντες συνῆλθον, ἐκαθίζοντο· ὅτε δὲ ταῦτα ἦν, ἦσαν μέσαι νύκτες.

3. Ist die Zeitbestimmung nur als möglich gedacht oder erwartet, einmalig oder unbestimmt oft wiederholt (futurisch oder iterativ: hypothetischer Temporalsatz), so steht (nach § 184) 187

a) nach einem Haupttempus immer der Konj. mit ἄν (Neg. μή),

b) nach einem Nebentps. gewöhnlich der Opt. ohne ἄν (Neg. μή).

Anm. Ἄν tritt zur Zeitpartikel, mit der es womöglich Ein Wort bildet.

Τάφος δὲ ποῖος δέξεταί μ', ὅταν θάνω;
Ἐπειδὰν ἅπαντα ἀκούσητε, κρίνατε.
Μαινόμεθα πάντες, ὁπόταν ὀργιζώμεθα.
Κῦρος ἐν τῷ παραδείσῳ ἐθήρευεν, ὁπότε γυμνάσαι βούλοιτο ἑαυτόν τε καὶ τοὺς ἵππους (so oft).
Μὴ ἀναμείνωμεν, ἕως ἂν (vgl. so oft) *πλείους ἡμῶν οἱ πολέμιοι γένωνται, ἀλλ' ἴωμεν, ἕως* (solange als) *ἔτι οἰόμεθα εὐπετῶς ἂν αὐτῶν κρατῆσαι.*

4. Nach πρίν kann immer der Inf. stehen (Nom. od. Acc. mit Inf.: 193). Gewöhnlich steht

a) bei affirmativem Hauptsatz der Inf.

Διέβησαν πρὶν τοὺς ἄλλους ἀποκρίνασθαι.
Πολλοὶ ἄνθρωποι ἀποθνήσκουσι πρότερον πρὶν δῆλοι γίγνεσθαι, οἷοι ἦσαν.

b) bei negativem Hauptsatz ein Verbum finitum, und zwar zur Bezeichnung einer Thatsache der Indikativ:

Οὐκ ἀπέπλευσαν, πρὶν ἐξεπολιόρκησαν τὴν πόλιν.

zur Bezeichnung von Erwartetem der Konj. mit ἄν:

Μὴ ἀπέλθητε, πρὶν ἂν ἀκούσητε τὸ πρᾶγμα.
Οὐκ ἤθελον συμπλεῖν οἱ Κορίνθιοι, πρὶν ἂν τὰ Ἴσθμια ἑορτάσωσιν.

Anm. Πρίν mit Opt. findet sich nur in obliquer Rede (§ 190, 2. b), oder bei der Modusassimilation (§ 189).

§ 188. Relativsätze.

1. Sie werden durch relative Pronomina und Adverbia eingeleitet. 188

2. Erklärende Relativsätze, welche einen einzelnen Begriff näher bestimmen, behalten die Modusform und die entsprechende Negation selbständiger Sätze bei.

Πρᾶγμα, ὃ οὐκ ἐγένετο — ὃ οὐ γενήσεται —
ὃ οὐκ ἂν γένοιτο — ὃ οὐκ ἂν ἐγένετο —
ὃ μὴ γένοιτο — ὃ μήποτε ποιῶμεν —
ὃ μὴ ποιεῖτε (ποιήσητε).

188 3. Abweichend vom Lateinischen haben

a) Kausale Relativsätze den **Indikativ** (Neg. *οὐ*).

Θαυμαστὸν ποιεῖς, ὃς (ὅτι) ἡμῖν οὐδὲν δίδως (*qui des*).

b) Konsekutive Relativsätze den **Indikativ**, meist **Fut.** (Neg. *οὐ*).

Παῖδές μοι οὔπω εἰσίν, οἵ με θεραπεύσουσιν (*qui me colant*).

Τίς οὕτω μαίνεται, ὅστις οὐ βούλεταί σοι φίλος εἶναι;

Οὐκ ἔστι θνητῶν, ὅστις ἔστ' ἐλεύθερος (*nemo est, qui sit*).

c) Finale Relativsätze **immer** (auch nach regierendem Nebentempus) den **Ind. Futuri** (Neg. *μή*).

Ἡγεμόνα αἰτήσομεν Κῦρον, ὅστις ἡμᾶς ἀπάξει (*qui abducat*).

Ἔδοξε τῷ δήμῳ τριάκοντα ἄνδρας ἑλέσθαι, οἳ τοὺς πατρίους νόμους συγγράψουσι, καθ' οὓς πολιτεύσουσιν (*conscriberent, viverent*).

4. Hypothetische Relativsätze, welche in einen Bedingungssatz aufgelöst werden können, haben die **Modi der hypothetischen Vordersätze** (§ 180), und die Negation ist *μή*.

ὅς (ὅστις) = εἴ τις. ὃς ἄν (ὅστις ἄν) = ἐάν τις.

a) **real** (§ 181): *Ἃ μὴ οἶδα, οὐδὲ οἴομαι εἰδέναι.*

Ἃ μὴ προσήκει, μήτ' ἄκουε μήθ' ὅρα.

b) **irreal** (§ 182): *Οἱ παῖδες ὑμῶν, ὅσοι ἐνθάδε ἦσαν, ὑπὸ τούτων ἂν ὑβρίζοντο* (*εἴ τινες ἦσαν*, wären).

c) **potential** (§ 183): *Ἐγὼ μὲν ὀκνοίην ἂν εἰς τὰ πλοῖα ἐμβαίνειν ἃ ἡμῖν Κῦρος δοίη* (*εἴ τινα δοίη*).

d) **allgemein** (§ 184):

futurisch: *Ἀπόκριναι, ὅ, τι ἄν σε ἐρωτῶ.*

Τῷ ἀνδρί, ὃν ἂν ἕλησθε, πείσομαι.

iterat., Geg.: *Νέος δ' ἀπόλλυθ', ὅντιν' ἂν φιλῇ θεός.*

Verg.: *Σφοδρὸς ἦν Χαιρεφῶν, ἐφ' ὅ τι ὁρμήσειεν.*

189 § 189. Zuweilen findet sich, bes. in **Final-, Temporal-** und **Relativsätzen**, eine **Assimilation des Modus** in doppelter Weise:

a) nach einem **Opt.** mit oder ohne *ἄν* folgt ein **Opt.** (ohne *ἄν*).

Εἴθε ἥκοις, ἵνα γνοίης — *Ἔρδοι τις, ἣν ἕκαστος εἰδείη τέχνην.*

Οὐκ ἂν ἐπὶ πᾶν ἔλθοι βασιλεύς, ὡς πᾶσι φόβον παράσχοι;

b) nach einem Ausdruck der **Irrealität** (Wunsch oder Aussage) folgt der **Ind. eines Nebentempus** (ohne *ἄν*).

Εἰ γὰρ ὤφελον οἷοί τ' εἶναι οἱ πολλοὶ τὰ μέγιστα κακὰ ἐργάζεσθαι, ἵνα οἷοί τ' ἦσαν καὶ ἀγαθὰ τὰ μέγιστα.

Εἰ τῷ ὄντι ξένος ἐτύγχανον ὤν, ξυνεγιγνώσκετε ἄν μοι, εἰ ἐν ἐκείνῃ τῇ φωνῇ τε καὶ τῷ τρόπῳ ἔλεγον, ἐν οἷσπερ ἐτεθράμμην.

§ 190. Zusammenfassung über die Oratio obliqua.

1. Treten Hauptsätze in oratio obliqua, d. h. werden sie von 190
einem Verbum dicendi oder sentiendi abhängig, so steht

a) in Urteilssätzen ein Verbum finitum mit ὅτι od. ὡς, oder der Infinitiv (über dessen Beziehungswort § 193); z. B.

Οἱ θεοὶ πάντα ἴσασιν.

Σωκράτης ἔλεγεν, ὅτι οἱ θεοὶ πάντα ἴσασιν (εἰδεῖεν),

od. τοὺς θεοὺς πάντα εἰδέναι.

b) in Begehrungssätzen der Infinitiv (über dessen Beziehungswort § 193); z. B.

Μὴ παραχωρεῖτε (παραχωρήσητε) τῆς τάξεως.

Ἀξιῶ ὑμᾶς μὴ παραχωρεῖν (παραχωρῆσαι) τῆς τάξεως.

2. Treten Nebensätze in oratio obliqua, so ist zu beachten:

a) Nach regierendem Haupttps. müssen Tempora und Modi der direkten Rede unverändert bleiben;

b) Nach regierendem Nebentps. müssen der Potentialis und der Irrealis unverändert bleiben, während die Indikative, und die Konjunktive mit oder ohne ἄν bleiben od. in den Opt. obl. (ohne ἄν) übergehen können.

3. Sehr oft wird ganz unvermittelt aus der indirekten in die direkte Rede übergegangen; vgl. z. B. An. 1, 3, 14. 16. 20; 1, 9, 25 u. a.

4. Zuweilen geht eine mit ὅτι oder ὡς begonnene indirekte Rede in die Infinitivkonstruktion über; oder eine mit ὅτι (ὡς) oder Infinitiv begonnene indirekte Rede wird durch den Optativus obliquus fortgesetzt.

§ 191. Zusammenfassung über die Moduspartikel ἄν.

Sie verbindet sich überhaupt nur 191

1. mit dem Ind. der Präterita zum Irrealis, § 169, 4.
2. mit dem Ind. der Präterita zum Potentialis der Vergangenheit (zugleich als ἄν iterativum), § 169, 5.
3. mit dem Konj. im allgemein hypothetischen Nebensatz (Bedingungs-, hypothet. Temporal- und Relativsatz) § 184. 187, 3. 4. 188, 4.
4. mit dem Opt. zum Potentialis, § 171, 2.
5. mit Inf. und Part. im Sinne eines Potentialis od. Irrealis, § 200.
6. selten mit finalem ὡς, ὅπως (nie mit finalem ἵνα: ἵν' ἄν ist stets relativ: ubicumque). Ὡς ἄν μάθῃς τὰ δίκαια, ἀντάκουσον.

Anm. Ἄν wird zuweilen doppelt gesetzt (πῶς ἂν οὐκ ἂν πάσχοιμεν;), oder es fehlt etwa (bei Dichtern, Thuk. u. Her.), wo es nach obigen Regeln stehen müßte; über seine Stellung s. § 168, Anm.

IX. Die nominalen Verbalformen.

A. Der Infinitiv.

192 § 192. 1. Der Infinitiv ist ursprünglich ein Verbalsubstantiv mit Dativ-(Lokativ-)bedeutung: *ἰέναι* zu(m) Gehen, *λῦσαι* zu(m) Lösen. Sein Gebrauch stimmt vielfach ganz mit dem Deutschen überein, weit mehr als mit dem Lateinischen.

2. Die nominale Natur der Inf. (u. Part.) zeigt sich bes. in deren Verbindung mit dem Artikel; die verbale bes. darin, daß sie durch Adverbia bestimmt werden und ihr Objekt im gleichen Kasus wie die übrigen Verbalformen haben (*τὸ ἀκριβῶς τοῖς νόμοις πείθεσθαι*); daß sie Genus Verbi und Zeitart ausdrücken (*λιπεῖν, λιπέσθαι, λειφθῆναι — φυγεῖν, φεύγειν, πεφευγέναι*), und daß sie mit *ἄν* verbunden werden.

§ 193. Beziehungswort und Prädikatsnomen des Infinitivs.

193 1. Ist das Beziehungswort des Inf. dasselbe wie das Subjekt des regierenden Verbums, so wird es beim Inf. nicht ausgedrückt.

Ἀδικεῖσθαι ἐφ' ἡμῶν νομίζει Κῦρος.
Ἔχω τριήρεις ὥστε ἑλεῖν τὸ ἐκείνων πλοῖον.

2. Ist das Beziehungswort des Inf. verschieden vom Subj. des regierenden Verbums, und auch nicht in einem von diesem abhängigen Gen. oder Dat. enthalten, so steht es im Accusativ (Acc. c. Inf.).

Σωκράτης ἡγεῖτο θεοὺς πάντα εἰδέναι.

Anm. Das allgemeine „man" (*τινά, τινάς*) wird nicht ausgedrückt.

Νοῦν ἔχειν δεῖ καὶ σωφρονεῖν (sc. *τινά*, daß man —).

3. Prädikative Bestimmungen kongruieren mit ihrem (ausgesetzten oder bloß gedachten) Beziehungswort.

Ἐρωτώμενος, ποδαπὸς εἴη, Πέρσης ἔφη εἶναι.
Νομίζω ὑμᾶς ἐμοὶ εἶναι καὶ φίλους καὶ συμμάχους.
Δίκαιον εὖ πράττοντα μεμνῆσθαι θεοῦ (sc. *τινά*).
Ἔξεστιν ὑμῖν εὐδαίμοσι γενέσθαι,
od. (*ὑμᾶς*) *εὐδαίμονας γενέσθαι.*
Κῦρος παραγγέλλει Ξενίᾳ ἥκειν λαβόντι τοὺς ἄλλους,
od. (*αὐτὸν*) *ἥκειν λαβόντα τοὺς ἄλλους.*

§ 194. Der Infinitiv mit Artikel.

194 1. Der Infinitiv kann (§ 122) durch Vorsetzung des Artikels substantiviert werden, ohne jedoch dabei seine verbale Natur einzubüßen; s. § 192, 2.

2. Der Artikel kann beim Inf. stehen, wenn dieser Subjekt oder Accusativobjekt ist; der Artikel muß stehen, wenn der Inf. als Genetiv- oder Dativobjekt, oder abhängig von Präpositionen steht.

Τὸ πολλὰ τολμᾶν πόλλ' ἁμαρτάνειν ποιεῖ.
Νέοις τὸ σιγᾶν κρεῖττόν ἐστι τοῦ λαλεῖν.
Νίκησον ὀργὴν τῷ λογίζεσθαι καλῶς.

§ 195. Der Infinitiv ohne Artikel.

1. Als Ergänzung steht der Infinitiv (bez. Acc. c. Inf.) besonders 195
bei unpersönlichen Verben und Ausdrücken wie

δεῖ, χρή, δοκεῖ, ἔξεστι, οἷόν τέ ἐστι, προσήκει, συμβαίνει, ἄξιον, δίκαιον, δυνατόν, καλόν — ὥρα, καιρός, νόμος ἐστίν.
Ἀλλὰ γὰρ ἤδη ὥρα ἀπιέναι.

Anm. Statt des unpersönlichen Ausdrucks tritt oft der persönliche ein; z. B. *δοκῶ videor, ἄξιός εἰμι, δίκαιός εἰμι* ich bin berechtigt zu —.

2. Als Ergänzung steht der Inf. (bez. Acc. c. Inf.) bei Verben
des Sagens und Erklärens, Glaubens und Hoffens;
des Begehrens und Wünschens, Verbietens und Hinderns;
des Lehrens und Lernens, Verstehens und Könnens.

Ὅτι ἂν ποιῇς, νόμιζ' ὁρᾶν θεούς τινας.
Ἔλπιζε τιμῶν τὸν θεὸν πράξειν καλῶς.

Καλῶς ἀκούειν μᾶλλον ἢ πλουτεῖν θέλε.
Τί τοὺς θανόντας οὐκ ἐᾷς τεθνηκέναι;

Τὴν τῶν κρατούντων μάθε φέρειν ἐξουσίαν.
Δίκαιος ἀδικεῖν οὐκ ἐπίσταται τρόπος.

3. Als nähere Bestimmung steht der Inf. (meist der aktive) bei Adjektiven wie geeignet, fähig, würdig, tüchtig, leicht, bequem, angenehm, und deren Gegenteil; z. B. *χαλεπὸς εὑρεῖν* *difficilis inventu*, *ἄξιος ἐπαινέσαι* *dignus, qui laudetur*; *ἱκανοὶ φυλάττειν* hinreichend um zu —; *οἷος ἄρχειν* geeignet zu —; *οἷος ζῆν* genügend um zu —; besonders *οἷός τέ εἰμι* bin imstande.

Ῥᾴδια πάντα θεῷ τελέσαι: zu vollenden.
Κῦρος πάντων ἦν ἄρχειν ἀξιώτατος.

4. Den Zweck bezeichnet der Infinitiv besonders bei Verben wie geben, überlassen, gestatten; wählen, bestimmen, u. ähnl.

Τὰς κώμας διαρπάσαι τοῖς Ἕλλησιν ἐπέτρεψεν.
Εἵλοντο Δρακόντιον δρόμου ἐπιμεληθῆναι.

5. Absolut steht der Inf. (mit und ohne Artikel) in Redensarten wie *ὀλίγου, μικροῦ δεῖν* wenig gefehlt, beinahe;
ὡς (ἔπος) εἰπεῖν so zu sagen; *ἑκὼν εἶναι* freiwillig;
ὡς συνελόντι εἰπεῖν um es kurz zu sagen (§ 154, 3);
ὡς ἐμοὶ δοκεῖν wie mir scheint; *τὸ νῦν εἶναι* für jetzt;
τὸ κατὰ τοῦτον (ἐπὶ τούτῳ) εἶναι was diesen betrifft.

Ἀληθές γε ὡς ἔπος εἰπεῖν οὐδὲν εἰρήκασιν.
Τὸ ἐπ' ἐκείνοις εἶναι ἀπολώλατε.

B. Das Particip.

196 § 196. Das Participium ist ein **Verbaladjektiv** und wird darum ganz wie ein Adjektivum gebraucht (vgl. § 192, 2).

§ 197. Das attributive Particip

197 wird in **attributiver** Stellung zum Substantiv gesetzt.

οἱ παρόντες ἡγεμόνες — οἱ νῦν ὄντες ἄνθρωποι —
ἡ Μίδου καλουμένη κρήνη die **sogenannte** Midasquelle —
τοῖς Θρᾳξὶ τοῖς ὑπὲρ Ἑλλήσποντον οἰκοῦσι den Thr., welche . .

Der hinzutretende Artikel ist (§ 115 mit Anm. 2)
entweder **individuell**: *ὁ γραψάμενος τὸν Σωκράτη,*
oder **generell**: *ὁ τυχών, ὁ βουλόμενος* jeder, der will,
ὁ μὴ πιστεύων si quis non credit.

§ 198. Das prädikative Particip,

198 als **Ergänzung eines verbalen Prädikats**, steht

1. **In Beziehung auf das Subjekt:**

a) bei Verben, die ein näher bestimmtes **Sein** ausdrücken; z. B.
τυγχάνω bin gerade, **zufällig**, *λανθάνω* bin **heimlich**,
διάγω, διατελῶ, διαγίγνομαι bin **fortwährend**,
δῆλος, φανερός εἰμι, φαίνομαι es ist **offenbar**, daß ich,
φθάνω bin **früher**, komme zuvor, *οἴχομαι* bin **fort**, u. a.
Ἑπτὰ ἡμέρας πάσας μαχόμενοι διετέλεσαν.
Ἔφθησαν τοὺς Πέρσας ἀφικόμενοι εἰς τὴν πόλιν.

b) bei Verben des **Anfangens und Aufhörens**,
des **Ausdauerns und Ermattens**; z. B.
ἄρχομαι fange an zu —, *παύομαι, λήγω* höre auf zu —,
ἀνέχομαι halte aus im —, *ἀπαγορεύω, κάμνω* werde müde zu —.
Οὔποτε ἐπαυόμην ὑμᾶς οἰκτείρων.
Μὴ κάμῃς φίλον ἄνδρα εὐεργετῶν.
(*Παύω τοὺς ἐχθροὺς γελῶντας* mache, daß d. F. zu l. aufhören.)

c) bei Verben des **Recht- und Unrechtthuns**,
des **Überlegenseins und Nachstehens**; z. B.
καλῶς ποιῶ thue wohl zu —, *ἀδικῶ* thue unrecht daran, daß —,
χαρίζομαί τινι, χάριν φέρω τινί erweise mich darin gefällig, daß —,
νικῶ, κρατῶ übertreffe im —, *ἡττῶμαι, λείπομαι* stehe nach im —.
Ἀδικεῖτε πολέμου ἄρχοντες καὶ σπονδὰς λύοντες.

d) bei Verben der **Gemütsstimmung**; z. B.
χαίρω, ἥδομαι freue mich zu —, *ἄχθομαι, ἀγανακτῶ* bin unwillig zu —,
αἰσχύνομαι schäme mich zu —, *μεταμέλομαι* bereue zu —.
Ἥδομαι ἀκούων σου φρονίμους λόγους.

2. In Beziehung auf das Subjekt oder Objekt: 196

a) bei Verben der sinnlichen und geistigen Wahrnehmung:

z. B. *ὁρῶ, περιορῶ* (dulde), *ἀκούω, αἰσθάνομαι, καταλαμβάνω, οἶδα, ἐπίσταμαι, μέμνημαι, γιγνώσκω, εὑρίσκω* u. ähnl.

Vgl. *Catonem vidi sedentem, Socratem audio dicentem.*

Ὁρῶμεν πάντα ἀληθῆ ὄντα, ἃ λέγετε.

Ὁ θεὸς τὰ μέγιστα μὲν πράττων ὁρᾶται, τάδε δὲ οἰκονομῶν ἀόρατος ἡμῖν ἐστιν.

b) bei Verben, welche die Veranlassung einer Wahrnehmung bezeichnen; z. B.

δείκνυμι, δηλόω, (ἀπο)φαίνω, ἀγγέλλω, (ἐξ)ελέγχω.

Κῦρον ἐπιστρατεύοντα πρῶτος ἤγγειλα.

Πάνθ' ἕνεκα ἑαυτοῦ ποιῶν Φίλιππος ἐξελεγχθήσεται.

Anm. 1. Bei den genannten Verba sentiendi und affectuum kann auch ein Satz mit *ὅτι* stehen.

Anm. 2. Merke: *ἴσθι (μέμνησο) θνητὸς ὤν* (daß Du sterblich bist).
Ὁρῶμεν ἡμεῖς ἀδύνατοι ὄντες περιγενέσθαι.

Anm. 3. Bei *σύνοιδα ἐμαυτῷ*, bin mir bewußt, steht das Particip bald im Nom., bald im Dativ, bei *μεταμέλει μοι*, bereue, stets im Dativ.

Ἐγὼ οὐ ξύνοιδα ἐμαυτῷ σοφὸς ὤν — oder *σοφῷ ὄντι.*

Anm. 4. *Ἀκούω, αἰσθάνομαι, πυνθάνομαι* haben dreifache Konstruktion:
ἀκούω c. gen. part.: ich höre (selbst, persönlich), daß — (vgl. § 144, 4. A.).
ἀκούω c. acc. part.: ich höre (durch andere) als Thatsache, daß = *ὅτι.*
ἀκούω c. acc. et inf.: ich höre als Gerücht, daß —.

Anm. 5. In ähnlicher Weise steht bei mehreren der genannten Verba das Part. und der Inf. mit verschiedener Bedeutung; z. B. bedeutet

	mit Particip		mit Infinitiv	
ἄρχομαι	beginne, bin am Anfg. d. Hdlg.,		unternehme, schicke mich an zu —.	
φαίνομαι	es zeigt sich, daß ich (*apparet*),		es scheint, daß ich (*videor*).	
αἰδέομαι	schäme mich zu thun,		schäme mich zu thun,	
αἰσχύνομαι	d. i. thue mit Scham,		d. i. unterlasse aus Scham	
γιγνώσκω	erkenne,	daß etw. ist (*ὅτι, ὡς*).	beschließe,	etwas zu thun (§ 195, 2).
ἐπίσταμαι	verstehe,		verstehe,	
οἶδα, μανθάνω	weiß, lerne,		weiß, lerne,	
ἐπιλανθάνομαι	vergesse,		vergesse,	
μέμνημαι	erinnere mich,		bin bedacht,	

μέμνημαι (οἶδα, ἀκούω), ὅτε cum ind. *memini, cum* erinnere mich der Zeit, da.

§ 199. Das Participium coniunctum und absolutum.

199 1. Wie im Lateinischen, so entspricht auch im Griechischen das Particip vielfach deutschen konjunktionalen Nebensätzen, und zwar

a) als Part. coniunctum solchen Nebensätzen, deren Subjekt im Hauptsatz in irgend einem Kasus vorkommt;

b) als Part. absolutum solchen Nebensätzen, deren Subjekt im Hauptsatz gar nicht vorkommt.

2. Den lateinischen Ablativi absoluti entsprechen im Griechischen die Genetivi absoluti.

Θεοῦ διδόντος οὐδὲν ἰσχύει φθόνος,
καὶ μὴ διδόντος οὐδὲν ἰσχύει πόνος.

Anm. Abweichend vom Lat. kann beim Gen. absol.

a) das Beziehungswort öfter wegbleiben, wenn es sich aus dem Zusammenhang leicht ergiebt: *οὕτως ἐχόντων quae cum ita sint;*

b) das Part. nicht durch Subst. oder Adj. ersetzt werden (vgl. *Cicerone consule, Hannibale vivo*), sondern es muß stets *ὤν* hinzutreten; also Pericle duce, aber *Περικλέους ἡγεμόνος ὄντος.* — *Ἑκών* und *ἄκων* gelten als Participia; daher *ἐμοῦ οὐχ ἑκόντος me invito.*

3. Beide Participialkonstruktionen stehen auch im Griechischen

a) kausal, oft verdeutlicht durch Beifügung von

ἅτε, οἷον, οἷα (bei objekt. Grund): indem, da ja, weil eben; *ὡς* (bei subj. Grund): weil; als ob; vorgebend; in der Meinung, daß.

Ἅτε ἐξαίφνης ἐπιπεσόντες πολλὰ ἀνδράποδα ἔλαβον.
Ἀνεθορύβησαν ὡς εὖ εἰπόντος τοῦ Ἀγασίου.

b) final, nur im Part. Futuri, oft mit *ὡς*: „um zu" (Neg. *μή*).

Οἱ Ἀθηναῖοι παρεσκευάζοντο ὡς πολεμήσοντες.

c) temporal, oft verdeutlicht durch Beifügung von Adverbien wie

ἅμα zugleich, *αὐτίκα, εὐθύς* sofort, *μεταξύ* mitten in, u. a.
ἅμα πορευόμενοι während des M., *εὐθὺς παῖδες ὄντες a pueris.*

Πολλαχοῦ με ἐπέσχε λέγοντα μεταξύ.
Δρυὸς πεσούσης πᾶς ἀνὴρ ξυλεύεται.

d) hypothetisch (Neg. *μή*).

Δίκαια δράσας συμμάχους ἕξεις θεούς.
Οὐκ ἂν δύναιο μὴ καμὼν εὐδαιμονεῖν.

e) konzessiv, oft verdeutlicht durch beigefügtes *καί, καίπερ* (Neg. *οὐ*).

Πολλοὶ γὰρ ὄντες εὐγενεῖς εἰσιν κακοί.
Εἰσήλθετε ὑμεῖς καίπερ οὐ διδόντος τοῦ νόμου.

4. **Ein absoluter Accusativ des Participiums findet sich** (oft mit ὡς, ὥσπερ als ob) von unpersönlichen **Ausdrücken** wie

δέον, προσῆκον da (während, obgleich) es nötig ist oder war,
ὄν, ἐξόν, παρόν da (während, obgleich) es möglich ist oder war,
δόξαν, δεδογμένον da (wenn, obgleich) beschlossen ist oder war,
ἄδηλον ὄν, αἰσχρὸν ὄν da (wenn, obgleich) es unbekannt, schimpflich ist od. war, u. ä.

Κατακείμεθα, ὥσπερ ἐξὸν ἡσυχίαν ἄγειν.
Σὺ σαυτὸν οὐχὶ ἔσωσας, οἷόν τε ὂν καὶ δυνατόν.

§ 200. Infinitiv und Particip mit ἄν.

Das modale ἄν steht beim Infinitiv und Particip, wenn bei deren 200
Auflösung in einen Satz mit Verbum finitum
entweder der Optativ mit ἄν,
oder der Ind. eines Nbtps. mit ἄν
stehen müßte. Die Bedeutung ist also immer entweder potential oder irreal.

Σὺν ὑμῖν ἂν οἶμαι τίμιος εἶναι, ὅπου ἂν ὦ.
Ἀρίστιππος αἰτεῖ Κῦρον εἰς δισχιλίους ξένους καὶ μισθόν, ὡς οὕτως περιγενόμενος ἂν τῶν ἀντιστασιωτῶν.

Anm. Inf. und Part. Aor. haben nie die Bedeutung der Vergangenheit, wenn sie einem Optativ entsprechen.

C. Das Verbaladjektiv.

§ 201. 1. Die Verbaladjektiva auf -τός, -τή, -τόν bezeichnen 201
(nach § 78, 9)
entweder das bewirkte: λυτός gelöst, ἄκρατος ungemischt;
od. das bewirkbare: βρωτός eßbar, ἀόρατος unsichtbar.

2. Die Verbaladjektiva auf -τέος, -τέα, -τέον bezeichnen eine Notwendigkeit, entsprechend dem lat. Gerundivum; z. B. λυτέος *solvendus*, πειστέον *oboediendum*, ἰτέον man muß gehen.

Persönliche Konstruktion hebt den Gegenstand (Pers. od. Sache), unpersönliche Konstr. dagegen die Handlung hervor.
Die Person, welche etwas thun muß, steht im Dativ (§ 154, 2).

Οἱ συμμαχεῖν ἐθέλοντες εὖ ποιητέοι.
Τοσαῦτα ὄρη ὁρᾶτε ὑμῖν πορευτέα ὄντα.
Οἰστέον πᾶσι τὴν τύχην — τῷ ἀδικοῦντι δοτέον δίκην.

X. Von den Partikeln.

§ 202. Die Negationen.

202 1. Die beiden Negationen *οὐ* und *μή* unterscheiden sich in der Weise, daß man
durch *οὐ* (*οὔτε, οὔποτε, οὐδείς* u. ä.) verneint (objektiv),
durch *μή* (*μήτε, μήποτε, μηδείς* u. ä.) abwehrt (subjektiv).
Ἐγὼ θρασὺς καὶ ἀναιδὴς οὔτ᾽ εἰμὶ μήτε γενοίμην.

2. Demgemäß steht *οὐ* in allen Urteilssätzen, also
in unabhängigen und abhängigen Aussage-, Frage- und Kausalsätzen, sowie in gewöhnlichen Relativ- und Temporalsätzen.

Οὐ δυνατόν ἐστιν — ἔλεγεν, ὅτι οὐ δυνατὸν εἴη —
τί οὐκ ἤλθετε; ἐπεὶ ταῦτ᾽ οὐκ ἐγένετο —
ὅθεν οὐκ ἔστιν ἐξελθεῖν.

3. Dagegen steht *μή* in allen Begehrungssätzen, also
in unabhängigen und abhängigen Sätzen des Wünschens, Befehlens und Verbietens,
und in Nebensätzen der Absicht und Befürchtung.

Μή μοι γένοιθ᾽ ἃ βούλομ᾽, ἀλλ᾽ ἃ συμφέρει.
Μὴ φθόνει τοῖς εὐτυχοῦσι, μὴ δοκῇς εἶναι κακός.
Δέδοικα, μὴ ἐπιλαθώμεθα τῆς οἴκαδε ὁδοῦ.

4. Ferner steht *μή*

a) in Bedingungssätzen und allen Ausdrücken, welche dem Sinn nach eine Bedingung enthalten.

Εἰ μὴ καθέξεις γλῶσσαν, ἔσται σοι κακά.
Ἃ μὴ οἶδα, οὐδὲ οἴομαι εἰδέναι.
Ὁ μὴ δαρεὶς ἄνθρωπος οὐ παιδεύεται.

b) beim Infinitiv, bei welchem nur nach den Ausdrücken der reinen Aussage auch *οὐ* stehen kann.

Ὑπισχνοῦντο μηδὲν χαλεπὸν αὐτοὺς πείσεσθαι.
Τολμῶσι λέγειν οὐδεμίαν μάχην γεγονέναι.

Anm. 1. Nach den negativen Verben bestreiten, leugnen, bezweifeln steht im abhängigen Urteilssatz ein (für uns überflüssiges) *οὐ*.

Οὐκ ἂν ἀρνηθεῖεν ἔνιοι, ὡς οὐκ εἰσὶ τοιοῦτοι.

Anm. 2. Ebenso tritt nach negativen Ausdrücken wie hindern, sich enthalten, sich weigern, leugnen, entgehen u. ä. oft, nach verbieten immer zum Inf. *μή*, nach negiertem Hauptverbum *μὴ οὐ* (auch *τὸ μή* und *τὸ μὴ οὐ*).

Ὁ φόβος τὸν νοῦν ἀπείργει μὴ λέγειν, ἃ βούλεται.
Οὐδεὶς πώποτε ἀντεῖπε μὴ οὐ καλῶς ἔχειν τοὺς νόμους.

5. Negationen derselben Art verbunden. Eine Negation wird durch eine oder mehrere folgende Negationen derselben Art verstärkt, wenn die letzte zusammengesetzt ist; dagegen aufgehoben, wenn die letzte einfach ist.

Οὐκ ἐρεῖ οὐδεὶς οὐδέν keiner wird etwas sagen.

Οὐδεὶς οὐκ ἀποθανεῖται jeder wird sterben.

6. Negationen verschiedener Art sind verbunden:

a) *οὐ μή* mit Konj. (Aor.) od. Ind. Fut. als nachdrückliche Verneinung: „gewiß nicht" (§ 178, 2. A. 1);

b) *μὴ οὐ* mit Konj. (od. Opt. obl.) nach Verbis timendi = *ne non*, daß nicht (§ 178, 2 mit A. 1);

c) *μὴ οὐ* mit Inf. nach negativem Hauptverbum (oder nach negativen Ausdrücken) = nicht zu (§ 202, 4. A. 2).

Οὐχ ὅσιόν σοί ἐστι μὴ οὐ βοηθεῖν δικαιοσύνῃ.

Πᾶσιν αἰσχύνη ἦν μὴ οὐ συσπουδάζειν.

§ 203. Die Fragepartikeln.

Von den Fragepartikeln entspricht bei unabhängigen Fragen 203

1) dem lat. -ně: *ἦ* und *ἆρα*,

2) dem lat. nonne: *οὐ, ἆρ' οὐ* — *οὐκοῦν* nonne igitur?
ἦ γάρ und *ἄλλο τι ἤ* nicht wahr?

3) dem lat. num: *μή, ἆρα μή* / *μῶν* (= *μὴ οὖν*) } doch nicht etwa?

4) dem lat. utrum — an: *πότερον (πότερα)* — *ἤ*,
dem lat. bloßen — an: bloßes — *ἤ*.

Anm. Abhängige Fragen: § 176.

§ 204. Die häufigsten Anwendungen der übrigen Partikeln, soweit sie nicht schon oben besprochen sind. 204

Vorbem. Eine Anzahl Partikeln können nicht an erster Stelle des Satzes stehen; sie heißen deshalb postpositive oder nachgestellte und sind im folgenden durch * bezeichnet.

1. *Ἀλλά*, adversativ: aber, doch (sed, at);
nach einer Negation: sondern;
bei einer Aufforderung: nun denn, wohlan; also;
in der Antwort: nun, nun gut!

ἀλλ' οὐ, ἀλλὰ μή: *ac non* nicht aber, und nicht (vielmehr).
ἀλλ' οὖν (γε): doch gewiß (wenigstens)
εἰ μὴ — ἀλλά γε: si non — at tamen.
οὐ μὴν (μέντοι) ἀλλά: verum tamen, indessen.

204 2. *ἄλλως*: anderswie; nur so aufs Geratewohl.
ἄλλως τε καί: (sonst sowohl als) besonders; zumal.
τὴν ἄλλως: vergeblich, umsonst (vgl. *τὴν ταχίστην* § 138).

3. *ἅμα*: zugleich; mit Dat. § 155, 1; mit Part. § 199, 3. c.
ἅμα μὲν — ἅμα δέ: zugleich — und, teils — teils.
ἅμα (τε) — καί: (zugleich) sowohl — als auch;
(sobald als —) kaum — und sofort, und zugleich.

4. **ἄρα*, folgernd: füglich, sichtlich, natürlich, videlicet;
also, demnach; nun.
εἰ ἄρα, ἐὰν ἄρα: wenn (ob) nämlich; wenn (ob) etwa.
εἰ μὴ ἄρα mit Ind.: nisi forte, nisi vero. § 185, 2. d.
ὡς (ὅτι) ἄρα: daß nämlich; daß eben; daß ja.
οὐκ ἄρα: also nicht; nicht etwa.

5. *ἆρα;* fragend = -ne? *ἆρ' οὐ;* nonne? *ἆρα μή;* num? § 203, 2. 3.

6. *ἀτάρ* (hom. *αὐτάρ*), adversativ: aber; jedoch, dagegen;
hervorhebend und steigernd: aber vollends.

7. **αὖ*, adversativ: hinwiederum; anderseits. An. 1, 1, 7.
seiner= oder ihrerseits. An. 1, 6, 7. 10, 11.

8. **γάρ*, begründend: denn, enim; — ja;
erklärend und ausführend: nämlich;
lebhaft fragend: — denn? (*τίς γάρ;* quisnam?)
ἀλλὰ γάρ: at enim, aber freilich, aber—eben, aber—ja.
aber weil; sondern da.
καὶ γάρ: etenim, und — ja, auch ja;
od. nam etiam, denn auch;
od. nam et, denn sowohl (folgendem *καί* et als auch entspr.).

9. **γέ* (enkl.), hervorhebend: wenigstens; gerade, eben.
ἐπείγε: da ja; *ἀλλὰ — γέ*: doch wenigstens.

10. **γοῦν* (aus *γὲ οὖν*), hervorhebend: wenigstens, jedenfalls, certe.

11. **δέ*, adversativ: aber, autem, in Antw.: allerdings, freilich
(schwächer als *ἀλλά*, vgl. *καί* und *μέν*);
oft auch nur verbindend: und.
Aber nicht heißt *ἀλλ' οὐ*, od *οὐ μέντοι*. Über *οὐδέ* unten 31.

12. **δή*, temporal: schon, nun, eben; *νῦν δή*: soeben;
folgernd: also, daher; *δῆλον δή*: es ist ja klar;
hervorhebend: offenbar, eben; natürlich; doch wohl; gar —;
beim Imperativ eindringlich mahnend: *λέγε δή*: so sag' doch!
εἰ δή: wenn eben, wenn wirklich. — *ὅτε δή*: eben, als.
ὅς δή: welcher eben, gerade; welcher also.
ὅστις δή: wer eben (ich weiß nicht wer); irgend ein.

13. *δῆθεν*, hervorhebend: vollends; wie es den Anschein hat; 204
beschränkend: vorgeblich; scheinbar; freilich.

14. **δήκου* (ein abgeschwächtes *δή*): doch wohl, oft ironisch.

15. **δῆτα* (ein verstärktes *δή*): allerdings; doch gewiß.
οὐ δῆτα allerdings nicht; *τί δῆτα* was denn?

16. *εἴτε — εἴτε* (sive — sive): sei es, daß — oder daß;
in abhängigen Fragen: ob — oder ob, § 176.

17. *ἦ*, beteuernd: gewiß, fürwahr; verstärkt *ἦ μήν*, unten 25.
Über *ἦ* als Fragewort § 203.
ἦ που: wahrlich wohl, sicherlich wohl.

18. *ἤ*, disjunktiv: oder; oft doppelt: *ἤ — ἤ* aut — aut;
vergleichend: als, nach Komparativen und komparativischen Begriffen (*ἄλλος, ἕτερος, ἐναντίος*).
ἄλλο τι ἤ: nicht wahr? § 203, 2.
ἤτοι (γε) — ἤ (od. *ἤ — ἤτοι*): aut — aut.
ἀλλ' ἤ nach einer Negation oder Frage: außer, als, *nisi*.

Anm. Bei Zahl- oder Maßbestimmungen bleibt *ἤ* oft weg nach den adverbialen Komparativen *πλέον* (Nbf. *πλεῖν*), *ἔλαττον, μεῖον*, oder nach den entsprechenden Adjektiven; z. B. *πέμπει οὐκ ἔλαττον δέκα ἄνδρας* (non minus decem), *ἔτη γεγονὼς πλείω ἑβδομήκοντα*.

19. *καί*, kopulativ: und, auch; steigernd: sogar; beim Komp.: noch.

Bei mehr als zwei Begriffen wird *καί* (wie et) bei jedem einzelnen wiederholt (polysyndetische Verbindung). —
καί — καί: sowohl — als auch, gleichwertige Glieder verbindend; vgl. unten 39.
καί nach Ausdrücken der Gleichheit: wie; z. B. *ὅμοιος, ὁμοίως, ὁ αὐτὸς καί*: similis, similiter, idem *atque*;
καί — δέ: und sogar, und auch, aber auch
(*δέ* verbindet, *καί* steigert);
καὶ δὴ καί: und natürlich auch, und besonders auch;
οὐ μόνον — ἀλλὰ καί nicht nur — sondern auch;
ἤδη — καί: iam — cum, schon . . . , da . . . (cum inversum);
οὔπω — καί: nondum — cum, noch nicht . . ., da . . .

20. *καίτοι*, konzessiv: und doch; indessen; nun aber. Vgl. 40.

21. *μά*, beteuernd, mit dem Acc. der angerufenen Gottheit oder Sache (s. § 130, 2): *μὰ τοὺς θεούς* bei den Göttern;
ναὶ μὰ Δία ja beim Zeus; *οὐ μὰ Δία* nein beim Zeus.

22. **μέν*, abgeschwächt aus *μήν*, ist

a) beteuernd: gewiß;
καὶ (ἀλλὰ) μὲν δή: und (aber) gewiß doch; auch . . . ja.
οὐ μὲν δή: doch gewiß nicht; fürwahr nicht. Vgl. 32 z. E.

204 b) adversativ, meist folgendem δέ, aber, entsprechend:
μέν — δέ zwar — aber; oft ist μέν nicht zu übersetzen.

23. *μέντοι, bekräftigend: freilich, fürwahr;
adversativ (oft nach μέν): doch; jedoch;
denn doch; gleichwohl;
in Fragen: οὐ μέντοι —; nicht wahr? Vgl. 1 z. E.

24. μή: nicht, ist die Negation des Begehrungssatzes, § 202, 3.
ohne Hauptsatz § 178, 2. A. 1; in Fragen = *num*, § 203, 3.
οὐ μή und μὴ οὐ § 202, 6; μηδέ, siehe οὐδέ unten 31.
μὴ ὅτι (= μὴ εἴπω, εἴπῃς, ὑπολάβῃς, ὅτι): nicht nur.
μὴ ὅτι und μὴ ὅπως (wie οὐχ ὅπως): nicht nur nicht.
μὴ ὅτι und μή τί γε δή (sc. εἴπῃς): geschweige denn.
ὅτι μή (wie εἰ μή § 185, 2. a): außer, nisi.

25. *μήν, beteuernd: vero, fürwahr, gewiß, oft mit ἦ, oben 17;
adversativ: jedoch, aber; bes. in Verbindungen wie
ἀλλὰ μήν: at vero
καὶ μήν: et vero } nun aber; ferner aber. Vgl. 1 z. E.

26. μῶν, fragend = μὴ οὖν = num, doch nicht etwa? § 203, 3.

27. ναί, in Antworten: ja; ναὶ μὰ Δία ja beim Zeus; vgl. 21.

28. νή, beteuernd: νὴ Δία ja beim Zeus. § 130, 2.

29. *νύν (enkl.), folgernd: unser tonloses nun.

30. οὐ: nicht, ist die Negation des Urteilssatzes, § 202, 2.
in der direkten Frage: ἆρ' οὐ, οὐκοῦν: nonne, § 203, 2.
οὔ τι: gar nicht, durchaus nicht; nicht etwa.
οὐχ ὅτι (οὐκ ἐρῶ ὅτι): nicht nur; auch obgleich.
οὐ μόνον ὅτι und οὐχ ὅτι μόνον: nicht nur.
οὐχ ὅπως (οὐκ ἐρῶ ὅπως) — ἀλλὰ καί (οὐδέ): nicht nur nicht — sondern sogar (nicht einmal);
nach negativen Ausdrücken: geschweige denn.
μόνον οὐ (οὐχί), ὅσον οὐ: tantum non, beinahe.
ὅσον οὔπω, ὅσον οὐκ ἤδη: beinahe schon, alsbald.

31. οὐδέ (μηδέ), kopulativ: a) und nicht, noch auch, nach negativem Glied; (nach positivem Glied heißt und nicht καὶ οὐ);
b) auch nicht, nicht einmal, *ne — quidem*.
οὐδ' εἰ: selbst nicht, wenn; vgl. § 186.
οὐδέ — οὐδέ: nicht einmal — noch auch.
οὐδέ — δέ: aber auch nicht.

32. *οὖν, folgernd: also, folglich, daher, igitur;
bestätigend: allerdings, in der That; gewiß.
ἆρ' οὖν; also wirklich? denn wirklich?
ἀλλ' οὖν (γε): doch gewiß (wenigstens).

δ' οὖν: nun aber; gewiß aber ist, daß — 204
καὶ γὰρ οὖν: und daher denn; daher denn auch.
μὲν οὖν (wie *immo*): allerdings ja od. nein vielmehr.
an Relativen: ὁστισοῦν (ὁντιναοῦν, ἡστινοσοῦν u. s. f.): quicumque.

33. οὐκοῦν (ein verstärktes οὖν), steht:
a) versichernd: also, demnach;
b) fragend: also nicht? nonne igitur? § 203, 2.

34. οὔκουν (ein verstärktes οὐκ), steht:
a) versichernd: also nicht, jedenfalls nicht;
b) fragend: also nicht? denn nicht?

35. οὔτε — οὔτε (μήτε — μήτε): neque — neque, weder — noch.
οὔτε (μήτε) — τέ: neque — et, einerseits nicht — anderseits, nicht nur nicht — sondern sogar.
οὔτε — οὐ (bes. dichter.) = οὔτε — οὔτε.
οὔτε — οὐδέ: weder — noch auch.

36. *πέρ (enkl., aus πέρι): gerade, gar, eben, sehr;
ὅσπερ gerade der, welcher; ἐπείπερ da gerade;
ὥσπερ gerade wie, gleich wie; ὅτεπερ eben als; εἴπερ § 185, 2. c.

37. πλήν: außer, steht a) als präpositionales Adv. mit Gen., § 159, 5;
b) konjunktional: ausgenommen daß, nur, mit Ind., oder ohne ausgesetztes Verbum.

38. *πώ (enkl.): noch; meist an Negationen: οὔπω, nondum, noch nicht (aber οὐκέτι, iam non, nicht mehr).

39. *τέ (enkl., lat. -que), kopulativ: und; in Prosa verbindet
τέ — τέ sowohl — als auch (wie καί — καί) meist gleichwertige Sätze, dagegen
τέ — καί nicht nur — sondern auch sich ergänzende einzelne Begriffe.

40. *τοι (enkl.), beteuernd: doch ja, ja doch; gewiß; besonders oft mit andern Partikeln verbunden: καίτοι oben 20; μέντοι oben 23.
οὔτοι: wahrlich nicht!
τοίγαρ, folgernd: darum also; verstärkt
τοιγαροῦν und τοιγάρτοι: eben darum;
τοίνυν, folgernd: gewiß nun, demgemäß, also; nun aber; auch synonym mit δέ: ferner, aber.

Zum epischen Dialekt der Homerischen Gedichte.

§ 205. Zur Lautlehre.

205 1. **Vokale:** η statt α: φιλίη, νεηνίης, πρήσσω — ἀληθείη.
ει statt ε: ξεῖνος, εἵνεκα, χρύσειος.
ου statt ο: μοῦνος, οὔνομα, πουλύς, u. v. a.

2. **Metathesis:** κάρτος, καρτερός, ἔδρακον, ἔπραθον.
θρώσκω: ἔθορον — βλώσκω: ἔμολον.

3. **Metathesis der Quantität:** Ἀτρείδεω neben Ἀτρείδᾱο.
στέωμεν neben στήομεν. ἕως, τέως neben ἧος, τῆος.

4. **Kontraktion:** γήραος, τέραα, τεράων, τεράεσσι, μένεα,
τέγεος, φίλεον, ἀοιδιάει, ἀοιδιάουσα u. a.;
Ἑρμῆς, ἡοῦς, ἠῶ, σέλᾳ, τιμᾷ, ἐφορμᾶται —
εο u. εου zu ευ: θέρευς, φιλεῦντες, σεῦ — νεικεῦσι.
εεα zu εια oder εα: ἐυκλείας, δυσκλέα.
εεαι zu ειαι oder εαι: μυθεῖαι oder μυθέαι.

5. **Synizese oder „Verschleifung“:**
Πηληιάδεω Ἀχιλῆος — ἀλλ᾽ ὅτε δὴ ἑβδομον ἦμαρ.
χρυσέοισιν ἐπὶ κλισμοῖσι — εἰλαπίνη ἠε γάμος.
ἀλλ᾽ ἐῶμέν μιν πρῶτα — ἢ οὐκ ἀίεις; u. a. m.

6. **Apokope:** bei ἄρ (f. ἄρα), bei ἄν (f. ἀνά), κάτ, πάρ, ἄπ, ὕπ.
Mit Assimilation: κάλ-λιπε, κάβ-βαλε, κάτ-θεμεν, κατ-θέμεν,
κὰρ ῥόον, κὰπ πεδίον, κὰκ κεφαλῆς, κὰδ δὲ παρειῶν,
ἀλ-λέξαι, ἀμ-μίξας, ἀμ-πνεῦσαι, ἀγ-κρεμάσας, ἀν-στήσας, ἂμ πεδίον.

7. **Digamma** hatten ursprünglich folgende Wörter:

Ϝέαρ vēr	Ϝίς vīs	Ϝέλ-δομαι vel-le
Ϝεσθής vestis	Ϝοῖκος vīcus	Ϝερ- ver-bum
Ϝέσπερος vesper	Ϝοῖνος vīnum	Ϝιδ-, ἔ-Ϝιδον } vid-ēre;
Ϝείκοσι viginti	Ϝέπος, Ϝόψ vōx	Ϝοῖδα, Ϝεῖδος }

Ϝῶνος, ὁ (daher ἐ-ωνούμην 88, 1. A.)	Ϝεκών (daher ἀέκων, d. i. ἀϜέκων)
Ϝαλίσκομαι (daher ἑάλων, ἑάλωκα)	Ϝέλπομαι (daher ἔολπα, d. i ϜέϜολπα)
Ϝοράω („wahren“; daher ἑ-ώρων 88,2)	Ϝεργάζομαι (daher ϜέϜοργα u. εἰργ.).

8. σϜ im Anlaut hatten ὅς (σϜός) = suus, ἕ = sē, ἑκυρός = socer,
ἁνδάνω, Aor. εὔαδον (= ἔσϜαδον), ἡδύς (suāvis), u. a.

9. **Doppelkons.:** ποσσίν, δικάσσαιε — ἔσσομαι, ἐτέλεσσα.
ὅττι, ὅππως, ὁππότε — ἔδδεισεν, ἀδδήσειεν.
τόσσος, ἔμμορε, ἔννεον, ἔλλαβε, ἔσσυτο.

10. **Hülfskonsonanten** (ἀνδρός, γαμβρός, μεσημβρία):
ἤμβροτον zu ἁμαρτάνω, μέμβλεται zu μέλει.
μέμβλωκα zu ἔμολον, βλώσκω — ἄμβροτος.

§ 206. Zur Nominalflexion.

1. A-Dekl.: ἱππότᾰ. Ἀτρείδᾱο, Ἀτρείδεω, ἐυμμελίω. 206
δῖα θεάων, πυλέων ἐξέσσυτο, κὰδ δὲ παρειῶν.
ἀθανάτῃσι θεῇς — ἀκταῖς, πάσαις.

2. O-Dekl.: ἀργυρέοιο βιοῖο — δο κράτος, Αἰόλοο κλυτὰ δώματα.
θεοῖσιν ἐπουρανίοισιν — τοῖιν ὤμοιιν.

3. 3. Dekl.: ποσ-σί, ποσί, πόδ-εσσι — βέλεσ-σι, βέλεσι, βελέ-εσσιν.
ἔριν u. ἔριδα. γούνατος u. γουνός.
οὔατος, οὔασιν u. ὠσίν.
πατέρος u. πατρός, θυγατέρα u. θύγατρα.
ἀνέρος u. ἀνδρός, ἄνδρεσσι u. ἀνδράσιν.
γήραος, οὔδεος, μένεος, θέρευς, μένεα, κλέα — § 205, 4.
σπείους, σπῆι, σπέσσι, σπήεσσι. ἠώς, -οῦς, -οῖ, -ῶ.
Ἡρακλῆος.
πόλις: πόλιος u. πόληος. ἡδύς: ὠκέα Ἶρις. εὐρύν u. εὐρέα.
βασιλῆος u. s. f., βασιλεῦσι. Ὀδυσ(σ)ῆος u. Ὀδυσ(σ)έος.

4. Anomala: Ἀΐδης: Ἀΐδᾱο u. Ἀΐδεω u. Ἄϊδος.
Ἄρης: Ἄρηος u. Ἄρεος, V. Ἆρες u. Ἄρες.
Ζεύς: Διός u. Ζηνός, Ζῆνα u. Ζῆν.
κάρη, τό: καρήατος, κάρητος, κράατος u. κρατός, κράτων.
κρασίν. — κάρηνα, καρήνων.
νηῦς: νηός u. νεός, νήεσσι, νέεσσι u. νηυσί.
υἱός: υἱέος u. υἷος.
ἀλκή: ἀλκῇ u. ἀλκί. μάστιγι, μάστιγα u. μάστι, μάστιν.

5. Suffixe: -φι: ἐξ εὐνῆφι — κρατερῆφι βίηφι (Sg.),
διὰ στήθεσφιν — σὺν ὄχεσφιν (Pl.).
-θεν u. -θι: ἐξ ἁλόθεν, ἐμέθεν — ἠῶθι πρό.

6. Adjektiva: ἰφθίμους ψυχάς, ἀθανάτη ψυχή.
πο(υ)λύς, πολύ, G. πολέος, A. πο(υ)λύν (M. u. F.);
Pl. πολέες, πολέων, πολέεσσι, πολέσσι u. πολέσι,
und πολλός, πολλή, πολλόν, regelm.

7. Komparation: γλυκίων, φιλίων — ὤκιστος — πλέες (= πλέονες).
K. ἀρείων, βέλτερος, φέρτερος, λώϊον, λωΐτερον,
κακώτερος, χειρότερος, χερείων, χερειότερος —
μάσσων, ἆσσον.
S. κάρτιστος, φέριστος, φέρτατος —
μήκιστος, ἄγχιστα.

§ 207. Zum Pronomen.

1. Pers.: ἐγών, ἐμεῖο, ἐμέο, ἐμεῦ, ἐμέθεν. ἄμμες, ἄμμι, ἄμμε. 207
τύνη, σεῖο, σέο, σεῦ, σέθεν — τεΐν. ὔμμες, ὔμμι, ὔμμε.
εἷο, ἕο, εὗ, ἕθεν — ἑοῖ — ἑέ, ἕ, μίν.

σφεῖς, σφείων, σφίσιν u. σφίν, σφέας, σφάς u. σφέ.
D. νῶι, νῶιν — σφῶι, σφῶιν — σφωέ, σφωΐν.

2. Poss.: ἐμός, τεός, ἑός u. ὅς. ἁμός, ὑμός, σφός u. σφέτερος.
D. νωΐτερος. σφωΐτερος.

3. Demonstr.: der Artikel mit τοί, ταί neben οἱ, αἱ, und ὅς oder ὅ (beide Mask.: er, der), ἥ, ὅ.

4. Relat.: ὅ = ὅς und ἕης = ἧς, sowie auch die mit τ anlautenden Formen von ὁ, ἡ, τό.

5. Interrog.: τέο u. τεῦ, τέῳ u. τῷ, τέων, τέοισι, enklitisch gebraucht als Indefinita.

6. Verallgem. Relat.: ὅτις neben ὅστις, ὅττεο u. ὅτ(τ)ευ, ὅτεῳ.
ὅτινα neben ὅντινα, — ὅτινας, ἅσσα.

§ 208. Zur Konjugation.

208 1. Modus zeichen, Konj.: ἐγείρ-ο-μεν, ποιήσ-ε-ται, εὔξεαι, ἴομεν.
Opt.: δύη (f. δυίη), φθίμην, φθῖτο, δῦμεν, δαινῦτο, δαινύατο, λῦτο, λελῦτο.

2. Augment: ἔλυσε u. λῦσε, ἔβη u. βῆ, ἔχεν — κάθεμεν, ἄνεσαν.

3. Personalendungen:

ἐθέλωμι, ἐθέλῃσθα, ἐθέλῃσι — τίθησθα.
πεποίθεα, -εας, -εεν — φόβηθεν, ἴεν, ἔφαν, βάν.
ὀδύρεαι, ἐλύσαο — βέβληαι — φραζώμεσθα.
βεβλήαται, -ατο, ἰδοίατο — δίδωθι, ὄμνυθι.

4. Infinitiv: ἀμύνειν, ἀμυνέμεν u. ἀμυνέμεναι — ἰδέ-ειν.

5. Verba kontr. auf -άω, offen: ἀοιδιάει, πεινάων, μενοίνεον.
assimiliert: γελόωντες u. γελώοντες, ὁράᾳς.
kontr.: τιμᾷ, τιμῶσι, τιμῶν, ἐφορμᾶται.
auf -έω: φιλέεις, φίλεον, φιλέωμεν, φιλεῦντες.
auf -όω: ἀρόωσι, ὑπνώοντας, δηιόῳεν, χολοῦνται.

6. Verba auf -μι: τιθεῖ, τιθεῖσιν, διδοῖσθα, διδοῖ, διδοῦσιν.
θήω (θείω), θή-ῃς, θή-ο-μεν (θείομεν), θέ-ω-μεν.
γνώ-ω, γνώ-ῃς, δώ-ο-μεν, βή-ω (βείω),
στή-ο-μεν (στείομεν), στέωμεν, στή-ε-τε, στήωσι.
δαμή-ω (δαμείω), δαήω, μιγήῃς, φανήῃ,
τραπήομεν (von ἐτάρπην), δαμήετε, μιγέωσι.
εἶμι: εἶσθα, ἤια, ἴσαν, ἴμεν(αι), εἴσομαι, εἴσατο.
εἰμί: ἔασι, ἔα u. ἔον, ἦην, ἔ(μ)μεν(αι), ἔσεται, ἐσσεῖται.
οἶδα: ἠείδης, εἴδομεν, ἰδέω, ἴδμεν(αι), ἰδυῖα, εἰδήσω.

7. Gleiche Formen: ἴσαν (εἶμι, οἶδα), εἴσομαι (εἶμι, οἶδα, εἴδομαι), εἰσάμην (εἶμι, εἴδομαι).

8. Präsentia mit Futurbedeutung: καλέω, τελέω, ἀνύω, ἐρύω, ἀντιόω, δήω, κείω, κακκείοντες, νέομαι, βείομαι.

9. Aoriste ohne σ: ἔκηα, ἔσσευα, ἔχευα, ἠλεύατο u. ἀλέασθαι.

10. Aor. v. Verba liq. mit σ: ἔκελσα, ἔκυρσα, ἔκερσα, ὦρσα.

11. Aoristi mixti: ἷξον, δύσετο, βήσετο, λέξεο, ὄρσεο, οἰσέμεν(αι).

12. Redupl. Aor. II.:
ἤραρον, ὤρορον, ἐπέφραδε, τεταρπώμεσθα, ἀμπεπαλών.
πεπιθεῖν, πεφιδέσθαι (Fut. πεπιθήσω, πεφιδήσεται).
ἐπέπληγον, πεπλήγοντο, κέκλυθι, ἐνένιπε u. ἠνίπαπον.
mit Synkope: κέκλετο, ἔτετμε, ἔπεφνε, ἄλαλκε.
mit kausat. Bedeutg.: λελάχωσι, ἐκλέλαθον.

13. Primitive Aor.: ἐγήρα, ἔκτα, ἔκταν (1. P. S. u. 3. P. Pl.), κτάς, κτάμεναι, ἔφθιτο, βλῆντο, λύντο, φθίμενος,
K. κτέωμεν, βλήεται, φθίεται, φθιόμεσθα.
O. βλῇο (βλεῖο), φθίμην, φθῖτο § 208, 1.
ἐδέγμην, δέξο, δέκτο, μῖκτο, ἄλτο, πάλτο, πέρθαι, ἄρμενος, λέκτο (v. λέγω u. λεχ-), πλῆτο (v. πελάζω u. πίμπλημι).

14. Verschiedenartige Aor.: ἄειρα u. ἀέρθην (v. ἀείρω, αἴρω);
ἠράμην u. ἀρόμην, ἀρέσθαι von ἄρνυμαι.
ἦρσα, ἤραρον, ἄρμενος, ἄρθην v. ἀραρίσκω.
von ὄρνυμι: ὦρσα (nach 208, 10); ὤρορον (nach 208, 12);
ὤρετο (mit ὄρηται, ὄροιτο nach 85);
ὦρτο (mit ὄρσαι, ὄρθαι, ὄρμενος nach 208, 13);
und ὄρσεο, ὄρσευ (nach 208, 11).

15. Perf. u. Plqpf.: κεκοπώς, πεφύασι, τεθνηώς.
mit att. Red.: ἄρηρα, ὄρωρα, ἀλάλημαι, ἐρέριπτο.
mit Vokalabstufung: λέλασται (neben λήθομαι), ἔοικα u. ἔικτον, εἰδώς u. ἰδυῖα, πέφευγα u. πεφυγμένος, τετεύχατο u. τέτυκτο, τετύχθαι, τετυγμένος — ἄωρτο v. ἀείρω.
mit unreg. Accent: ἀκάχησθαι, ἀκαχήμενος, ἐσσύμενος, ἀλάλησθαι, ἀλαλήμενος.

16. Iterativa: ἔχεσκον, ἔλεσκε, μνησάσκετο, στάσκον, κέ-σκετο.

Zur Syntax.

§ 209. Kasus und Präpositionen.

209 1. **Lokale Anwendung der bloßen Kasus** (vgl. § 159, 2); auf die Frage **wohin der Accus.**: *ἔρχεσθον κλισίην — ἔβαν νέας ἀμφιελίσσας.*

wo u. woher } **d. Gen.**: *ἔρχονται πεδίοιο — μὴ δηθὰ διατρίβωμεν ὁδοῖο.*
ἀνέδυ πολιῆς ἁλός — πίθων ἠφύσσετο οἶνος.

wo u. wohin } **d. Dat.**: *αἰθέρι ναίων — ἀκροτάτῃ κορυφῇ.*
χεὶρ πεδίῳ πέσε — θαλάσσῃ ἔλσαι Ἀχαιούς.

2. **Präpositionen**: *εἰνί, ἐνί* u. *εἰν, παραί* u. *ὑπαί,*
προτί u. *ποτί, ἀμφίς* u. *ὑπείρ.*

3. **Präpos. als Adv.**: *ἐν δέ, σὺν δέ, πρὸς δέ, μετὰ δέ.*
περὶ μὲν θείειν ταχύς, περὶ δ' ἱρὰ θεοῖσιν ἔδωκε.

4. „**Tmesis**“: *ἐκ δ' ἔβαν αὐτοί — ἐξ ἔρον ἕντο — ἐπὶ κνέφας ἦλθε.*
νήπιοι, οἳ κατὰ βοῦς Ὑπερίονος ἠελίοιο ἤσθιον.

5. **Anastrophe**: *Κικόνων ὕπο δηωθέντες — φυγὼν ὕπο νηλεὲς ἦμαρ.*

6. *Ἀνά* mit **Dat.**: **oben an, auf**: *χρυσέῳ ἀνὰ σκήπτρῳ.*

7. *Μετά* m. **Dat.**: **mitten unter**: *μετὰ τοῖσιν ἀνέστη.*
mit: *μετὰ χερσὶν ἔχουσιν.*

8. *Ἔνι* (f. *ἔνεστιν, ἔνεισιν*), *ἔπι, μέτα, πάρα — ἄνα.*

§ 210. Modi nud Infinitiv.

210 1. **Der selbständige Konj.** (mit od. ohne *ἄν*) berührt sich (als Modus der **Erwartung**) nahe mit dem **Ind. Fut.**
Καί ποτέ τις εἴπῃσιν, vgl. *ὥς ποτέ τις ἐρέει.*
Οὐ γάρ πω τοίους ἴδον ἀνέρας οὐδὲ ἴδωμαι.

2. *Ἄν* od. *κέ(ν)* steht abweichend vom attischen Gebrauch (§ 191) auch beim **Ind. Futuri**: *Καί κέ τις ὧδ' ἐρέει.*
im **potentialen Vordersatz**:
Εἰ τούτω κε λάβοιμεν, ἀροίμεθά κε κλέος ἐσθλόν.
häufig in **Finalsätzen**: -
Ἀλλ' ἴθι, μή μ' ἐρέθιζε, σαώτερος ὥς κε νέηαι.
selten beim **Opt. des Wunsches**: *ὥς κέ οἱ αὖθι | γαῖα χάνοι.*

3. *Ἄν* od. *κέ(ν)* fehlt abweichend vom attischen Gebrauch auch etwa beim **potentialen Optativ**:
Ῥεῖα θεός γ' ἐθέλων καὶ τηλόθεν ἄνδρα σαώσαι.
beim **verallgemeinernden hypothetischen Konjunktiv im Bedingungs- und im hypoth. Relativ- u. Temporalsatz**:
Εἰ δ' αὖ τις ῥαίῃσι θεῶν ἐνὶ οἴνοπι πόντῳ, | τλήσομαι.
Ζεὺς | ἀνθρώπους ἐφορᾷ καὶ τίνυται, ὅς τις ἁμάρτῃ.
Ὦ φίλοι, οὐ γάρ πω καταδυσόμεθ' ἀχνύμενοί περ
εἰς Ἀΐδαο δόμους, πρὶν μόρσιμον ἦμαρ ἐπέλθῃ.

bes. auch in Vergleichen:

Ὡς δ' ὅτε καπνὸς ἰὼν ἐξ ἄστεος αἰθέρ' ἵκηται
τηλόθεν ἐκ νήσου, τὴν δήιοι ἀμφιμάχωνται,
ὣς ἀπ' Ἀχιλλῆος κεφαλῆς σέλας αἰθέρ' ἵκανεν.

beim irrealen Indikativ: *ἔνθα με κῦμ' ἀπόερσε* (fortgerissen hätte).

4. Der Inf. optativisch:

Ζεῦ ἄνα, Τηλέμαχόν μοι ἐν ἀνδράσιν ὄλβιον εἶναι,
καί οἱ πάντα γένοιτο, ὅσα φρεσὶν ᾗσι μενοινᾷ.

5. Der Inf. imperativisch:

Νοστήσας δὴ ἔπειτα φίλην ἐς πατρίδα γαῖαν
σῆμά τέ οἱ χεῦαι καὶ ἐπὶ κτέρεα κτερεΐξαι
πολλὰ μάλ', ὅσσα ἔοικε, καὶ ἀνέρι μητέρα δοῦναι.

Die gebräuchlichsten Maße, Münzen und Gewichte.

1. Die Längenmaße.

στάδιον	πλέθρα	ὀργυιαί	πήχεις	πόδες	Meter
1	6	100	400	600	185
	1 πλέθρον	16²/₃	66²/₃	100	30,83
		1 ὀργυιά	4	6	1,85
			1 πῆχυς	1¹/₂	$0,46_{25}$
				1 πούς	$0,30_{83}$

Bei Marschangaben ist das Stadion etwas kürzer gerechnet, nämlich 1 Stadion = ¹/₃₀ Parasange = ca. 150 m = ca. 2 (1⁷/₈) Min., und 1 Parasange = ca. 4500 m = ca. 56 Minuten.

2. Die Hohlmaße.

für Trockenes			für Flüssiges			
μέδιμνος	χοίνικες	Liter	μετρητής	χόες	κοτύλαι	Liter
1	48	52,53	1	12	144	39,39
	1 χοῖνιξ	1,09		1 χοῦς	12	3,28
					1 κοτύλη	0,27

3. Gewichte und Münzen.

τάλαντον	μναῖ	δραχμαί	ὀβολοί	Gewicht in Gramm	Geldwert in	
					Mark	Franken
1	60	6000	36 000	26 196	4715	5893,75
	1 μνᾶ	100	600	436,6	78,58	98,23
		1 δραχμή	6	4,37	0,79	0,98
			1 ὀβολός	0,7	0,13	0,16

Ein persischer δαρεικός (στατήρ) und ein attischer Goldstater galten gleich viel, nämlich 20 Drachmen = 15,72 Mark = 19,65 Franken.

Deutsch-lateinisches Sachregister.

Die Zahlen bezeichnen die Paragraphen; S. = Seite.

Abhängige Sätze 173 fg.
Ablativischer Genetiv 144 fg.
Ablaut der Vokale 11, vgl. 87, 3. 107.
Absoluter Accus. 199, 4; Gen. 199, 2. 3.
Accent-Zeichen 3, 3. 4; allgem. Regeln 6—10; in der Dekl. überhaupt 25, 5. 6; der einsilb. Wörter 36, 6. 7; in der Konjug. 71, 11. 12; der Verba auf -μι 98, 4.
Accusativ, synt. 129—138; absoluter des Part. 199, 4.
Acc. cum Inf. 193, 2. 195, 1. 2.
Adjektiva, Übersicht 52—55.
Adiectiva verbalia s. Verbaladjektiv.
Adverbia 59; korrelative 69; m. Gen. 159, 5.
Aktivum 161.
Alphabet 1.
Anastrophe 209, 5.
Anomale Subst. 50; Adj. 55; Nomina 60; Verba 106 bis 111, u. 112.
Anticipation od. Prolepsis 173, 4
Aoristus 71, 4. 78, 3. 8. 85. 86; primitive 101.—208, 9—14.
Aorist, synt. 164, 2. 3. 165, 2.
Apokope 205, 6.
Apposition beim Personalpron. 116, 1; bei Personennamen 117. A. 2.
Artikel 26; im Dual 95, 1 m. A. — 114—122.
Assimilation 19; des Rel. 126, 2; der Modi 180.
Atona 8.
Attische Dekl. 35; Redupl. 58, 5.
Attraktion des Rel. s. Assimilation.
Attributive Wortstellung 64, 2. A. 118.
Augment 72. 74; beim Plqpf. 78, 5; Besonderheiten 88.
Auslaut 23. 24.
Aussagesätze, abhängige 174.
Aussprache 1, 3.

Barytonon 8.
Bedingungssätze 179—185.
Begehrungssätze 168; in or. obl. 190; Negation der B. 202, 3.
Beziehungswort beim Inf. 193.
Betonung 6—10.
Bruchzahlen 116, 2.

C: s. K.
Consecutio (temporum) modorum 164, 4. A. 173, 4.

Dativ, synt. 151—158.
dauernde Handlung 164. 165, 1. 2. A.
Dehnklasse 107.
Dehnung der Vokale vgl. 11, 1.
Deklination 25 fg.
Demonstrativpron. 65; 125.
Deponentia 71, 3. A. 94, 1. 2.
Digamma 1, 2. A. 205, 7. 8.
Diphthonge 2, 2. 3; 3, 4.
Doppelfrage 203, 4. 176, 1 m. A.
Dorischer Gen. 29, 3; dor. Fut. 112, u. πλέω, φεύγω, ψεύδομαι.
Dual 95; synt. 113, 2.
dubitativer Konj. 170, 2; dubit. Fragesätze 176, 2.

Eigennamen mit u. ohne Art. 117, 3. A. 2.
E-Klasse 110.
Elision 17.
Endkonsonanten 23; bewegliche 24.
Enklisis, Enklitika 9. 10.
Ersatzdehnung 13.

Finalsätze 178; finale Relativsätze 188, 3. c.
Folgesätze 177; relative 188, 3. b.
Fragepartikeln 203.
Fragesätze, abh. 176.
Futurum 78, 2. 8. 83, 1. 86. 89, 1. 2. 93; attisches 101.
Futurum, synt. 165, 3.
Futurum exaktum (Fut. tertium) 78, 7. — 165, 4.

Genera des Verbums 71, 1—3. 92—94. — 161—163.
Genetiv, dor. 35, 4. — 139—150.
Genus des Nomens, allgem. 25, 2; des Verbums 71, 1—3. 92—94. 161—163.
Gewichte S. 159, 3.

Haupttempora 71, 6.—173, 2.
historische Tempora 71, 6.—173, 3.
Hohlmaße S. 158, 2.
Hypothetische Sätze 179—185; hypoth. Temporals. 187, 3. 4; hypoth. Relativs. 188, 6.

Imperativ 172. 166, 3.
Imperfektum, synt 165, 1; für Vorvergangenheit 165, 2. c. A.; mit u. ohne ἄν 169, 1. 3—5; im irrealen Bedingungssatz 182.
Impersonalia, synt. 169, 1. 195, 1; absol. Part. 199, 4; persönl. Pass. von Impers. 163, 1. A.
Inchoativklasse 109.
Indikativ der Nebentempora 169; der verschiedenen Tempora 164, 3. 165.
Infinitiv, synt. 192—195; mit ἄν 200; mit Art. 122. 194; absolut 195, 5; in or. obl. 190, vgl. 166, 4.
Inf. c. Nom. 193, 1.
Intransitiva trans. 131; Pass. 163, 1.
Jod-Klasse 75, 3.
Irrealis 169, 4.

Kasus, synt. Gebr. 128—158; des Inf. 194, 2.
Kasusartige Endungen 51.
Kausalsätze, abh. 175; kausale Relativs. 188, 3. a.
Komparation der Adj. 56—58; der Adv. 59, 3.
Komposita betont 6, 6; Komp von Intransitiven trans. 131.
Koncessivsätze 186; koncessiv. Part 199, 3. e.
Kondicionalsätze 179—185; kondicionale Temporals. 187, 3. 4. b; Relativs. 188, 4.
Kongruenz, synt. 113.
Konjugation 71—112; Übers. der Verba vocalia 79; der Verba muta 81. 82; der Verba liquida 83. 84; der Verba auf -ω 96; Konj. auf -μι 97—105; unregelm. 106—112.
Konjunktionen s. Partikeln.
Konjunktiv 71, 9. a.; 98, 4.
Konjunktiv, synt. 170; vgl. 173, 3.
Konsekutivsätze 177; konsekutive Relativs. 188, 3. b.
Kontrakta der 1. u. 2. Dekl. 30. 33; Verba kontrakta 80; 90, 1 fg.; Betonung 16, 2.
Kontraktion 16.
Koronis 18, 1.
Korrelative Pron. 68; Adv. 69.
Krasis 18; vgl. 62, 1. A. 68, 2. A.

Längenmaße S. 158, 1.
Laute, Einteilung 2.
Lautgesetze 11—24.
Lokativ 51, A.—157.

Maße S. 158, 1. 2.
Mediale Futura 93; Deponentia 94, 1; Passiva 94, 3.
Medium 71, 2. 3.—162.
Metathesis 15; der Quant. 205, 3.
Mischklasse 111.
Modi 168—190. 166; im Nebensatz 173 fg.
Moduszeichen 71, 9.
Münzen S. 159, 3.

Nasalklasse 108.

Nebentempora 71, 6. 173, 3; Indikative der N. 169, 1–5. 182.
Negationen 202. 168. 176, 1. A. 2.
Nichtwirklichkeit s. Irrealis.
Nominativbildung der 3. Dekl. 36, 3.
Nominativdehnung 12.
(Nominativus cum Inf. 193, 1).
Nominativ, doppelter 132. A.

Objekt, äußeres und inneres 129 fg.
Optativ 71, 1. 5. 9, b. S. 55, A. 2.–171. 173; obl. 173, 4; iterat. 184, 2. b; Tempusbed. in or. obl. 166, 4; Fut. 166, 4. A.; Opt. in or. obl. 190, 2. 3.
Oratio obliqua 190.

Participia, Zeitbedeutung 167; Gebr 196–199; mit ἄν 200.
Partikeln 202 fg; enkl. 9, 1. e.
Passivum 163; vgl. 161, 2.
Perfekta, gemischte 102.
Perfektive Präsentia 165, 1. A. 2.
Perfektum 78, 4–6. 82. 84, 3. 87. – 164. 165, 4. 167, 1, 3.
Personennamen mit u. ohne Art. 117, 3. A. 2.
Plusquamperfektum 78, 5. 6. 82. 84, 3. 87.–164. 165, 4; vertreten durch Aor. u. Impf. 165, 2. c.
Potentiale Bedingung 180, 3. 183.
Potentialis der Gegenwart 171, 2; der Vergangenheit 169, 5; in abhängigen Aussage-, Kausal-, Frage- u. Folges. 174–177.
Prädikat 133.
Prädikative Wortstellung 64, 2. A. 119.
Prädikatsnomen beim Inf. 193.
Präpositionalkomposita, augm. u. redupl. 74; m. Acc. 131; m. Gen. 150; m. Dat. 158.
Präpositionen 159. 160, 1–33.
Präsens 78, 1. 79, 1.–165, 1 m. A.
Präsensklassen 75. 106 fg.
Primitive Aoriste 101. 203, 13.
Proklisis, Proklitika 8.
Prolepsis od. Anticipation 173, 4.
Pronomina 61–68.–113, 4. 123 fg.

Quantität der Silben 5, 3–5.

Reduplikation 73 f.; attische 88, 5.
Relativsätze 188.

Silbenabteilung u. -quantität 5.
Spiritus 3.
Stellung, attrib. u. präd. 64, 2. A. 118 f.
Subjekt u. Prädikat 113; (beim Inf. 193); beim Gen. absol. 199, 2. A. a.
Suffixe, kasusartige 51.
Synkope 14.
Syntax 113–204.

T-Klasse 75, 2.
Tempora 71, 6.–164–167; in or. obl. 166, 4; im Part. 167.
Temporalsätze 187.
Transitiva intrans. gebr. 161, 1.

Urteilssätze 168; Neg. 202, 2.

Verba auf -ω 75–96; contracta 89 f.; auf -μι 97 fg.; auf -νυμι 104 fg.; unregelm. 106–111.
Verbaladjektiva 78, 9.–201.
Verbalnomina 71, 1. 12, c.–192–201.
Verbalstamm 71, 7.
Vokalreihen, -schwächung 11.
Vokalverkürzung 11, 1. A.
Vokalwechsel 11.
Vokativ 25, 4. 36, 5.

Wiederholung, unbestimmte, im Bedingungssatz 184, 2; im Temporalsatz 187, 3, vgl. 4, b; im Relativsatz 188, 4. d.
Wunsch, erfüllbar 171, 1; unerfüllbar 169, 3.
Wurzelaoriste 101.

Zahlwort 70; m. Art. 116, 2.
Zeitart, Zeitstufe 164.
Zeitbestimmung im Acc. 137 m. A. 1; im Gen. 149; im Dat. 157, 2.

Griechisches Wortregister

zur attischen Formenlehre und Syntax.

Die Präpositionen und Konjunktionen, welche in § 160 u. 204 schon alphabetisch verzeichnet sind, werden hier nicht mehr aufgeführt.

ἄγαμαι 101, 1.—147.
ἀγγέλλω 84, 2. 96, 30. — 198, 2. b.
ἄγνυμι 112.
ἀγορεύω 111, 12.
ἄγω 96, 16. 112.—161.
ἀδεῖν, ἀδήσω 112, u. ἀνδάνω.
ἀδελφός 60.
ἄδηλον ὄν 199, 4.
ἀδικέω 130, 1. 165, 1. A. 2. 198, 1. c.
Ἀθήναζε, Ἀθήνηθεν 51.
Ἀθήνησι 51.—157, 1.
ἀθυμέω 74, 3.
αἰδέομαι 90, 4.—130, 3.
Ἅιδου, ἐν u. εἰς 140.
αἰδώς Dekl. 44, 3.
αἰνέω 90, 5. 112.
αἱρέομαι 111, 1.- 132. 195, 4.
αἱρέω 111, 1.—141, 2. 161, 2. 162, 2.
αἴρω 89, 3. 96, 47.—161, 1.
αἰσθάνομαι 108, 7.—144, 4 m. A. 198, 2. A. 4.
αἰσχρὸν ὄν 199, 4.
αἰσχρός 57, 2.
αἰσχύνομαι 94, 3.—130, 3. 156, 2. 198, 2. A. 5.
αἰτέω 133. 195, 2.
αἰτιάομαι 94, 1.—141, 2.
αἴτιος 141, 2.
ἀκούω 88, 5. 96, 41. 112.— 144, 4 m. A. 198, 2. A. 4.
ἀκροάομαι 112.
ἄκρος m. Art. 120, 3.
ἄκων 113, 5. 199, 2. A. b.
ἀλαλάζω 112.
ἀλγεινός, ἀλγίων 60.
ἀλείφω 112.
ἀλέξω 112.
ἀλέω 112.
ἀλήλιμμαι 112, u. ἀλείφω.
ἀλήλε(σ)μαι 112, u. ἀλέω.
ἁλίσκομαι 109, 4.—141, 2. 161, 2. 198, 2.
ἀλλάττω 86, 3.
ἀλλήλων 62, 3.
ἄλλοθεν, ἄλλοθι, ἄλλοσε 51.
ἅλλομαι 112.
ἄλλο τι ἤ 203, 2.
ἅμα 155, 1. 199, 3. c.
ἁμαρτάνω 109, 8.—141, 4. 198, 1. c.
ἀμελέω, ἀμελής 141, 3.
ἀμπέχω, ἀμπίσχω 112, u. ἔχω.
ἀμύνομαι 130, 3. 162, 1. b.
ἀμύνω 162, 1. b.
ἀμφιγνοέω 112.
ἀμφιέννυμι 112, u. ἕνν.
ἀμφισβητέω 112.
ἀμφότερος 116, 3.
ἀμφοτέρωθεν 159, 5.
ἄμφω 70, 1.—116, 3.
ἄν 191, vgl. 168, 2 m. A.; s. auch ἐάν.
ἀναγκαῖον ἦν 169, 1.
ἀναίτιος 141, 2.
ἀνακράζω 85, 3.
ἀναλίσκω, ἀναλόω 109, 5. 112.
ἀναμιμνήσκω 133.
ἀνάξιος 32, 4.—148.
ἁνδάνω 112.
ἄνευ 159, 5.
ἀνέχομαι 88, 7. 111, 5. b — 198, 1. b.
ἀνήρ 42.
ἀνοίγω 88, 2.
ἀνύτω, ἀνύω 75, 2. A. 112.
ἄξιος 148. 195, 1. 3.
ἀξιόω 148.
ἀπαγορεύω 112, 12. a.—198, 1. b.
ἀπαλλάττω 144, 1.
ἀπείργω 144, 1.
ἄπειρος 141, 3.
ἀπεχθάνομαι 112, u. ἐχθ.
ἀπέχομαι 144, 1.
ἀπέχρη 112, u. χράω.
ἀπέχω 144, 1 (bis). 195, 2.
ἁπλοῦς 60.
ἀπογιγνώσκω 150.
ἀποδείκνυμι 132.
ἀποδημέω 112.
ἀποδίδομαι 111, 16.—148.
ἀποδιδράσκω 109, 9.
ἀποθνήσκω 109, 7. 112; Pf. 102, 2.—161, 2. 164, 2.
ἀποκρίνομαι 94, 1.

ἀποκτείνω 96, 34.—161, 2.
ἀπόλλυμαι, ἀπόλλυμι 105, 11.
Ἀπόλλων 60.
ἀπορέω 144, 2.
ἀποστερέω 93, 3. — 133. 144, 2.
ἀποστερίσκω s. -στερέω.
ἀποτρέπω 150.
ἀποτυγχάνω 141, 4.
ἀποφεύγω 130, 2.
ἀποχράω genüge, und ἀπόχρη 112, u. χράω.
ἅπτομαι 141, 4.
ἄρα, ἆρα μή, ἆρ' οὐ 203.
ἀραρίσκω 112.
ἀρέσκω 109, 3.
Ἄρης 60.
ἀρκέω 90, 4.—152.
ἁρμόζω, ἁρμόττω 75, 3. a. A. 81, 3.
ἀρχήν 138.
ἄρχομαι beginne 144, 3. 162, 1. b. 198, 2. A. 5.
ἄρχω 96, 15; herrsche 141, 3. 163, 1. 165, 3; beginne 144, 3. 198, 1. b.
ἄσμενος 113, 5.
ἄστυ 47, 2. 60.—117, 3.
ἅτε 199, 3. a.
ἅτερος 68, 2. A.
ἅττα u. ἄττα 67, 3. A. 1.
αὐξάνω 108, 9.
αὐτίκα 199, 3. c.
αὐτός 62. 61, 3. — 120, 1. 123, 2. a. 155, 3 (bis).
ἀφαιρέομαι 133. 144, 2. A. 2.
ἄφθονος Komp. 60.
ἀφικνέομαι 108, 6.
ἀφίστημι, ἀφίσταμαι 150.
ἄχθομαι 110, 8.—152. 156, 2. 198, 1. d.
ἄχρι 159, 5.

βαίνω 101, 4. a. 112.
βάλλω 91, 4. 96, 51.
βασιλεύς 117, 3.
βασιλεύω 141, 3. 164, 4. 165, 2. d.
βέβᾱμαι 112, u. βαίνω.
βιάζομαι 94, 1.
βιβάζω 89, 1.
βιβρώσκω 111, 3.
βιόω 111, 13. 112.
βιῴην, βιώσας, βιώσκομαι, βιώσασθαι 112.
βλακίστατος, βλάξ 60.
βλάπτω 75, 2. 96, 20. 93, 2.—130, 1.
βλαστάνω 112.
βλώσκω 112.
βορέας, βορρᾶς 60.
βουλεύομαι ὅπως 178, 3.
βούλομαι 110, 9. 112.
ὁ βουλόμενος 115, 2. A. 2. βουλομένῳ μοι γίγνεται 154, 3.

γαμέω 110, 1.
γελάω 90, 4. 93, 1.
γεραιός 56, 3.
γέρας 60.
γεύομαι, γεύω 142, 2; vgl. 162, 1.
γηθέω 112.
γηράσκω 109, 1. 112.
γίγνομαι 110, 7.—153. 154, 3.
γιγνώσκω 109, 11. 101. — 198, 2. A. 5.
γραῦς 60.
γράφομαι 141, 2.
γράφω 96, 18. 82, 3.
γυνή 50, 1.

δάκνω 112.
δάκρυον 60.
δανείζομαι, δανείζω 162, 2.
δαρθάνω 112.
— δε 9, 1. f. 51.
δέδηγμαι 112, u. δάκνω.
δέδια, δέδοικα 102, 3. 112. — 178, 2 m. A. 2.
δεδογμένον 199, 4.
δεῖ 110, 10.—144, 2. 195, 1.
δείκνυμι 104.—198, 2. b.
δεῖνα, ὁ 60.
δένδρον 60.
δέομαι 110, 11. — 144, 2 m. A. 1. 195, 2.
δέον 199, 4.
δέρω 96, 31.
δεσμός 60.
δεσπότης 60.
δέχομαι 94, 1.
δέω binde 90, 6.
δέω ermangle (s. 110, 11. 10). — 144, 2.
δῆλός εἰμι 198, 1. a.
δηλόω 198, 2. b.
Δημήτηρ 60.
δήξομαι, δηχθῆναι 112, u. δάκνω.
διαγίγνομαι, διάγω 195, 1. a.
διαιτάομαι 112.
διαλέγομαι 88, 4. 111, 12. b. — 155.
διανοέομαι 94, 2.
διατελέω 195, 1. a.
διαφέρω (145, 2.) 161, 1.
διαφθείρω 86, 3. (96, 33.) 112.
διδάσκω 109, 6.—195, 2.
δίδημι 112.
δίδωμι 97. 99.—152. 195, 4.
δικάζομαι, δικάζω 162, 2.
δίκαιον ἦν 169, 1.
δίκαιός εἰμι 195, 1.
δίκην 138.
διότι 175.
δίπηχυς (47). 60, u. -πηχυς.
διψάω 112.
διώκω 93, 1.
δοκεῖ 110, 2.—195, 1.
δοκέω = videor 110, 2. — 195, 1. 2.
δόξαν 199, 4.
δόρυ 39, 3.
δουλόω 79. 80, 3.

δραστέος 112, u. δράω.
δύναμαι 100, 5. 112.
δύο 70, 1. 3. A. — 113, 2.
δύομαι, δύω (δύνω) 90, 6. 92. 101, 2. 8. 3.
δυστυχέω 74, 3.

ἔᾱγα 112, u. ἄγνυμι.
ἕᾱδα 112, u. ἁνδάνω.
ἐάν 179, 1. 184, 1; ἐὰν καί 186; ἐὰν ἄρα 204, 4.
ἐάω 88, 1.—195, 2.
ἐγγυάω 112.
ἐγγύς 59, 5.—159, 5.
ἐγείρω 112.
ἐγκρατής 141, 3.
ἐγκωμιάζω 112.
ἐγρήγορα 112, u. ἐγείρω.
ἐγώ 61; ἔγωγε 61, 3.
ἔδει u. ἔδει ἄν 169, 1 m. A.
ἐδήδεσμαι, ἐδήδοκα 112, u. ἐσθίω.
ἐθελοντής 54. A.
ἐθέλω 110, 4.—195, 2.
ἐθίζω 88, 1; Pf. II. 88, 4.
εἰ 179, 1 fg.; so oft als 184, 2; ob 176, 1 m. Anm. 1.
εἰ γάρ 169, 3. 171, 1.
εἰ—ἤ 176.
εἰ δὲ μή 185, 3. b.
εἰδήσω 112, u. οἶδα.
εἴθε 169, 3. 171, 1; εἴθ' ὤφελον 169, 3. A.
εἰ καί 186.
εἰκός 88, 3; εἰκὸς ἦν 169, 1.
εἴκω s. ἔοικα.
εἴκω 144, 1. 152.
εἵμαρται u. s. s. 112, u. μερ-.
εἰ μή 185, 3. a.
εἰ μὴ ἄρα 185, 3. d.
εἰμί 103, 3.—112.
εἶμι 103, 2.—112.
εἴπερ 185, 3. c.
εἵργνυμι, εἵργω 144, 1.
εἷς 70, 1. 13.
εἰς 160, 7. 137. A. 2.
εἰσβάλλω 161, 1.
εἴσω 159, 5.
εἴτε—εἴτε 176. 204, 16.
εἴωθα 88, 4.
ἐκ, ἐξ 24, 2. — 160, 8. 163, 2. A.
ἕκαστος 116, 2. A.
ἑκάτερος 116, 2.
ἑκατέρωθεν 159, 5.
ἐκβάλλω 150. 161, 2.
ἐκεῖνος 65, 1. 3. 64, 3. 1.
ἐκκλησιάζω 112.
ἐκλέγω 111, 12. c.—112.
ἐκπίπτω 150, vgl. 161, 2.
ἔκπλεως, τὰ ἔκπλεω 60.
ἐκπλήττομαι, ἐκπλήττω 107, 2. 111, 15.—130, 3.
ἐκτός 159, 5.
ἐκφεύγω 130, 2.
ἑκών 113, 5. 199, 2. A. b.
ἑκὼν εἶναι 199, 5.
ἐλάττων 58, 4. 5.
ἐλαύνω 108, 5.—161, 1.
ἐλέγχω 112.
ἐλεύθερος 144, 1.
ἐλευθερόω 144, 1.
ἐλήλεγμαι 112, u. ἐλέγχω.
ἑλίσσω 112.
ἑλκύω, ἕλκω 91, 1.
ἐμβάλλω 161, 1.
ἐμοὶ δοκεῖν 195, 5.
ἐμός 64; ἐμόν ἐστι 140.
ἔμπειρος 141, 3.
ἐμπίμπλημι 141, 3.
ἐμ-πίπλημι, -πίπρημι 112.
ἔμπλεως 141, 3.
ἔμπροσθεν 159, 5.
ἐναντιόομαι 88, 6. 94, 2. 112.
ἐναντίον 159, 5.
ἐναντίος 38, 3.
ἐνδεής 45, 2.—144, 2.
ἕνεκα 159, 5.
ἐνεπίμπρων 112, u. πίμπρημι.
ἔνθα, ἔνθεν 69 u. A. ἔνθεν καὶ ἔνθεν 159, 5.
ἐνθυμέομαι 94, 2.
ἔνι 209, 8.
ἐννοέομαι 94, 2.
ἕννυμι 112.
ἐνοχλέω 112.
ἐντέλλομαι 94, 1.
ἐντός 159, 5.
ἐν ᾧ 187, 1.
ἐξ s. ἐκ.
ἐξελέγχω 112.—196, 2. b.
ἐξῆν 169, 1.
ἐξίημι 161, 1.
ἐξίσταμαι, ἐξίστημι 150.
ἐξόν 199, 4.
ἐξ οὗ 187, 1.
ἔξω 159, 5.
ἔοικα 88, 3.
ἐπαγγέλλομαι 162, 1. c.
ἐπαινέω 90, 5. 112.
ἐπάν (ἐπεὶ ἄν) 168, 2. a. 187, 3.
ἐπεί da 175; nachdem 187, 1.
ἐπειδάν 168, 2. a. 187, 3.
ἐπειδή da ja 175; nachdem 187, 1.
ἐπήν (ἐπεὶ ἄν) 187, 3.
ἐπιβουλεύω 158. 163, 1.
ἐπιδημέω 112.
ἐπιδίδωμι 158.
ἐπιέσασθαι 112, u. ἕννυμι.
ἐπιθυμέω 141, 3. 195, 2.
ἐπιλαμβάνομαι 141, 4.
ἐπιλανθάνομαι 108, 12. — 141, 3.
ἐπιμελέομαι (-μέλομαι) 110, 13.—141, 3. 178, 3.
ἐπιμελής 141, 3.
ἐπιορκέω 130, 2.
ἐπιπεδέστερος, ἐπίπεδος 60.
ἐπίσταμαι 100, 6.—195, 2. 198, 2. A. 5.
ἐπιστήμων 141, 3.
ἐπιτίθεμαι 158.
ἐπιτιμάω 158.

ἐπιτρέπω 158. 195, 4.
ἐπίχαρις 39, 4. 60.
ἕπομαι 88, 1. 111, 4.—152.
ἐρ- s. ἐρωτάω u. λέγω.
ἐράω (ἔραμαι) 94, 2.—141, 3. 165, 2. d.
ἐργάζομαι 88, 1. 94, 1.
ἔργῳ 156, 3.
ἔρημος 32, 4.—141, 3.
ἑρπύζω, ἕρπω 112.
ἐρρωμένος 56, 4. c.
ἔρχομαι 111, 2.
ἐρωτάω 110, 6.—133.
ἐσθίω 111, 3. 112.—142, 2. a.
ἔστε, ἔστ' ἄν 187, 1, 3.
ἐστέον 112, u. εἰμί.
ἕστηκα 99, 2. 102, 1.—165, 4.
ἑστήξω 99, 2.—165, 4.
ἑστιάω 112.
ἔστιν 103, 3. 2.—140. 153; ἔστιν οἷ u. ä. 126, 1. A. 1.
ἑστός od. ἑστώς 112, u. ἵστημι.
ἔσχατος 58. A. 60.—120, 4.
ἕτερος 68, 1 u. A.
εὖ 59, 2. 3.
εὐδαιμονίζω 147.
εὔδιος 60.
εὕδω 112.
εὔελπις 53, 4.
εὐεργετέω 112.—130, 1. 135.
εὐθύς 195, 3. c.
Εὐθύφρων 60.
εὐκλεής 45, 2.
εὖ λέγω 130, 1.
εὖ πάσχω 161, 2.
εὖ ποιέω 161, 2. 198, 1. c.
εὑρίσκω 109, 6.—198, 2. a.
εὐφυής 45, 2.
εὔχαρις, εὐχάριτος und εὐχάριστος 60.
εὔχομαι 152, A. 195, 2.
εὔχρους 60.
εὐῶδες 45, 3. A.
ἐφθάραται u. ἔφθορα 112, u. φθείρω.
ἐφίεμαι 141, 3.
ἐφικνέομαι 141, 4.
ἐφ' ᾧ, ἐφ' ᾧτε 160, 11. c. 177, 2. d.
ἐχθρός 60.—152.
ἔχομαι 141, 4.
ἐχρῆν 169, 1.
ἔχω 111, 5 (112). 88, 1. — 161, 1. 165, 2. d.
ἕψω 112.
ἕως, ἡ 35, 2.
ἕως, ἕως ἄν 187, 1. 3. 184, 2. A.

ζάω 90, 2. 111, 13.
ζεύγνυμι 105, 7.
Ζεύς 50, 2.

ἤ 203, 4. 204, 18; ἤ ὥστε 177, 2. c.
ἦ 203, 1. 2. 204, 17.
ᾗ 69.
ἡβάσκω 109, 2.
ἦ γάρ 203, 2.
ἡγέομαι 132. 145, 2. A.
ὁ ἡγησόμενος 115, 2. A. 2.
ἤδη — καί 204, 19.
ἥδομαι 94, 2. — 156, 2. 198, 1. d.
ἦ δ' ὅς 112, u. ἠμί. — 126, 1. A. 2.
ἡδύς 47. 57, 2.—195, 3.
ἥκιστα 58, 2.
ἥκω 111, 2.—165, 1. A. 2.
ἧμαι s. κάθημαι.
ἡμέτερος 64, 1. 3.—124.
ἠμί 112.
ἥμισυς 52, 5.
ἤν s. ἐάν.
ἦν δ' ἐγώ 112, u. ἠμί.
ἡνίκα, ἡνίκα ἄν 187, 1. 3.
ἦρ, ἦρος 60.
-ήρες, Adj. auf, 45, 3. A.
ἠρόμην 110, 6.
ἥρως 49. 60.
ἡττάομαι 94, 2.—145, 2. 165, 1. A. 2. 198, 1 c.
ἥττων 58, 2.
ἠφίειν 112, u. ἵημι.

θάπτω 96, 21.
θάτερον 68, 2. A.
θάττων 57, 3.
-θεν, -θι 51.
θέω 111, 10. 112.
θηράω 79. 96, 2.
θιγγάνω 112.—141, 4.
θνήσκω s. ἀποθνήσκω.
θρίξ 60.
θρύπτω 112.
θυγάτηρ 42.
θύω 90, 6.

ἰάομαι 94, 1.
ἰδίᾳ 156, 3.
ἱδρόω 112.
ἵεμαι 97—99.
ἱερός 140.
ἵημι 97—99.
ἱκνέομαι 108, 6.
ἱλάσκομαι 112.
ἵνα damit 178, 1; ἵνα ἄν 191, 6.
ἵσταμαι, ἵστημι 97—99. 101. 102, 1 (112).—165, 4.
ἰστέον 112, u. οἶδα.
ἰτητέον 112, u. εἶμι.

καθαίρω 96, 27.
καθαρός 144, 1.
καθέζομαι 88, 6. 111, 14.
καθεύδω 88, 6. 112, u. εὕδω.
κάθημαι 103, 5. 111, 14.
καθίζομαι 111, 14.
καθίζω 88, 6. 111, 14. 112.
καθῖσα 112, u. καθίζω.
καθίστημι 132. 195, 4.
καί 204, 19. 199, 3. e.
καὶ εἰ, καὶ ἐάν 186.
καὶ ὅς 126, 1. A. 2. 114, 2.
καίπερ 186. A. 199, 3. e.
καὶ τόν, καὶ τήν, καὶ τούς 114, 2.

καίω 91, 2. 96, 44. 112.
κακός 57, 2. 58, 3.
κακουργέω 130, 1.
κακῶς λέγω 130, 1.
κακῶς πάσχω 161, 2.
κακῶς ποιέω 130, 1. 161, 2.
καλέω 91, 6.—132. 164, 2. 147; Bed. 186, 2.
καλός 57, 2.
καλῶς ποιέω 198, 1. c.
κάμνω 108, 3. — 198, 1. b; *τὴν κεφαλήν* 136.
καταγελάω 150. 163, 1.
καταγιγνώσκω 150.
καταδύω 92.
κατακαίνω 85, 3. 112.
καταλαμβάνω 198, 2. a.
καταλέγω 111, 12. b. 112.
καταλεύω 112, u. *λεύω*.
καταλύω 161, 1.
καταπλήττομαι, *-πλήττω* nach 107, 2. 111, 15. 130, 3.
καταφρονέω 150. 163.
καταψηφίζομαι 150.
κατηγορέω 150.
κάω, s. *καίω*.
κεῖμαι 103, 6. 99, 1.
κέκλημαι 164, 2.
κεκλῇο 112, u. *καλέω*.
κέκονα 112, u. *καίνω*.
κέκτημαι 73, 3.—164, 2.
κεκτῴμεθα 112, u. *κτάομαι*.
κελεύω 90, 7. 96, 40.—152. A. 195, 2.
κενός 141, 3.
κεράννυμι 105, 1. 112. — 155, 1.
κέρας 39, 3. 60.
κερδαίνω 112.
Κέως 60.
κλαίω (*κλάω*) 91. A. 96, 45.
κλάω, s. *κλαίω*.
κλάω breche 112.
κλείω (*κλῄω*) 96, 42.
Κλεομένης 45, u. 4.
κλέπτης 60.
κλέπτω 96, 22.
κλίνω 91. A. 96, 49.—112.
κνάω, *κνῆν* 112.
κνέφας 60.
κοιμάομαι, *κοιμάω* 94, 3.
κοινῇ 156, 3.
κοινωνέω 141, 3. 155.
κόπτω 96, 19.
κορέννυμι 112.
κραγεῖν, *κράζω* 85, 3.
κρατέω 145, 2. A. 198, 1. c.
κραυγῇ 156, 3.
κρέας 44, 2.
κρείττων 58, 1.
κρέμαμαι, *κρεμάννυμι* 105, 2.
κρίνω 91, 6.—141, 2.
κρούω 112.
κτάομαι 73, 3.—164, 2.
κτείνω 96, 34.
κτίννυμι (*κτείνυμι*) 112.
κύκλῳ 157, 1.
κύπτω 87, 3. a.
κύριος 141, 3.
κύων 50, 3.
κωλύω 144, 1. 195, 2. 202. 3. A.
Κῶς 60.
λαγῶς (*λαγώς*) 60.
λαγχάνω 108, 10.
λαμβάνω 108, 11.—141, 4.
λανθάνω 108, 12.—130, 2. 198, 1. a.
λέγω 111, 12.—132. 195, 2.
λέγω sammle, lese s. 111, 12. a. E. 112.
λείπομαι 198, 1. c.
λείπω 107, 4.
λεύω, *καταλεύω* 112.
λήγω 144, 3. 198, 1. b.
λογίζομαι 94, 1.
λόγῳ 156, 3.
λούω 112.—162, 1.
λυσιτελέω 130, 1. A.
λύω 90, 6.—144, 1.
λῴων u. *λῷστος* 60.
μά 204, 21. 130, 2.
μαίνομαι 86, 3. 87, 3. c.
μακαρίζω 147.
μακράν 138.
μακρός 60.
μάλα, *μᾶλλον*, *μάλιστα* 59, 3. 56, 4. A.
μανθάνω 108, 13.—144, 4. (160, 17). 198, 2. A. 5. 165, 1. A. 2.
Μαραθῶνι 51.—157, 1.
μάρτυς 50, 4.
μάσσων 112, u. *μακρός*.
μάχομαι 110, 15.—155, 1. m. A.
Μέγαράδε 51.
μέγας 55. 58, 3.
μέγα φρονέω 156, 2. A.
μεθύσκω u. *μεθύω* 112.
μείξω u. s. f. 112, u. *μίγνυμι*.
μέλας 40. 52, 3.
μέλει μοι 110, 12.—141, 3. 178, 3.
μέλλω 110, 5.—165, 3. A.
μέμνημαι 141, 3. 165, 4. 198, 2. A. 5.
μεμνῇο, *μεμνῷο*, *μεμνῴμεθα* u. d. 112, u. *μιμνήσκω*.
μένω 112.—131.
μερ-, (*μερίζω* u. s. f.) 112.
μέσος 120, 2.
μεστός 141, 3.
μεταδίδωμι 141, 3.—155, 1.
μεταλαμβάνω 141, 3.
μεταμέλει (*-ομαι*) 141, 3. 198, 2. A. 3.
μεταξύ 159, 5. 199, 3. c.
μεταπέμπομαι 94, 1. 162, 1. b.
μετέχω 141, 3. 155, 1.
μετόν 199, 4.
μέχρι (*μέχρις*), *μέχρι ἄν* 159, 5. 187, 1. 3.
μή 168, 1. 178, 1. 2. 3. m.

A. 202, 1. 3. 4. 203, 3. 204, 24.
μηδείς 70, 1.—202, 1.
μὴ ὅπως, μὴ ὅτι 204, 24.
μὴ οὐ 178, 2 m. A. 1. 202, 6. b. c.
μήτηρ 42, 1.
μιαίνω 96, 26.
μίγνυμι 105, 8. 112.—155.
μικρός 58, 4.
μικροῦ 169, 2; δεῖν 195, 5.
μιμέομαι 94, 1.
μιμνήσκομαι, μιμνήσκω 109, 10. 112.—133. 141, 3.
Μίνως 60.
μισθόω 162, 2.
μνᾶ nach 30; S. 157.
μνημονεύω 112.—141, 3.
μνήμων 141, 3.
μόνον οὐ, οὐχί 204, 30.
μόσσυν 60.
μύριοι, μυρίοι 70, 3. A.
μῶν 203.

ναῦς 50, 5.
νέμω 112.
νέω schwimme 112.
νὴ Δία 130, 2.
νικάω 165, 1. A. 2. 198, 1. c.
νομίζω 96, 35.—132. 195, 2.
νόμον τίθημι, τίθεμαι 162, 1. b.

ξύν s. σύν.

ὁ, ἡ, τό 26; ὁ μέν—ὁ δέ 114, 1.
ὅδε 65.—125.
ὁ δέ, ἡ δέ, τὸ δέ 114, 2.
οἷ, οἱ 61.—123, 2. b.
οἷα 199, 3. a.
οἴγω (οἴγνυμι) 88, 2.—112.
οἶδα 102, 4. 112.—198, 2. a.
οἴκαδε, οἴκοθεν, οἴκοι 51.
οἰκτείρω, οἰκτίρω 112.
οἰμώζω 75, 3. b. A.
οἴομαι 110, 14.
οἷος 68.—195, 3.
οἷόν τέ ἐστι 195, 1.
οἷός τέ εἰμι 195, 3.
οἷς 60.
οἴχομαι 112.—165, 1. A. 2. 198, 1. a.
ὀλίγον 138. 156, 4. A.
ὀλίγος 58, 5; ὀλίγοι u. οἱ ὀλίγοι 115, 2. A. 1.
ὀλίγου parvo 148.
ὀλίγου δεῖν 195, 5.
ὀλίγου paene 169, 2.
ὀλίγου ἐδέησα 169, 2.
ὀλίγῳ 156, 4.
ὄλλυμι s. ἀπόλλυμι.
Ὀλύμπια νικᾶν 134, 2.
ὁ μέν — ὁ δέ 114, 1.
ὁμιλέω 155, 1.
ὄμνυμι 105, 12. 112.—130, 2. 195, 2.
ὁμολογέω 155, 1.
ὁμονοέω 155, 1.
ὁμοῦ 155, 1.
ὀμώμο(σ)ται u. ä. 112, u. ὄμνυμι.
ὄναρ, ὄνειρος 50, 6.
ὀνίνημι 100, 1.—130, 1.
ὄνομά ἐστί μοι 154. A.
ὀνομάζω 132.
ὄπισθεν 159, 5.
ὁπόταν 188, 2. A. 187, 3.
ὁπότε 69.—127. 175. 187, 1.
ὁπότερος 69. 127.
ὅπως 69. 127.
ὅπως (μή) 178, 1—3 u. 2. A. 1.
ὁράω 111, 6.—198, 2. a.
ὀργίζομαι 94, 3.—147.
ὀρέγομαι 141, 3.
ὁρμάομαι, ὁρμάω 94, 3.
ὁρμάω 161, 1.
ὀρύττω 112.
ὀρώρυγμαι 112, u. ὀρύττω.
ὅς rel. 66.—126, 1; (poss. 207, 2); demonstr. 126, 1. A. 2; statt τίς od. ὅστις 127. A.
ὅς ἄν 188, 4.
ὅσγε 126, 1. A. 2.
ὅσον οὔπω, οὐκ ἤδη 204, 30.
ὅσπερ 66.—126, 1. A. 2.
ὅστις 66, 2. 67, 3.—126, 1.
ὅστις ἄν 188, 4.
ὅσῳ — τοσούτῳ 156, 4.
ὅταν 187, 3.
ὅτε da 175; als 187, 1.
ὅτεπερ 204, 36.
ὅτι daß 174. 190, 1; weil 175.
ὅ,τι 67. A. 2.
ὅτι μή 204, 24.
ὅτου, ὅτῳ u. ä. 67. A. 1.
ὅτων, ὅτοις 60.
οὐ, οὐκ, οὐχ 24, 3.—202, 1. 2. 203, 2.
οὗ 8, 2. b. 24, 3. A.
οὐδ' εἰ (ἐάν) 186.
οὐδείς 70, 1.— 202, 1.
οὐδέν 138; vgl. 142, 2. A. 1. u. 156, 4. A.
οὐδ' ὥς (ὡς) 70. A.
οὐκ s. οὐ.
οὐ μή 178, 2. A. 202, 6. a.
οὔπω καί 204, 19.
οὖς 39, 3. 36, 7. c.
οὗτος 65.—125.
οὕτω, οὕτως 24, 2.
οὔ φημι 103, 1. A.
οὐχ ὅπως, οὐχ ὅτι 204, 30.
ὀφείλω 112.
ὤφελον 85, 3.—169, 3. A.
ὀφλήσω, ὀφλεῖν u. ä. von ὀφλισκάνω 112.
ὄψιος 60.
ὀψοφάγος 60.

παιδευτέον ἦν 169, 1.
παιδεύω 77.
παῖς 39. 36, 7. c.
παίω 111, 15.
παλαιός 60.
παντὶ σθένει 121, 2. 156. 3.

πάντοθεν 51.
πάομαι 112.
παραδίδωμι 195, 4.
παραινέω 90, 5. 112, u. αἰνέω.
παρανομέω 112.
παραπλέω νῆσον 131.
παρατίθεμαι 162, 2.
παρέχω 111, 5.—162, 1. c. 195, 4.
παροινέω 112.
παρόν 199, 4.
πᾶς 41, 3. 36, 7. b.—121.
πάσῃ τέχνῃ καὶ μηχανῇ 121, 2. 156, 3.
πάσχω 111, 7.
πατάσσω 111, 15.
πατήρ 42, 1.
παύομαι u. παύω 144, 3. 198, 1. b.
παύω 198, 1. b.
πείθομαι 96, 9. 107, 5. 112.
πείθω 96, 8. 107, 5. 112.
πεινάω, πεινῆν 112.
πειράομαι 94, 2.—141, 4.
πέλεκυς 60.
πέμπω 96, 17. 82, 5.
πένης 54. 60.
πέπαμαι 112, u. πάομαι.
πέπληγα 112, u. πλήττω.
πέπραγα 112, u. πράττω.
πέπρωται 112, u. πορ-.
πέρ 204, 36; 9, 2. e.
πέρα 159, 5.
πέραν 159, 5.
πέρας 60.
περιγίγνομαι 145, 2.
περίειμι 145, 2.
περιοράω 198, 2. a.
πετάννυμι 105, 3.
πέτομαι 112.
πήγνυμι 105, 9.
πῆχυς u. Adj. auf -π. 60.
πίμπλημι 100, 2. 112.—141, 3.
πίμπρημι 100, 3. 112.
πίνω 112, 8.—142, 2.
πιπράσκω 111, 16.—148.
πίπτω 111, 9.—164, 2.
πλανάομαι 94, 3.
πλάττω 75, 3. a. A.
πλεῖν (ἤ) 204, 18. A.
πλείονες u. οἱ πλείονες 115, 2. A. 1.
πλέκω 112.
πλεονέκτης 60.
πλευσοῦμαι, πλευστέον 112, u. πλέω.
πλέω 107, 7. 112.
πλέως 35. 60.— 141, 3.
πλήθω 100, 2.—141, 3.
πλήν 159, 5. 204, 37.
πλήρης 141, 3.
πληρόω 141, 3.
πλησίον 60.—159, 5.
πλήττω 107, 2. 111, 15. 112.
πνέω 107, 8.
πνίγω 112.
Πνύξ 60.
ποδήρης, -ῆρες 45, 3. A.
ποθέω 112.
ποιέομαι schätze 148.
ποιέω 79. 96, 4.—132. 162, 2. 195, 2.
πολεμέω 155, 1. m. U.
πόλεμον ποιῶ, -οῦμαι 162, 1. c.
πολιτεύω, -ομαι 162, 1. c.
πολλά, τὰ πολλά 138.
πολλοί u. οἱ πολλοί 115, 2. A. 1.
πολλῷ 156, 4.
πολύ 59, 2.—138. 156, 4. A.
πολύς 55. 58, 6.
πονηρός, πονήρως 60.
πορεύομαι 94, 3.
πορ-ίζω, -σύνω 112.
πόρρω 60, 4.—159, 5.
Ποσειδῶν 60.
πότερον (πότερα) — ἤ 176. 202, 4.
πούς 39, 3; Adj. auf -π. 60.
πρᾶος 32, 3.
πράττομαί τινά τι 133.
πράττω 96, 13. 82, 3. 87, 3. b.—161, 1. 178, 3.
πραΰς, πραέων 60.
πρεσβευτής 50, 7.
πρέσβυς 56, 1; vgl. 50, 7.
πρίασθαι 100. A. 1. u. 2. 111, 18.—148.
πρίν u. πρὶν ἄν 187, 4. m. A.
πρὸ τοῦ 114, 1.
προαιρέομαι 150.
προαιρετέον ἦν 169, 1.
προθυμέομαι 94, 2.
προΐστημι 150.*
προκρίνω 150.
προνοέομαι 94, 2.
προσῆκεν 169, 1.
προσῆκον 199, 4.
πρόσω 159, 5.
πρότερος 58. A.—113, 5.
προτίθημι 150.
προτρέπω 195, 2.
προὔργου 60.
προφάσει 156, 3.
πρόφασιν 138.
πρωΐ u. πρῴ 60.
(τὴν) πρώτην, (τὸ) πρῶτον 138.
πρῶτος 58.—113, 5.
πυνθάνομαι 108, 14.—144, 4 (160, 17). 198, 2. A. 4.
πῦρ 50, 8.
πώ 204, 38; 9, 1. e.
πωλέω 111, 16.—148.

ῥᾴδιος, ῥᾷστος, ῥᾴων 58, 7.—195, 3.
ῥέω 101, 4. b.
ῥήγνυμι 105, 10.
ῥιγόω 112.
ῥώννυμι 105, 5.

σαλπίζω 112.
σαπῆναι u. S. 112, u. σήπω.
σβέννυμι 112.

σείω 112.
σέσηπα 112, u. σήπω.
σημαίνω 198, 2. b.
σήπομαι, σήπω 112.
σιγῇ 156, 3.
σῖτος 50, 9.
σκάπτω 86, 3.
σκεδάννυμι 105, 4.
σκεπτέον, ὅπως 178, 3.
σκέπτομαι 111, 17.
σκοπέομαι, -ω 111, 17.—162, 1. c. 178, 3.
σκοταῖος 113, 5.
σκότος 60.
σός 64.—124.
σπανίζω 144, 2.
σπάω 90, 4. 96, 36.
σπείρω 96, 33.
σπένδομαι 155, 1.
σπένδω 81, 1. A. 96, 12.
σπεύδω 131.
σπουδάζω 131. 178, 3.
στάδιον 50, 10.
στάζω 112.
στέλλω 83 f. 96, 32.
στενάζω 75, 3. b. A.
στενός 60.
στέρομαι 144, 2.
στηρίζω 112.
στίζω 112.
στρατηγέω 141, 3.
στρέφω 96, 25.
στρώννυμι 105, 6.
σύ, σύγε 61, 2.
συλλέγω 88, 4. 111, 12.
συμ-μαχέω, -πονέω, -πράττω 158.
συμφέρει 130, 1. A.
σύνειμι 158.
συνελόντι εἰπεῖν 195, 5.
σύνοιδα ἐμαυτῷ 198, 2. A. 3.
σφάλλομαι, σφάλλω 86, 3.—141, 4.
σφάττω 86, 3.
σφεῖς, σφίσιν 61.—123, 2. b.
σφέτερος 207, 2.
σχ Ausspr. 1, 3.
σχολαῖος 60.
σῴζω 90, 3. 96, 46.
σῶς 60.

τὰ ἄλλα, τἆλλα 18, 2.—138.
τὰ μὲν—τὰ δέ 114, 1.
τάν od. τᾶν 60.
τάττω 96, 14. 112.
ταὐτά, -τῷ, -τοῦ u. f. f. 62, 1. A.
ταχύς 57, 2. 59, 2. — τὴν ταχίστην 138.
τείνω 91, 7. 96, 50.
τείσω u. f. f. 112, u. τίνω.
τελευταῖος 113, 5.
τελέω 90, 4. 96, 37.
τέλος 138.
τέμνω 108, 4.
τέρας 60.
τετάχαται u. ä. 112, u. τάττω.
τετραίνω, τετρημένος 112.
τέτταρες 70, 1.
τήκομαι, τήκω 107, 1.
τί und τὶ 138. 156, 4. A.
τίθημι 97—99.
τίκτω 75, 2. A. 85, 3.
τιμάομαι 148.
τιμάω 79. 93, 3. 96, 4.
τιμωρέομαι 130, 3. 141, 2.
τίνω 108, 1. 112.
τίς 67, 1.—127.
τὶς 67, 1.
Τισσαφέρνης 60.
τιτράω 112.
τιτρώσκω 110, 12.
τοιόσδε, τοιοῦτος 68, 2.
τὸ κατ' ἐμέ, τὸ κατὰ τοῦτον, τὸ νῦν 138.
τὸ κατὰ τοῦτον εἶναι, τὸ νῦν εἶναι 195, 5.
τὸ λοιπόν 138.
τὸ μὲν—τὸ δέ 114, 1.
τὸν δέ, τὴν δέ, τοὺς δέ 114, 2.
τὸ πρίν 138.
τοσόσδε, τοσοῦτος 68, 2.
τότε 69.
τρεῖς 70, 1.
τρέπομαι, τρέπω 86, 3. A. 2. 96, 23.
τρέφω 96, 24.
τρέχω 111, 10.
τρέω 112.
τρῆσαι 112, u. τιτράω.
τρίβω 107, 3. 112.
τριήρης 45, 3.
τρίπηχυς 60, u. -πηχυς.
τρίπους, -πουν 60, u. -πους.
τρίπους, ὁ 39.
τριταῖος 113, 5.
τρόπον (τίνα; τοῦτον τὸν) 138.
τρόπῳ (τίνι u. ä.) 156, 3.
Τρώς 60.
τυγχάνω 108, 15.—141, 4. 198, 1. a.; ὁ τυχὼν 115, 2. A. 2.
τύπτω 111, 15.
ὑβριστής 60.
ὑγιής 45, 2.
ὕδωρ 39, 3.
υἱός 59, 11. 60.
ὑμέτερος 64.—124.
ὑπαίθριος 113, 5.
ὑπάρχω 198, 1. a.
ὑπέρτερος, -τατος 56. A.
ὑπισχνέομαι 111, 5. c.
ὑπομιμνήσκω 133.
ὑποφεύγω 130, 2.
ὕστατος 56. A.—113, 5.
ὑστεραῖος 113, 5.
ὑστερέω 145, 2.
ὕστερος 58. A. — 113, 5. 145, 1.
ὑφίσταμαι 131.

φαίνομαι 96, 29.—162, 1 a. 198, 2. A. 5.
φαίνω 96, 28.—198, 2. b.
φανερός εἰμι 198, 1. a.

φάσκω vgl. 103, 1.
φείδομαι 141, 3.
φέρω 111, 11.
φεύγω 107, 6.—130, 2. 164, 2.
φευκτέος u. φευξοῦμαι 112, u. φεύγω.
φημί 103, 1. (111, 12). 112.
φθάνω 108, 2. — 130, 2. 195, 1. a.
φθείρω, wie 96, 33. 112.
φθονέω 152, 2. 163, 1.
φίλος 56, 3.
φοβέομαι 94, 3. — 130, 3. 178, 2 m. A. 2.
φόρον φέρειν 134, 1. A.
φρέαρ 60.
φρέω, φρέσθαι, φρήσω 112.
φροντίζω 141, 3. 178, 3.
φυλακὰς φυλάττω 134, 1. A.
φυλάττομαι 130, 3. 162, 2 c. 178, 3.
φύομαι, φύω 92. 101, 2, 9. 4, d.
φῶς 39, 3.
χαίρω 112. — 147. 156, 2 m. A. 195, 1. d.
χαλάω 112.
χαλεπαίνω 147.
χαλεπῶς φέρω 156, 2.
χαμᾶζε, -μᾶθεν, -μαί 51.
χαρίεις 41, 4. 60.
χαρίζομαι 198, 1. c.
χάριν (τινός) 138; χάριν φέρω 198, 1. c.
χείρ 50, 12.
χειρόομαι 94, 1.
χείρων 58, 2.
χέω 107, 9.
χόω 112.
χράομαι 90, 1. 2. 7.—156, 1.
χράω gebe Orakel 112.
χράω leihe (genüge) 112.
χρέος 60.
χρέως 60.
χρή 103, 4.—195, 1.
χρίω 90, 7.
χρῷ u. χρώς 60.
ψαύω 112.—141, 4.
ψεύδομαι, ψεύδω 96, 10. 11. 112.—141, 4.

-ῶδες, Adj. auf, 45, 3. A.
ὠθέω 110, 3.
ὠνέομαι 111, 18.—149.
ὤνιος, ὠνητός 148.
ὡς 69.
ὡς b. Wunsch 169, 3. 171, 1; daß 174; weil 175; so daß 177; damit 178, 1; als 187, 1; b. Part. 199, 3. a. b. 4; ὡς ἄν 191, 6.
ὥς od. ὣς (οὐδ', καί) 69. A.
ὡς ἔπος εἰπεῖν, ὡς ἐμοὶ δοκεῖν 195, 5.
ὥσπερ 204, 36. 199, 4; ὥσπερ ἂν εἰ 185, 3. e.
ὡς συνελόντι εἰπεῖν 195, 5.
ὥστε 177.
ὠφελέω 130, 1.
ὤφελον 85, 3.—169, 3. A.

M. Grünwald

Autobiographie S.D. Luzzato's

ISBN/EAN: 9783742898364

Hergestellt in Europa, USA, Kanada, Australien, Japan

Cover: Foto ©Raphael Reischuk / pixelio.de

Manufactured and distributed by brebook publishing software
(www.brebook.com)

M. Grünwald

Autobiographie S.D. Luzzato's